汉字家族—藏在身体里的汉字

한자 가족-일상에 숨어 있는 한자의 비밀

2016년 7월 25일 초판 1쇄 발행

지은이 | 장이칭张一清, 푸리富丽, 천페이陈菲
옮긴이 | 나진희
펴낸곳 | 여문책
펴낸이 | 소은주
등록 | 제2014-000042호
주소 | (03994) 서울시 마포구 동교로 224, 102호
전화 | (070)5035-0756
팩스 | (02) 338-0750
전자우편 | yeomoonchaek@gmail.com
페이스북 | www.facebook.com/yeomoonchaek

ISBN 979-11-956511-6-0 (03720)

이 도서의 국립중앙도서관 출판시도서목록(cip)은 e-CIP 홈페이지(http://www.nl.go.kr/ecip)
에서 이용하실 수 있습니다(CIP 제어번호: 2016016998).

한자 가족

일상에 숨어 있는 **한자의 비밀**

장이칭·푸리·천페이 지음 | **나진희 옮김**

여문책

|두 번째 한자 가족| 숫자 가족 ————————

| 세 번째 한자 가족 | **계량 가족**

생활하다 보면 거의 매일 한자를 접하게 된다. 번화가를 걸을 때면 광고 문구나 간판에서 한자를 만난다. 국내외 뉴스를 볼 때도 신문이나 인터넷에서 한자를 접한다. 그리고 외국에 여행 가서도 한자로 적힌 명소 소개 글을 심심찮게 볼 수 있다. 이렇게 보면 한자는 정말로 존재하지 않는 곳이 거의 없다. 그렇다면 우리가 지금 접하고 있는 한자들은 아주 오래전에 어떤 모양을 하고 있었을까? 수많은 한자가 처음에는 어떤 뜻을 지니고 있었을까? 사람처럼 한자들 사이에도 가깝거나 멀거나 친하거나 소원한 혈연관계가 있을까? 한자들 사이에서도 동류끼리 모이는 종족 현상이 있었을까? 한자에도 이런 특징이 있다면 얼마나 재미있을까?

실제로 그런 예가 있다. '이마 액額'은 요즘 주로 '이마'의 의미로 쓰이고 '제목 제題'는 '연습문제'나 '시험문제' 등의 의미로 곧잘 사용된다. 두 글자 사이에는 아무런 관련이 없어 보이지만 이 두 글자는 오래전에 친척관계였다. 다들 이마를 의미했던 것이다. 먼저 이들이 맺고 있는 혈연관계는 지금까지도 글자의 형태에 고스란히 흔적이 남아 있다. 이를테면 두 글자에는 공히 '머리 혈頁'이 포함돼 있다. '머리 혈頁'은 고대에 머리 부위를 의미했다. 다음으로 수많은 글자가 현재 지니고 있는 의미는 대개 처음의 의미에서 한발 한발 발전해온 것이다. 그래서 처음의 의미를 이해하는 것은 곧 글자들의 혈연과 친척관계를 연구하는 것이 된다. 그리고 그 글자들이 현대에 들어와 갖고 있는 의미를 깊이 이해하는 데 도움이 된다. '금방제명 金榜題名'이라는 성어를 예로 들어보자. 이 성어는 과거에 합격하거나 시험에 합격함을 의미한다. 글자 그대로 해석해보면 '금방에 이름이 오르다'라는 의미다. 여기에서의 '금방金榜'은 옛날 과거에 급제한 사람의 이름을 써서 거리에 붙이던 방이다. 또한 '제題'는 처음에 이마라는 의미를 지니면서 거기에 '높은 곳' 혹은 '꼭대기'의 의미를 함축하게 됐다. 그런 이유로 서서히 '높은 곳에서 글을 쓰다'와 같은 의미로 발전해간 것이다.

또 다른 예로 '찾을 심尋'과 '항상 상常'은 둘이 모여 '평범함'이나 '보통'의 의미를 지닌다. 위에 언급했던 예가 지금과 사뭇 다른 의미로 쓰인 것처럼 이 두 글자 역시 고대에는 지금과는 다른 계량의 단위였다. 현재 우리가 어떤 공통된 특징을 지닌 사람들을 일컬어 '○○족'이라고 하는 것처럼 이 한자들과 같은 부류들도 '계량족'이라 불렸던 것이다.

만일 한자의 특징에 따라 혈연이나 비슷한 부류 같은 단서를 좇아 한자의 세상으로 들어가면 어마어마한 수확을 거둘 수 있을 것이다. 우리의 눈에 보이는 한자들은 더는 하나하나의 산발된 것들이 아니게 된다. 일련의 맥락을 지니면서 한자 네트워크를 구축하게 되는 것이다. 그렇게 되면 우리는 기억의 단락들을 단순화시키고 기억해야 하는 부담을 줄여 한자를 기억하는 효율을 높일 수 있다. 동시에 한자의 이면에 감춰진 문화를 이해할 수 있게 된다. 일례로 '찾을 심尋'은 갑골문자에서 사람이 양팔을 벌린 모습을 하고 있다. 옛날에는 양팔을 벌려 너비를 쟀다는 뜻이다. 즉 이 한자는 처음에 길이 측정 단위였던 것이다. 이처럼 옛사람들은 애초에 자신의 신체로 외부세상을 측량했는데 신체를 측량 단위로 삼은 것은 인종을 뛰어넘어 전체 인류사회에서 공통적으로 시행했던 문화현상임을 알려준다.

결국 일반적이면서도 평범한 한자들의 이면에는 다채로운 문화가 내포되어 있으며 넓은 지식적 배경 또한 갖추고 있는 것이다. 게다가 이런 지식들은 우리가 한자를 이해하고 배우는 데 있어서 한자를 잘못 이해하는 우를 범하지 않도록 돕는 데 매우 중요한 의미와 역할을 한다. '두터운 명성을 얻다'라는 뜻을 지닌 '심부중망深孚重望'에서의 '미쁠 부孚' 역시 '부호 부符', '버금 부副', '질 부負', '옷 복服' 등의 한자로 종종 잘못 쓰인다. 그렇게 잘못 쓰이는 원인 중 하나가 바로 한자의 혈연관계 때문이기도 하고 '미쁠 부孚'의 가장 근본적인 의미를 잘 이해하지 못하기 때문이기도 하다. '미쁠 부孚'는 상하구조로 돼 있는데 윗부분은 '손톱 조爪'로 '손'을 의미하고 아랫부분은 '아들 자子'로 '갓난아기'를 의미한다. 이 두 한자가 모여 손으로 아기를 안는 상황이 된다. 곧 '알 깔 부孵'의 의미를 지니게 되는 것이다. 한편 조류가 알을 부화하는 데 들이는 시간은 절대 변함이 없다. 이런 자연현상을 토대로 '믿음이 있다'는 의미를 갖게 됐다. 그렇게 생각했을 때 '심부중망深孚重望'이나 그 가운데의 '미쁠 부孚'는 바로 '믿을 만하다'의 의미를 갖게 된다. 이처럼 처음의 의미를 파악하고 나니 글자나 단어의 본질적 의미를 제대로 이해할 수 있게 됐다. 그리고 한자를 더욱 정확하고 효과적으로 파악하는 데 분명히 긍정적인 역할을 한다.

이처럼 이 책을 집필하기에 앞서 우리는 일상생활에서 한자가 쓰이는 다양한 상황을 주의 깊게 지켜보면서 중국어와 한자 및 어문 교육 연구의 소소한 내용을 여러 해 동안 서서히 한데 모으고 정리했다. 그리고 그 내용을 크고 작게 분류해 독자들과 이런저런 이야기를 나누고자 했다. 한자의 친족과 동족 집단을 정리해 평범한 한자 이면의 독특한 면모를 공유하고자 한다. 중국어와 한자를 배우고 있거나 중국어와 한자에 대해 흥미를 지니고 있는 독자들이 중국어와 한자의 지식을 배우고 더욱 공고히 다져 중화문화를 더 잘 이해할 수 있기를 바란다. 그 과정에서 우리가 바치는 '베갯머리 책'인 '한자 가족' 시리즈가 참고자료가 될 수 있을 것이다.

이 책 '한자 가족' 시리즈를 저술하고 출판하는 데 있어 도움을 주신 많은 분께 깊은 존경과 감사의 마음을 간직하고 있다. 먼저 우리 작가진은 이 책을 저술하면서 거인의 어깨 위에 서 있었음을 깊이 느낄 수밖에 없었다. 그런 만큼 우리는 원고의 본문이나 주요 참고 문헌에 양분을 제공해주신 선현들이나 현재의 지식인들을 수없이 열거하거나 언급했다. 진심으로 그분들의 훌륭한 공헌에 경의를 표한다. 또한 그분들이 주신 자양분에 허리 굽혀 감사의 뜻을 전한다.

다음으로 시리즈 도서 기획의 구상과 진행에 시의적절한 몇 차례의 기회가 있었음을 짚고 넘어갈 필요가 있겠다. 물론 당시 우리가 진행하고 있는 연구 계획도 있었고 관련된 업무에 참여하는 기회가 있기도 했다. 하지만 이 모든 업무와 시행 과정에서 교육부 언어문자응용관리사語言文字應用管理司의 야오시솽姚喜雙과 멍칭위孟慶瑜 두 분께서 큰 도움을 주셨다. 그 밖에도 중국 한자받아쓰기대회 총감독인 관정원關正文과 중국 중앙방송 교육채널의 진웨金越, 완웨이萬衛 두 분과 협력하는 과정에서 우리는 많은 것을 배울 수 있었다. 특별히 완웨이 씨는 책을 어떻게 저술해야 할지 우리가 갈피를 못 잡고 있는 상황에서 우리와 중화서국을 위해 다리 역할을 해주셨다. 그분들에게 진심 어린 감사의 마음을 표한다.

'한자 가족' 시리즈 저술 기획을 확정하는 과정에서 우리는 중화서국의 쑹즈쥔宋志軍, 마옌馬燕 두 분의 대대적인 지원과 도움을 받았다. 그분들의 직업 자질과 능력에 깊은 감동을 받았다. 그리고 그분들의 인내심 있는 지도와 도움에 대해 진심으로 고마움의 말을 꼭 전하고 싶다.

마지막으로 우리 가족 후밍胡明 씨, 펑허彭鶴 씨, 마진산馬金山 씨, 장무디張牧笛 씨께도 감사를 드리고 싶다. 이분들은 우리에게 정신적·물질적 도움을 아끼지 않으셨다. 그뿐만 아니라 우리의 부족하기 짝이 없는 책의 첫 번째 독자가 되어 원고 수정을 하는 데도 건설적인 의견과 제안을 해주셨다.

물론 이 시리즈의 독자들께도 감사를 드리고 싶다. 이 책을 읽으면서 내용 중 착오나 누락이 있다면 기탄없이 솔직하게 비판해주시기 바란다.

작가

신체 가족

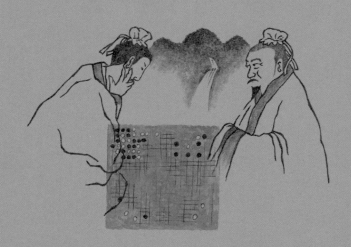

제 1 장

신비한 얼굴

이번 장에서는 다음의 한자들에 대해 이야기를 나누려고 한다.

面	臉	顔	額	題	頰	頤
낯 면	뺨 검	얼굴 안	이마 액	제목 제	뺨 협	턱 이

頷	頜	頦	輔
턱 함	아래턱 합	턱 해	도울 보

一. 사람에게는 몇 개의 '얼굴'이 있을까?

이 세상 모든 사람에게는 그만의 독특한 얼굴이 있다. 특수한 경우인 쌍둥이나 다둥이 형제자매들이라도 그들의 얼굴에는 약간의 차이가 있다. 그렇다면 예로부터 지금에 이르기까지 '얼굴'을 의미하는 한자에는 어떤 것이 있을까? 그 한자들은 역사라는 기나긴 여정에서 어떤 변화를 겪었을까?

현재 자주 쓰이는 '얼굴'을 의미하는 글자에는 '검臉, 면面, 안顏, 협頰' 등이 있다. 하지만 사실 옛날부터 지금까지 사람들이 일상생활에서 쓰는 글자는 몇 개밖에 안 된다. 이제 '얼굴'의 세상으로 들어가 한번 살펴보도록 하자.

『설문해자說文解字』에 '면面, 안전야顏前也. 상인면형象人面形, 범면지속개종면凡面之屬皆從面'이라는 문구가 있다. '면은 앞 얼굴이다. 사람의 얼굴 모양을 모방했다. 무릇 얼굴에 속한 것들은 모두 얼굴에서 비롯됐다'라는 뜻이다. 단옥재段玉裁는 『설문해자주說文解字注』에 '안전자顏前者. 위자차이전칙위목謂自此而前則爲目, 위비爲鼻, 위목하爲目下, 위협지간爲頰之間, 내정향인자乃正鄕人者'라는 해석을 해놓았다. '앞 얼굴은 그 자체로부터 앞면의 눈과 코와 눈 밑과 뺨의 사이를 일컫는다. 이것이 바로 일반 사람이다'라는 뜻이다. 즉 면面이 의미하는 것은 뺨 안쪽과 콧등 바깥쪽의 작은 부분을 의미한다.

갑골문에서의 '면面' 자의 바깥 부분은 얼굴의 윤곽이고 가운데는 큰 눈 하나인 이런 모양이다. 이것은 본래 눈이 있는 얼굴을 의미했다. 선조들은 얼굴에서 가장 생동감 넘치는 눈과 얼굴의 윤곽

面
낯 면

을 이용해 '면'이라는 글자를 만들어낸 것이다. 한나라 이후 예서隸書의 '면'은 글자 형태상 이미 얼굴의 의미를 찾아보기 어렵게 됐다.

고대에 '면'은 사람의 머리 앞부분을 의미했다. 『주역周易』 「혁괘革卦」편에 '군자표변君子豹變, 소인혁면小人革面'이라는 표현이 있다. '군자는 표범처럼 맹렬하고 확연하게 변하나, 소인은 얼굴빛만 변할 뿐 철저하지 않다'라는 뜻이다. 여기에서의 '면'은 얼굴을 의미한다. 당나라때 시인 최호崔護는 시 「제도성남장題都城南莊」에 '거년금일차문중去年今日此門中, 인면도화상영홍人面桃花相映紅'이라고 표현했다. '지난해오늘 이 집 문 앞 복사꽃 아래에서 마주 보며 얼굴을 붉혔다'라는 뜻이다. 여기에서 '면'은 마찬가지로 국부가 아닌 전체 얼굴을 의미한다.

'면'은 머리 부위의 전면을 뜻하기 때문에 이후에도 기타 사물의전면이나 표면을 뜻하는 데 쓰인다. 예를 들어 정면正面이나 수면水面 등이 그렇다. 다시 시간이 흘러 '마주 대하다, 직면하다'의 의미를갖게 됐다. 『전국책戰國策』 「조책趙策」 편에 '군신리민능면자과인지과자群臣吏民能面刺寡人之過者, 수상상受上賞'이라는 구절이 나온다. '군신과 백성 중 직접 과인의 잘못을 이야기할 수 있는 자에게 높은 상을내리겠다'라는 뜻이다. 여기에서의 '면'은 '직접 마주하다'의 의미다.

臉
뺨 검

한편 '검臉'은 왼편에 '육달 월月=肉' 자가 와서 신체와 관련됐음을의미한다. '고기 육肉' 자는 다른 글자와 어울려 쓰일 때 대체로 글자의 왼쪽에 위치하면서 '달 월月'과 똑같아진다. 오른편에는 '첨僉'자가 와서 독음의 형성을 도왔다. 『운회韻會』에 '검臉, 목하협상야目下頰上也'라는 구절이 있다. '검은 눈 밑 뺨 윗부분이다'라는 뜻이다.고대에 여자들은 화장할 때 눈 아래와 뺨 윗부분에 분을 바르고 연지를 발랐다. 구체적인 부위는 대체로 광대뼈 부분이다.

그 밖에도 '검'자는 대략 위진시대 이후에야 등장했는데 '면'에 비해 등장 시기가 다소 늦었다. 당송 시기가 되자 '검'은 비로소 점차 구어와 문어에 쓰이면서 서서히 전체 얼굴을 의미하게 됐다. 남당南唐 때 이욱李煜의 『보살만菩薩蠻』에 '만검소영영慢臉笑盈盈, 상간무한정相看無限情'이라는 내용이 나온다. '얼굴에는 웃음이 가득하고 서로 마주보는 눈에는 무한한 정이 담겨 있다'라는 뜻이다.

덧붙이는 이야기 '검臉'과 '면面'의 구별

'검'은 독립적으로 쓸 수 있다. 예를 들어 사람이 부끄러워할 때를 묘사하면서 '얼굴이 붉어졌다臉紅了(검홍료)'라는 표현에 '검'은 쓸 수 있으나 '면'은 쓸 수 없다. 또한 '밥알이 온통 얼굴에 묻어 있다飯粒沾得滿臉都是(반립첨득만검도시)'나 '부루퉁한 표정을 짓다一脸不开心的样子(일검불개심적양자)'에서도 '검'이 아닌 '면'을 쓰는 것은 부적절하다.

'검'은 입말에 자주 쓰이는 반면 '면'은 글말에 자주 등장하는 경향이 있다. 예컨대 '그의 안색이 잿빛이 되다他的臉色發灰(타적검색발회)'라는 구어에서는 '검'을 쓰지만 같은 의미의 서면어로 표현할 때는 '면색여토面色如土'라고 하여 '면'을 쓴다.

원칙적으로는 '면'을 쓰든 '검'을 쓰든 본래는 아무 문제가 없었다. 하지만 습관적으로 쓰다 보니 그렇게 고정돼버린 것이다. 또 습관이 되다 보니 글자를 쓰는 사람마다 마음대로 바꾸는 게 좋지 않아서이기도 하다. 예를 들면 인면도화人面桃花(사모하는 사람을 다시 볼 수 없어 실의에 빠지다), 면유득색面有得色(자신만만한 기색을 내비치다), 수미고검愁眉苦臉(걱정과 고뇌에 싸인 표정), 벽두개검劈頭蓋臉(위풍이 대단하다) 등이 그렇다.

顔
얼굴 안

　사람들은 평상시에 이야기를 하거나 일을 할 때 만일 일을 망치거나 체면을 구기면 '체면이 땅에 떨어지다顔面掃地(안면소지)'라고 말하곤 한다. 그렇다면 여기에서의 '안顔'은 사람의 얼굴과 관계가 있을까?

　'안'의 왼편에는 '언彦'이 있는데 독음을 형성한다. 또한 오른편에는 '혈頁'이 있는데 사람의 머리 부위와의 관련성을 뜻한다. 『설문해자』에 '안顔, 미목지간眉目之間'이라는 문구가 있다. '안은 눈썹과 눈의 사이다'라는 뜻이다. 단옥재는 『설문해자주』에 '각본작미목지간各本作眉目之間, 천인망증자이淺人妄增字耳. 금정今正. 미여목지간불명안眉與目之間不名顔. 시가증안위미간是可證顔爲眉間. 의경소위궐醫經所謂闕. 도서소위상단전道書所謂上丹田. 상서소위중정인당야相書所謂中正印堂也'라고 말했다. '안의 본래 글자 의미는 인당이다. 두 눈썹 사이의 부분을 의미한다. 눈썹과 눈 사이가 아니다. 이 부위는 한방에서는 궐이라고 부른다. 경혈의 명칭으로 도가에서는 상단전이라고 한다. 관상술에서는 인당이라고 한다'는 뜻이다.

　요즘은 자주 '안'을 써서 사람의 안색과 얼굴의 표정을 묘사하고 또 명예나 체면 등을 비유하기도 한다. 예를 들어 후안무치厚顔無恥(뻔뻔스럽다), 한안汗顔(부끄러워하다), 화안열색和顔悅色(상냥하고 친절하다), 소축안개笑逐顔開(얼굴에 웃음꽃이 활짝 피다) 등이 그렇다. 앞에 나열한 이런 말들에서 사람의 얼굴은 표정의 변화가 다양하고 악의와 희비와 자부심과 열등감 등 심리적 상태를 자주 드러내고 있음을 알 수 있다. 한편 이처럼 '얼굴에 기쁨과 화난 기색을 드러내는' 특징은 도사나 관상술이 생존하기에 딱 적합한 토양이 되었다.

二. 얼굴을 가리키는 한자에는 어떤 것들이 있을까?

'액額'으로 말하자면 처음에는 머리카락 아래와 눈썹 윗부분을 의미했다. 중국에서는 '이마'를 또 다른 말로 '뇌문아腦門兒'라고도 종종 일컫는다. 그런가 하면 요즘에 일상생활에서 자주 볼 수 있는 단어로 액각額角(관자놀이), 초두난액焦頭爛額(곤경에 빠지다), 액수칭경額手稱慶(손을 이마에 얹고 경축하다), 질수축액疾首蹙額(몹시 언짢아 이맛살을 찌푸리다) 등이 있다. 그렇다면 고대에 '액' 자는 또 어떤 용도로 쓰였을까?

額
이마 액

당나라 때 이상은李商隱은 『무제無題』에 '수양공주가시장壽陽公主嫁時妝, 팔자궁미봉액황八字宮眉捧額黃'이라고 적었다. '수양공주가 시집갈 때 화장을 했는데 이마에 황색을 발랐다'라는 뜻이다. 송나라 때 범성대範成大는 『우미인虞美人』에 '흡여교소만경비恰如嬌小萬瓊妃, 도파액황塗罷額黃, 혐파오연지嫌怕汙燕支'라고 표현했다. '흡사 여리고 작은 미녀들이 수도 없이 많다. 이마에 황색 바르기를 마쳤는데 마치 더러워진 연지 같다'라는 뜻이다. 이 시구에 나오는 '액황額黃'은 고대 중국 여인들의 화장법으로 '아황鵝黃'이나 '아황鴉黃'이라고도 불렀다. 이처럼 이마에 황색을 바르는 풍속은 대략 남북조시대부터 시작해 당나라 때 성행했다. 게다가 여자들이 이마에 그린 다음에 매우 조심스러워 자칫 잘못했다가는 '연지燕支'가 화장을 얼룩지게 할까 걱정했다. 이 몇 마디 문구 속에 미혼의 젊은 여자들이 화장을 얼마나 소중하게 여기는지 그 모습이 생생하게 묘사되어 있다.

이런 화장법의 유행은 불교가 중국에서 광범위하게 전파된 상황과 깊은 관련이 있다. 당시 절을 수리하고 불상을 제작할 때 부녀자들은 불상에 금칠을 한 데서 힌트를 얻어 자신들의 이마도 황색으로 물들였다. 이 역시 고대의 심미관이 생동감 있게 체현된 것이다.

'액'이 사람의 이마를 의미할 때 '앞면이나 전면에 위치한' 등의 의미를 내포하기도 한다. 그런 이유로 '액'은 점차 다른 사물에 쓰였다. 고대 건축물 중에 '편액匾額'은 매우 중요한 구성물로 일반적으로는 문의 상단이나 처마 밑에 걸었다. 마치 건축물의 눈과 같이 말이다. 여기에서 '액'의 의미는 사람의 이마를 의미한 데서 더 발전해 건축물 문의 상단 부분을 의미하게 되었다. 고대 건축물 중 만일 사면에 모두 문이 있다면 거기에 다 편액을 걸 수 있었다. 하지만 정면의 문에는 반드시 편액이 있어야 했다. 이를테면 황실의 정원이나 명사의 저택, 또는 대규모 전각 등에 그렇게 했다. 현대에 들어와서는 문화적 색채를 띤 민가나 상점의 상호 등에 여전히 편액을 걸고 있다. 편액의 상단에는 글을 써놓기도 했고 용이나 봉황이나 화초 등 상서로운 의미가 함축된 도안을 조각하거나 그렸다. 그러면서 어느덧 중국 건축물 문화의 독특한 상징이 됐다.

또한 중국어에는 수액數額(액수), 면액面額(액면 가격), 명액名額(정원) 등의 단어가 있는데 이 단어들 속의 '액'은 또 무엇을 의미할까? '액'

은 이마라는 뜻이 있기 때문에 역시 전체 머리 부위를 의미하고 또 머리 부위는 사람을 대신 지칭하기도 한다. 예를 들어 일상용어 중 '수수인두數數人頭'라고 하여 '머릿수를 세다'라는 말이 있는데 '머릿수'는 곧 '사람 수'를 의미하는 것과 같은 이치다. 앞에 언급한 단어들 중의 '액'은 본래 '사람의 머리에 근거해 계산하다'라는 의미를 지니고 있었다.

한자에는 마찬가지로 이마를 의미하는 데 쓰이는 글자가 또 있는데 바로 '제題'가 그렇다. 『설문해자』에 '제題, 액야額也'라고 설명했다. '제는 이마를 뜻한다'라는 의미다. 처음부터 '제'는 이마를 뜻했다. 『한서漢書』「사마상여전司馬相如傳」편에 '적미원제赤眉圓題'라는 표현이 있다. '붉은색의 눈썹과 동그란 이마'라는 뜻이다. 또한 『산해경山海經』「북산경北山經」편에 '문제백신文題白身, 명왈맹극名曰孟極'이라는 구절이 있다. '이마에 무늬가 있고 몸은 하얀 것을 일컬어 맹극이라고 한다'라는 뜻이다.

'제'는 이마를 의미하기 때문에 위치가 높은 사물의 앞면을 비유하는 데 쓰인다. 『맹자孟子』「진심盡心」편에 '당고수인堂高數仞, 최제수척榱題數尺'이라고 나온다. '집의 높이가 여러 인이 되고 서까래가 여러 척이 되는 집'을 의미한다. 즉 전당이 몇 장이나 될 만큼 높고 처마가 몇 척이나 될 정도로 넓다는 말이다. 여기에서의 '제'는 서까래의 전면을 뜻한다.

이후에 '제'의 의미는 더욱 확장된다. 책, 서화, 비첩 등의 앞면에 쓴 글자도 '제'라고 했다. 예컨대 '제관題款(낙관)'이나 '제사題詞(머리말)' 등이 있다. 여기에서 '제'는 구체적으로 '끝부분이나 앞부분에

題
제목 제

쓰다'라는 뜻을 지니고 있다.

頰
빰 협

그뿐만 아니라 '협頰'도 있다. 『설문해자』에 '협頰, 면방야面旁也'라고 나와 있다. '협은 눈 아래의 바깥쪽이다'라는 뜻이다. 대략 귀 부분까지인 것 같다. 당나라 때 시인 융욱戎昱은 시 「규정閨情」에 '미능개소협未能開笑頰, 선욕환수혼先欲換愁魂'이라고 묘사했다. '아직 활짝 웃는 얼굴을 할 수 없으니 먼저 시름하는 넋을 고치고 싶다'라는 뜻이다. 여기에 나온 부위를 요즘의 일상용어로 대체한다면 '뺨' 정도일 것이다.

성어 '협상첨호頰上添毫'를 글자 그대로 보자면 사람에게 초상화를 그려줄 때 '얼굴에 수염 몇 가닥을 더했음'을 의미한다. 즉 윤색을 거친 후 글이 더욱 훌륭해졌음을 비유한 말인 것이다. 사실 이 말은 『진서晉書』 「고개지전顧愷之傳」 편에서 비롯됐다. 거기에 '상도배해상嘗圖裵楷像, 협상가삼모頰上加三毛, 관자각신명수승觀者覺神明殊勝'이라는 구절이 나온다. 이 구절의 대략적인 의미는 이렇다. '한 번은 고개지가 배해에게 추상화를 그려줬는데 뺨에 수염 세 가닥을 더했다. 누군가 그에게 왜 이렇게 했느냐고 물으니까 고개지가 대답했다. 배해는 재능이 출중한 데다 학식도 있고 팔방미인이어서 이 세 가닥의 수염은 바로 그의 지식과 재능을 의미하는 것이라고. 이에 그림을 보는 사람들은 그의 말을 자세히 음미하다가 이후에 더한 수염 세 가닥은 추상화에 기품을 배가시켰다고 생각하게 됐다. 화룡점정의 기교가 있다고 생각한 것이다.'

현재 '협'이 단독으로 쓰이는 상황은 거의 없어졌다. 다만 단어 속에 남아 '검협臉頰(뺨)'이나 '면협面頰(뺨)'처럼 쓰이고 있다.

한편 '이頤'는 처음에 匝 이렇게 쓰였다가 이후에 다시 그 옆에 머리 부위를 의미하는 '혈頁'이 더해졌는데 글자 자체의 의미에는 변화가 없었다. 즉 여전히 '아래턱'을 의미한다. 『장자莊子』「어부漁父」편에 '좌수거슬左手據膝, 우수지이이청右手持頤以聽'이라는 문구가 나온다. '왼손은 무릎 위에 놓고 오른손으로는 턱을 괸 채 듣고 있다'라는 뜻이다.

그 밖에 '이지기사頤指氣使'라는 성어에서도 '이'가 아래턱을 의미함을 알 수 있다. 글자의 표면적인 의미로 봤을 때 이 성어의 의미는 아래턱의 움직임과 얼굴색으로 다른 사람을 부린다는 것이다. 눈을 감고 잘 생각해보면 생생하게 살아 있는 거만한 얼굴이 연상될 것이다. 실제로 이 성어에 내포된 의미 역시 '권세 있는 사람의 대단히 거만하고 독단적인 모습'이다.

물론 턱에는 또 다른 수많은 견해가 존재한다. '함頷, 합頜, 해頦' 등이 그렇다. 『설문해자』에 '함頷, 면황야面黃也'라고 나와 있다. '함은 노란 얼굴이다'라는 뜻이다. 사실 이런 해석에는 일정한 조건이 뒤따른다. '황함黃頷', 즉 '부황들다'의 의미여야 하는 것이다. 예를 들어 굴원의 「이소離騷」에는 '장함역하상長頷亦何傷'이라는 문구가 있다. '오랜 기간 안색이 누렇고 몸이 수척했는데 또 무슨 상관이겠는가'라는 뜻이다. 한편 '함' 자체로는 초나라 남부의 방언에서 기원한 '아래턱'의 의미임에 분명하다. 그리고 시간이 흐르면서 점차 일반적으로 쓰이는 말을 구성하는 글자가 됐다.

다시 시간이 지나 '함'이 지닌 아래턱이라는 의미 때문에 율시律詩(여덟 구로 되어 있는 한시체─옮긴이)의 세 번째와 네 번째 두 구를 '함련

頤
턱 이

頷
턱 함

領聯'이라고 부르게 됐다. 비슷한 의미에서 첫 번째와 두 번째 두 구는 '수련首聯'이라고 하고 다섯 번째와 여섯 번째 두 구는 '경련頸聯'이라고 한다. 그리고 마지막 두 구는 '미련尾聯'이라고 한다. 남송 때의 시 이론가인 엄우嚴羽는 『창랑시화滄浪詩話』 「시체詩體」 편에 '유고율有古律, 유금률有今律, 유함련有領聯, 유경련有頸聯, 유발단有發端, 유낙구有落句'라고 적었다. '예전의 법률이 있으면 지금의 법률이 있고, 함련이 있으면 경련이 있고, 발단이 있으면 낙구(한시 마지막 장의 끝 구절─옮긴이)가 있는 법이다'라는 뜻이다.

領
아래턱 합

'합頜'은 고대 일부 관청의 참고도서 중에 아래턱이라고 해석돼 있다. 또한 어떤 참고도서는 '합頜'을 춘추春秋시대의 진秦과 진晉 두 나라 일대에서 유래한 방언으로 간주하고 '함頷'처럼 이후에 일상 용어가 됐다고 설명해놓았다. 한 가지 주의해야 할 점은 이 두 한자의 의미가 기본적으로 같기는 하지만 이들의 독음이나 글자 형태에 미세한 차이가 있다는 것이다. 그러므로 함부로 뒤섞어 사용해서는 안 된다.

頦
턱 해

'해頦'는 『설문해자』에 '추丑'라고 해석돼 있다. 한편 『옥편玉篇』 등과 같은 일부 참고도서에서는 '아래턱'이라고 해석했다. 한유韓愈의 「기몽記夢」에 '아수승해주주좌我手承頦肘拄座'라는 내용이 나온다. '나는 손으로 턱을 괴고 팔꿈치로 자리를 지탱했다'라는 뜻이다. 여기에서의 '해'는 턱을 의미한다.

지금까지 살펴본 결과 사람의 얼굴과 관련해 놀랍게도 꽤 많은 관점이 있었고 관련 한자들도 무척이나 많았다. 하지만 절대 이것이 전부는 아니다. 관련 한자가 또 있는데 바로 뺨을 의미하는 '보輔'가 그것이다.

『설문해자』에 '보輔, 인협거야人頰車也'라고 나와 있다. '보는 사람의 협거다'라는 뜻이다. 즉 '보'는 사람의 뒤어금니 아랫부분의 잇몸 뼈를 가리킨다. 그러다가 이후에 의미가 더욱 확장돼 뺨을 뜻하게 됐다. 『주소사周小史』에 '단보원이團輔圓頤'라는 구절이 있다. '매끄러운 얼굴'이라는 뜻이다. 하지만 이 시점에서 조금 이상한 점이 있다. 왜 인체기관의 명칭을 지시하는 한자의 변에 '거車' 자가 있는 것일까?

원래 '보'는 수레 양쪽 가장자리에 덧대는 나무를 뜻했다. 수레를 더욱 견고하게 만들어서 수레의 부담을 분담해 적재량을 증가시키는 역할을 했다. 한편 구강의 아래 어금니는 음식을 씹는 등의 행동을 보조하고 강화시키는 역할을 한다. 이 기능은 바로 수레에서의 '보'와 유사하다. 그 때문에 원래의 글자 형태인 輔 이런 모양에서 점차 '보輔'로 대체되었다. 스스로 역사의 무대에서 퇴출된 것이다.

輔
도울 보

덧붙이는 이야기   체면에 대한 중국인의 생각

체면도 중국 문화의 중요한 부분이라고 할 수 있다. 속담에 '사람은 체면에 살고 나무는 껍질이 있어야 산다'라든지 '선비는 죽일 수는 있어도 욕되게 해서는 안 된다'라는 말이 있다. 사람들이 이미 체면을 인생이나 심지어는 목숨과 연결해놓았음을 알 수 있다. 『자치통감資治通鑒』에 '타면자건唾面自乾'이라는 성어가 나온다. '남이 내 얼굴에 침을 뱉으면 그것이 저절로 마를 때까지 기다린다'라는 뜻이다. 즉 일부 사람들이 '매사에 요령 있게 처신해 몸을 보전'하거나 '큰 이익은 중시하고 사소한 일은 가볍게 여기는' 일종의 처세철학일 뿐이다.

사람들은 평상시에 '체면을 구기다'라거나 '체면을 세워준다'는 등의 말을 하거나 듣는다. 이 말들은 '검臉'과 '면面'이 지닌 애초의 의미가 더욱 심화된 것이다. 사람이 지닌 아름다움과 추함은 대부분의 상황에서 얼굴에 고스란히 드러난다. 그렇기 때문에 체면을 세워준다는 것은 마치 사람의 얼굴에 분칠을 해주는 것처럼 그 사람이 더욱 빛나고 아름답도록 해주는 것이다. 같은 이치로 체면을 구긴다는 것은 사람의 얼굴에 재를 뿌리거나 먼지를 날려 보내는 것처럼 난처하게 만드는 것이다. '제 체면을 보아 청을 들어주십시오'는 인정을 베풀라는 말로 예로부터 지금까지 사람들이 몸을 낮추며 하는 겸손한 말씨다. 그 예로 「팽공안彭公案」에는 "제가 여러분이 주문한 술을 준비했는데 제 체면을 좀 보아서 맛있게 드십시오"라는 내용이 나온다. 『수호전』에는 "호걸이여, 우리 두 사람의 체면을 봐서 그만둬주십시오"라고 나와 있다. 덩유메이鄧友梅의 소설 「담배 단지煙壺」에는 "아홉째 나리께서 제 체면을 봐서 제 작은 찻집에 오셨으니 다 저의 복입니다"라는 내용이 나온다.

중국인들이 인간관계를 맺으면서 끊임없이 전승되고 강화되고 있는 '체면 문화'를 엿볼 수 있는 대목이다. 현재 일부 지역의 관리들 역시 큰일을 하거나 공을 세우고 싶어 현실에서 벗어나 오로지 '체면 작업'에만 몰두하기도 한다. 적당한 수준에서 체면을 강조하면 수치심을 가지면서 마음을 닦고 교양을 쌓을 수도 있다. 하지만 과도하게 체면을 중시하면 간혹은 그 부작용이 뒤따르거나 심지어는 파괴력이 생길 수도 있다. 결코 가볍게 생각해서는 안 되는 부분이다.

제 2 장

사이좋은 코와 입

이번 장에서는 다음의 한자들에 대해 이야기를 나누려고 한다.

鼻	自	臭	嗅	息	罪	涕
코 비	스스로 자	냄새 취	맡을 후	쉴 식	허물 죄	눈물 체

泗	口	嘴	咀	牙	齒	唇
물 이름 사	입 구	부리 취	주둥이 취	어금니 아	이 치	입술 순

吻	舌
입술 문	혀 설

一. '비鼻'와 '자自'의 근원

코는 사람의 오관五官 중 특별히 돌출되어 있는 부위로 호흡과 후각의 기능을 갖추고 있다. 오관 중에서 코는 중간에 자리를 잡고 있고 높이 솟아 있다. 그래서인지 고대로부터 부녀자들이 임신한 뒤 태아의 신체기관 중 가장 먼저 완성되는 부위라고 전해지고 있다. 오관 중에서 코가 가장 먼저 형성된다는 것이다.

鼻
코 비

'비鼻'는 처음부터 코를 의미했고 갑골문 형태는 ✹ 이렇다. 상단의 '자自'는 사람의 코 형상을 하고 있으며 하단의 '비畀'는 '주다, 부여하다'의 의미다. 청나라 때 단옥재는 『설문해자주』에 '인기자비야引氣自畀也, 종자從自, 종비從畀'라고 적었다. '비는 자와 비 두 부분으로 구성돼 있으며 이것들이 모여 숨을 삼키고 내뱉는다는 기본적인 의미를 지니고 있다. 자급자족의 순환을 이루고 있다'라는 뜻이다. 물론 여기에서의 '비畀' 역시 독음의 역할을 하고 있다.

自
스스로 자

'자自'의 최초의 형태가 코와 같다고 했는데 그렇다면 '자'도 애초부터 코를 의미했을까? 바로 그렇다. 갑골문에서 '자'의 형태는 ꙮ이렇다. 『설문해자』에서도 '자自, 비야鼻也, 상비형像鼻形'이라고 나와 있다. '자는 비이고 비의 형태와 같다'라는 뜻이다. '자'가 처음부터 코를 의미했음을 알 수 있는 대목이다. 그런가 하면 이후에 사람이 자신을 지칭할 때 손가락으로 자신의 코를 향하는 동작을 자주 보였기 때문에 '자'는 '자기, 자신'의 의미를 갖게 됐다는 말도 있다. 게다가 '자'가 새로운 의미를 파생시키면서 원래는 '코'를 의미했다가 다시 새로운 글자인 '비鼻'를 만들어낸 것이다. 그러면서 더는 코를 의미하지 않게 되었다.

　현재 '비'와 '자'의 두 글자는 이미 완전히 다른 의미를 갖고 있으며 어떠한 공통점도 없다.

　'자'의 경우 처음에는 호흡과 관련이 있었다. 호흡은 일반적으로 출처가 있고 소재가 있다. 이후에 점차 '시始(시작, 처음), 종從(따르다), 유由(말미암다)' 등의 의미를 갖게 됐다. 『시경詩經』「일월日月」 편에 '출자동방出自東方'이라는 문구가 나온다. '동녘에서 떠오르다'의 뜻이다. 여기에서의 '자'는 '종從'의 의미다. 또한 『한비자韓非子』「심도心度」 편에는 '법자法者, 왕지본야王之本也. 형자刑者, 애지자야愛之自也'라는 구절이 있다. '법은 왕의 근본이고 형벌은 사랑에서 시작된다'라는 뜻이다. 이 구절에서의 '자'는 '시始(시작, 처음)'의 의미다.

　'비'는 사람의 얼굴에서 가장 돌출된 구멍이 있는 기관이다. 그렇기 때문에 이후에는 물체에 불거져 나와 있거나 구멍이 있는 부분을 의미하는 데 쓰였다. 예를 들어 침비인針鼻儿(바늘귀)이나 문비아門鼻兒(반원형의 금속고리) 등이 그렇다. '침비인'은 평상시 바느질에 쓰이는 바늘 위쪽의 작은 구멍을 뜻한다. 실을 바늘에 꿰는 용도다. 그런가 하면 '문비아'는 문에 고정된 동이나 철로 만든 반원형 물체로 걸쇠(문에 붙은 연결고리)나 쇠막대기 등과 짝을 이뤄 문을 잠

동銅으로 만든 반원형의 철제고리

그는 구실을 한다.

그 밖에도 '자'가 이후에 '근원, 시작' 등의 의미를 갖게 된 것과 마찬가지로 '비' 역시 어떤 상황에서는 '비조鼻祖(원조, 시조)'와 비슷한 의미를 드러낸다.

'비조'는 본래 '시조始祖'나 '초조初祖'의 의미였다. 서한 때 양웅揚雄은 『방언方言』에 '비鼻, 시야始也. 수지초생위지비獸之初生謂之鼻, 인지초생위지수人之初生謂之首'라고 언급했다. '비는 시작이다. 짐승이 처음 생길 때 이를 비라고 한다. 사람이 처음 생길 때 이를 수라고 한다'라는 뜻이다. 『설문해자』에도 '금이시생자위비자今以始生子爲鼻子'라는 마찬가지의 논리가 나온다. '세상에 온 첫 번째 아들을 비자라고 칭한다'는 뜻이다. 여기에서의 '자子'는 '아들 자'로 보아야 한다. 또한 여기에서 '비'는 '첫 번째, 최초, 시작' 등의 의미를 지닌다. 그렇기 때문에 최초의 선조, 창시자 역시 '비조鼻祖'라고 일컬어진다.

그 밖에 코는 호흡기관에 속해 있기 때문에 생명체에게 있어서 코의 중요성은 두말할 필요도 없다. 현재 이런 사실은 일부 표현들 속에 충분히 드러나 있다. 현대 중국어로 '앙인비식仰人鼻息'이나 '일개비공출기一個鼻孔出氣' 등이 그 예다.

'앙인비식仰人鼻息'은 '다른 사람의 호흡에 의지해 생활한다'라는 기본적인 의미를 지니고 있다. '앙승비식仰承鼻息'이라고도 한다. 아무리 위험한 상황에서도 자신과 가족의 목숨을 전적으로 다른 사람에게 의탁한다는 의미이기 때문에 이런 표현 속에는 부정적이거나 혐오스러운 어감이 내포돼 있다. 『후한서後漢書』「원소전袁紹傳」편에 '원소고객궁군袁紹孤客窮軍, 앙아비식仰我鼻息, 비여영아재고장

지상譬如嬰兒在股掌之上, 절기포유絶其哺乳, 입가아살立可餓殺'이라는
구절이 나온다. '원소는 고립되어 원조가 없으면 군세는 곤궁한 상태
가 되어 우리의 콧김만 바랄 것입니다. 그들은 마치 품속의 갓난아
이와 같아서 젖을 주지 않으면 곧 굶어 죽을 것입니다'라는 뜻이다
(서기 190년, 한나라 헌제獻帝 초평初平 연간에 발해渤海 태수 원소가 군대를
일으켜 동탁 정벌에 나설 때였다. 어느 날 원소의 문객 봉기逢紀가 원소에게
말했다. "맹주께서 대업을 이루시려면 한 고을을 차지하여 근거지로 삼으셔야
합니다. 그렇지 않으면 스스로 일어설 수 없습니다. 현재 기주冀州는 강한 실력
이 있는 곳이지만 그곳을 맡고 있는 한복韓馥은 평범한 인물입니다. 틀림없이
그곳은 점령하기가 쉬울 것입니다." 원소는 봉기의 계책에 따라 공손찬을 보내
동탁을 토벌한다는 명목으로 한복을 기습했다. 동시에 한복을 위협하면서 기
주 땅을 내놓도록 압박했다. 한복은 기주를 다스리고 있었지만 성격이 나약했
다. 게다가 수세에 몰리게 되자 겁을 먹고 기주 땅을 원소에게 내주려고 했다.
이때 한복의 부장 사경무史耿武, 기도위騎都尉 등이 이에 극력 반대하며 한 말
이다—옮긴이).

그런가 하면 '일개비공출기一個鼻孔出氣'는 입장, 관점, 주장이 다
른 사람과 완벽히 일치함을 비유하는 데 쓰인다. 또한 역시 부정적
이고 혐오스러운 의미를 함축하고 있다. 이런 경향이 있는 사람은
일반적으로 어떤 목적을 염두에 두고 타인과 영합한다. 그런 이유로
마치 목숨을 유지하는 호흡조차도 타인의 기관에서 대신 관리해주
도록 이관하는 지경까지 간 느낌이 든다.

二. 코와 관계있는 한자에는 어떤 것이 있을까?

臭
냄새 취

　　호흡기관으로서 코는 숨을 쉬는 역할 이외에도 후각의 기능이 있다. 『설문해자』에 '비鼻, 주취자야主臭者也'라고 나와 있다. '비는 주로 냄새를 맡는다'라는 뜻이다. '비'에 대한 해석 안에 현재 자주 쓰는 글자인 '취臭'가 등장한다. '취'는 현대 중국어에서 고약한 냄새를 의미하는 데 주로 쓰인다. '향香'은 반대의 의미를 갖는다. 예를 들어 '취기훈천臭氣熏天'은 '악취가 하늘을 뒤덮는다'는 뜻이고, '취미상투臭味相投'는 주로 나쁜 일에서 '의기투합하다'의 뜻을 지닌다. 여기에서 더 나아가 '혐오감을 일으키거나 고상하지 못하거나 표독스러운' 등의 의미를 지니기도 한다. 일상생활에서 바둑을 둘 때 잠시 정신이 혼미해져 잘못 두거나 실력이 높지 않을 때 '취기臭棋'라는 말을 한다. 서툰 실력이나 악수惡手를 의미한다. 또한 만일 어떤 사람 때문에 조급해질 때 '정말 한바탕 혼내주고 싶네眞想臭罵他一頓(진상취매타일돈)'라고 말하기도 한다. 여기에도 '취' 자가 쓰인다. 그런가 하면 어떤 사람의 태도가 오만하고 무례할 때에도 '무슨 잘난 척이야?擺什麼臭架子(파십마취가자)'라고 하기도 한다. 역시 '취' 자가 들어간다.

　　이렇듯 '취'는 썩 유쾌한 글자가 아님을 알 수 있다. 만일 코의 역할이 그저 이렇게 고약한 냄새를 맡는 데만 쓰인다면 코에게 너무 불공평하다. 향기는 도대체 누구에게로 간 것일까?

　　사실 이런 관점은 완벽히 오해다. '취'는 처음에 그저 고약한 냄새만을 의미하지는 않았다. 『설문해자』의 해석에 의하면 '코는 냄새를 구별하는 역할이 있다'라고 적혀 있다. 그러므로 '취'는 모든 냄새를 의미하며 또 모든 냄새를 지시하는 '냄새 취'로 읽어야 한다.

'취臭'의 갑골문자 형태는 이렇다. 상변은 '자自'로 코를 의미하며 하변은 '견犬'으로 이 두 한자가 결합해 '개가 냄새로 위치를 찾을 수 있다'는 의미가 된다. 본래의 의미는 코를 이용해 냄새를 판별한다는 것이다. 『설문해자』에 '취臭, 금주禽走, 취이지기적자臭而知其跡者, 견야犬也'라는 표현이 나온다. '냄새로 날짐승이 달아난 곳의 흔적을 알아내는 이는 개다'라는 뜻이다.

한편 시간이 흐르면서 '취'에 편방(한자의 왼쪽과 오른쪽)을 더한 새로운 글자인 '후嗅'가 등장했다. 또한 '후'가 '냄새'의 함축적 의미를 드러내는 역할을 주로 담당하게 됐다. 자주 볼 수 있는 후각嗅覺이나 후각신경嗅神經 등이 그렇다. 하지만 일부 단어에서는 여전히 '취'가 냄새를 의미한다. 유취미간乳臭未幹(젖비린내가 나다)과 기취여란其臭如蘭(난초와 같은 냄새가 난다, 절친한 친구 사이) 등이 그렇다.

嗅
맡을 후

그 밖에도 고대에 소위 '오취五臭'라는 말이 있었다. 예를 들어 『장자』「천지天地」편에 '오취훈비五臭熏鼻'라는 문구가 있다. '코에 다섯 가지 냄새를 맡게 한다'라는 뜻이다. 여기에서 '오취'란 '전膻(누린내), 초焦(탄내), 향香(향내), 성腥(비린내), 부腐(썩은 내)' 등 다섯 가지 냄새를 의미한다. 이들은 '오미五味'와는 다른데 오미는 다섯 가지 맛으로 '산酸(신맛), 감甘(단맛), 고苦(쓴맛), 신辛(매운맛), 함鹹(짠맛)' 등을 말한다.

물론 코가 냄새를 판별할 수 있기 위해서는 본질적으로 호흡을 조절할 수 있는 코의 가장 기본적인 기능에 의존해야 한다. 그렇다면 호흡을 의미하는 단어가 바로 '기식氣息'인데 '식息'에는 처음에 코를 의미했던 '자自'가 포함돼 있음을 발견할 수 있다.

息
쉴 식

　'식息'은 '자自'와 '심心'의 두 부분으로 구성돼 있다. 옛사람들은 '심'이 모든 기관의 주재자라고 여겼기 때문에 호흡 역시 필연적으로 심장과 관련이 있다. 『설문해자』에 '식息, 천야喘也'라고 나와 있다. '식은 숨차다는 것이다'라는 뜻이다. 즉 '숨이 가쁘다, 호흡하다'의 의미다. 예를 들어 기식氣息(호흡), 천식喘息(숨이 차다), 식식상관息息相關(서로 호흡이 이어지다), 엄엄일식奄奄一息(마지막 숨을 모으다) 등이 있다.

　또한 호흡은 사람의 건강 징후로서 생명의 지표가 된다. 그래서 '식'은 이후에도 '후손을 낳는 것'과 관련된 의미에 쓰였다. 예를 들어 자식子息이나 증식增息 등이 그렇다.

　어쨌든 만일 한자 속에 의미상 코와 관련된 한자가 있으면 그 한자의 의미를 짐작해볼 수 있다. 이를테면 처음에 코를 의미했던 '자自'가 한자 속에 포함돼 있으면 그 한자의 의미 역시 금세 이해할 수 있다. 하지만 뜬금없이 '죄罪'가 코와 관련이 있다고 한다면 다들 다소 의아해할 것이다. '죄'의 글자 형태는 코와 거리가 멀기 때문이다. 설마 '죄' 자도 코와 관련이 있을까?

罪
허물 죄

　원래 '죄'는 고대에 '죄辠' 자로 쓰였다. 『설문해자』에 '죄辠, 범법야犯法也'라고 나와 있다. '죄는 법을 어기는 것이다'라는 뜻이다. '죄辠'의 상변은 '자自'로 코를 의미하며 하변은 '신辛'으로 고통스러운 심정을 의미한다. 이 두 한자가 합쳐져서 무서워 마음을 놓지 못하고 고통스러워 코를 찡그린다는 의미를 지니게 됐다. 즉 법률에 저촉된 행동을 한 뒤의 두려운 마음을 드러낸 것이다. 또한 고대에는 죄를 저지른 사람에게 형벌을 내렸는데 그중 코를 베던 '의형劓刑'이라는 형벌이 있었다.

시간이 흘러 진秦나라 때에 이르러 이 글자의 형태가 '진시황秦始皇'의 '황皇'자와 거의 비슷해지자 아예 음이 같은 '죄罪' 자로 바꿔 쓰게 됐다. '죄罪' 자의 상변은 '망罒'으로 그물을 의미하고 하변은 '비非'로 그릇된 것을 의미한다. 상하 부분이 모여 법망을 이용해 못된 짓을 한 사람을 체포한다는 의미를 갖게 됐다. 이런 의미는 '죄'가 처음에 의미했던 '물고기를 잡는 대나무 그물'이라는 뜻과 상당히 거리가 있다.

그런가 하면 '체涕'라는 한자를 봤을 때 사람들은 맨 처음 '비체鼻涕(콧물)'를 연상할 것이다. 하지만 사실 '체'는 본래 '콧물'이 아닌 '눈물'을 의미했다. 한편 '사泗'는 본래 '사수泗水'를 의미했다. '사수泗水'는 지금의 산둥山東 성에 있는 강이나 현縣의 이름이다. 이처럼 일반적으로 지명에서 글자를 찾아볼 수 있다. 예를 들면 지금의 산둥 성의 쓰허泗河(사하)나 안후이安徽 성의 쓰현泗縣(사현) 등이 그렇다. 하지만 이 글자는 고대에 '콧물'의 의미를 지녔다. 『시경』「택피澤陂」 편에 '체사방타涕泗滂沱'라는 문구가 나온다. '눈물과 콧물만 줄줄 흘린다'라는 뜻이다. 또한 『모시전毛詩傳』에는 '자목왈체自目曰涕, 자비왈사自鼻曰泗'라고 해석돼 있다. '눈에서 흐르는 것을 체라고 하고 코에서 흐르는 것을 사라고 한다'라는 뜻이다.

'체사횡류涕泗橫流'는 요즘에도 꽤 자주 쓰는 어휘다. 기본적인 의미는 그다지 생소하지 않을 것이다. 바로 얼굴이 흠뻑 젖도록 눈물과 콧물을 줄줄 흘린다는 뜻이다. 상심이 크고 견디기 힘든 사람의 모습을 묘사했다. 하지만 여기에서 한 단계 더 나아가 질문을 던져

涕
눈물 체

泗
물 이름 사

보자면 '체사횡류' 속의 '체'와 '사'는 구체적으로 어떤 의미를 지니고 있는 것일까? 쉽게 답을 내리기 힘들 것이다.

코는 오관 중 하나인 데다 두 개의 콧구멍이 있다. 이런 점으로 미루어 '칠규七竅', 즉 사람의 얼굴에 난 일곱 구멍을 연상해볼 수 있다. 그렇다면 '칠규'는 또 구체적으로 어떤 의미를 지니고 있을까?

덧붙이는 이야기   '칠규七竅'는 무엇을 의미할까?

'규'는 본래 '구멍'을 의미한다. '칠규' 속의 '규'는 기관의 구멍을 뜻한다. 그래서 일반적인 상황에서 '칠규'는 사람의 두 눈, 두 귀, 두 콧구멍과 입을 의미한다.

하지만 가끔 '칠규'는 단순히 일곱 개의 구멍을 뜻하기도 한다. 고대에는 '마음에 일곱 개의 구멍이 있다'라는 뜻의 '심유칠공心有七孔'이라는 말이 있었다. 또한 『사기史記』「은본기殷本紀」 편에는 '내강간주迺強諫紂. 주노왈紂怒曰, 오문성인심유칠규吾聞聖人心有七竅. 부비간剖比幹, 관기심觀其心'이라는 구절이 나온다. '비간이 주왕을 타일렀다. 그러자 우매하고 잔혹한 주왕이 노하여 말하기를 "내가 듣기로 성인은 마음에 일곱 개의 구멍이 있다더라"라고 말한 뒤 비간을 죽여 잔인하게 해부해 그 심장을 보았다'라는 뜻이다.

그 밖에도 '일곱 개의 구멍이 난 심장'이라는 뜻의 '칠규영롱심七竅玲瓏心'이라는 말이 있는데 역시 같은 의미에서 유래했다. 현재는 생각이 매우 많고 무척 총명함을 묘사할 때 자주 쓰인다.

三. '입'과 관련된 한자

사람의 얼굴에 있는 오관 중 눈이나 코와 마찬가지로 액체를 배출하는 기능이 있는 매우 중요한 기관이 바로 '취嘴(입)'다.

이런 '입'이라는 인체기관을 고대에는 '구口'라고 지칭했다. '구'의 갑골문자 형태는 ┗┛이렇다. 사람의 입 형상을 하고 있고 '입'을 뜻한다. 『설문해자』에 '구口, 인소이언식야人所以言食也'라고 했다. '입은 말을 하고 밥을 먹는 두 가지 기본적인 기능이 있다'라는 뜻이다.

'구'가 음식을 먹고 맛을 느끼는 기능을 갖고 있기 때문에 사물에 대한 감각과 기호를 뜻하는 데 쓰이기도 한다. 입맛을 의미하는 구미口味, 구감口感, 구복口福 등이 그 예가 될 수 있다. 한편 말을 하는 기능이 있어서 '구'는 언어 분야의 재능을 의미하기도 한다. 구재口才(말솜씨), 구구성성口聲聲(어떤 말을 늘 입에 달다), 구밀복검口蜜腹劍(사람이 교활하고 음흉하다) 등이 있다.

그 밖에 어떤 건물의 외관이나 출입하는 곳이라는 특징 때문에 '구'는 비슷한 특징을 지닌 다른 것을 의미하는 데 쓰이기도 한다. 예를 들어 관구關口(중요한 길목), 문구門口(입구), 정구井口(우물 등의 입구), 출구出口, 항구港口 등이 있다.

'구'와 쓰임이 같은 것으로 현재 자주 쓰이는 '취嘴'가 있다. 사실 '취'는 처음에는 의외로 인체기관과는 아무런 상관이 없었다. '취'는 본래 '취觜'로 쓰였다. 그러면서 부엉이 같은 동물의 머리에 달린 뿔 모양의 털을 의미했다. 그러다가 이후에 '구口' 자 변이 더해져 '취嘴'로 변해 조류의 부리를 의미하게 됐다.

口

입 구

嘴

부리 취

咀
주둥이 취

그 밖에 '취'의 이체자인 '취咀' 자가 있다. '咀'는 '씹을 저'와 '주둥이 취'라는 두 가지 의미를 지니고 있다. 여기에서는 '음식물을 씹다'라는 뜻의 '저작咀嚼'의 '저咀'가 아니다. '주둥이 취咀' 자는 '취嘴'와 함께 지명에 자주 등장하는데 상하이의 루자쭈이陸家嘴(육가취, 중국 상하이 시에 있는 주요 금융 중심지역)나 홍콩의 젠사쭈이尖沙咀(첨사취) 등이 그 예다. 한편 이런 지역은 독특한 지리적 위치와 형태 덕에 유명세를 탔다.

상하이 지역 매체에 기록된 바에 따르면 푸둥浦東 지역의 루자쭈이는 황푸장黃浦江(상하이에 있는 강 이름 — 옮긴이)이 이곳에서 거의 구십 도의 직각으로 꺾어 돌아가면서 토사가 쌓여 모래사장이 형성됐다. 황푸장의 서쪽에서 멀리 맞은쪽 기슭을 바라보면 이 모래사장은 거대한 금색 뿔 달린 짐승이 머리를 내밀고 입을 벌려 물을 마시는 모습을 하고 있다.

홍콩의 젠사쭈이는 주강 삼각주 동쪽 해안 육지의 끝에 위치해 있는데 이 지역의 해수가 관융산官湧山(관융산)에 가로막혀 있다. 또한 이곳의 남쪽에는 길고 뾰족한 형태의 모래사장이 형성돼 있어 마치 새의 부리와 같은 형상을 하고 있다. 이런 이유로 그곳의 이름이 지어진 것이다.

四. 아牙와 아문衙門은 어떤 관계가 있을까?

구강에서 '치아'는 매우 중요한 기관이다. 음식물을 씹는 기능 이외에 어떤 상황에서는 심지어 스스로를 지키는 무기의 역할을 할 수도 있다.

'아牙'는 금문에서 ⛿ 이런 글자 모양을 하고 있다. 위아래 어금니가 서로 맞물린 형태다. 『설문해자』에서는 '아牙, 모치야牡齒也. 상상하교착지형像上下交錯之形'이라고 설명했다. '아는 입을 다물었을 때 아래와 위의 어금니가 어긋나 맞닿은 모양을 본뜬 글자다'라는 뜻이다. 본래는 어금니를 의미했다가 시간이 흐르면서 치아를 폭넓게 의미하게 됐다.

하지만 '아牙'와 '아문衙門' 사이에 어떤 같은 뿌리가 존재한다면 그걸 선뜻 믿을 수 있을까?

어쨌든 그것이 사실임은 분명하다.

고대에 맹수의 이빨은 강력한 힘의 상징으로 여겨졌다. 그래서 고대에 일부 군대의 고급 장교나 지휘관은 중요한 군사업무를 처리하는 곳에 맹수의 이빨을 두기도 했다. 이후에는 군영의 문밖에도 나무로 조각해 만든 대형 맹수 이빨 장식물이 등장했다. 또한 군영 안에서도 임금이나 대장군의 깃발인 '아기牙旗'의 깃대 끝에 맹수의 이빨을 달거나 이빨 형태를 만들어서 달았다. 그런 이유로 위풍당당한 군영의 문 역시 '아문牙門'이라고 일컫게 됐다.

한나라 말년에 '아문'은 점차 관리의 대명사로 변해갔다. 『무와문견기武瓦聞見記』에는 '근속상무近俗尚武, 시이통호공부위공아是以通呼公府爲公牙, 부문위아문府門爲牙門, 자초와변전이위아야字稍訛變轉而爲衙也'라고 기록돼 있다. '요즘 풍속에 무예를 숭상해 통칭하기를 공부公府는 공아公牙라고 하고 부문府門은 아문牙門이라고 한다. 글자

牙
어금니 아

가 점점 변해 아衙라고 한다'라는 뜻이다. 군영의 문을 뜻하는 '아문牙門'은 당나라 때 이후부터 '아문衙門'이라고 쓰게 됐고 이전에 불렀던 명칭을 대신해 광범위하게 쓰이기 시작했다. 그러다가 북송 때 이후에 사람들은 '아문衙門'만 알고 '아문牙門'은 모를 정도가 됐다. 이렇게 '아牙'와 '아문衙門'의 관계가 증명됐다.

齒
이 치

    한편 '아牙'와 관계가 가장 밀접한 글자로 말하자면 단연 '치齒'다. '치'의 갑골문자 형태는 [✦] 이렇다. 사람이 입을 벌려 입안의 앞니를 내보이는 형상 같다. '아'가 처음에 어금니를 의미했듯이 '치'도 본래는 앞니를 의미했다. 그러다가 시간이 흘러 점차 '아'와 마찬가지로 모든 치아의 통칭으로 변했다. 단옥재의 『설문해자주』에 '통언지 개칭치칭아統言之皆稱齒稱牙, 석언지칙전당진자칭치析言之則前當唇者稱齒, 후재보차자칭아後在輔車者稱牙'라고 설명돼 있다. '통칭해서 아치라고 부르는데 세부적으로 나눈다면 앞부분에 입술을 막고 있는 것을 치齒라고 하고 뒷부분에 뺨과 잇몸 부분에 있는 것을 아牙라고 한다'는 뜻이다.

    이후에 춘추전국시대에 들어서서는 사람들이 갑골문 '치'의 글자 형태의 상단에 '지止'를 더해 독음을 만들어냈고 지금의 '치齒' 자의 기반이 됐다. 금문에서의 '치齒'는 이미 이런 형태를 하고 있었다.

    고대에서든 현대에 와서든 '아'와 '치'는 자주 함께 쓰였다. 다만 두 글자의 앞뒤 순서가 다소나마 달라졌을 뿐이었다. 송나라 때 양만리楊萬里의 시 「한거초하오수기閑居初夏午睡起」에 '매자류산연치아梅子留酸軟齒牙, 파초분록여창사芭蕉分綠與窗紗'라는 표현이 나온다. '매실의 신맛이 남아 치아를 무르게 하고 파초는 초록빛을 나누어 비단 창문에 주다'라는 뜻이다.

그 밖에 '치'는 구강과의 관계 때문에 이후에 점차 '말하다'나 '언급하다' 등의 의미로 발전해갔다. 예를 들면 불치不齒(언급하기 싫어하다)나 난이계치難以啟齒(입을 떼기 어렵다) 등이 그렇다. 또한 치아의 수나 이갈이를 하는 기본 규칙 때문에 일반적으로 나이와 어떤 특정한 관계를 갖는다. 그래서 '치' 역시 나이를 의미하기도 한다. 약치弱齒(어리다), 장치壯齒(장년), 모치暮齒(만년), 논치論齒(나이를 헤아리다), 서치序齒(나이순으로 차례를 정하다) 등이 그 예다. 『좌전左傳』「소공이십년昭公二十年」 편에는 '자지치장의子之齒長矣, 불능사인不能事人'이라는 표현이 나온다. '당신의 나이가 매우 많으니 사람을 섬길 수 없겠습니다'라는 뜻이다.

생리적 구조의 특수성 때문에 치아와 친밀하게 접촉하는 관계에 있는 것은 바로 입술과 혀다.

동한東漢시대에 『설문해자』의 저자인 허신許愼과 함께 유명했던 또 한 사람의 권위자는 바로 유희劉熙다. 일찌감치 그의 저작 『석명釋名』에는 '순脣, 연야緣也, 구지연야口之緣也'라고 설명돼 있었다. '순은 가장자리를 뜻하고 입의 가장자리다'라는 뜻이다.

脣
입술 순

'순망치한脣亡齒寒'이라는 성어는 '입술이 없어지면 이가 시리다'라는 표면적인 의미를 지니고 있다. 하지만 그 이면에는 유명한 역사적 고사가 숨어 있다.

『여씨춘추呂氏春秋』에 따르면 춘추시대에 다섯 패국 중 하나인 진晉나라가 괵虢나라를 토벌하려고 했다. 대군을 토벌하려면 우虞나라를 반드시 거쳐야 했기 때문에 수많은 예물과 함께 사람을 보내

우나라에 가서 길을 좀 열어달라는 요청을 하게 됐다. 우나라의 국왕은 대신들의 권고를 듣지 않고 진나라의 요구를 들어주었다. 결국 진나라 군대는 괵나라를 토벌한 뒤 돌아오는 길에 우나라도 정벌하고 말았다. 그런 일이 있은 뒤 사람들은 이 성어로 서로 밀접한 관계에 있는 것을 비유하게 됐다. 한쪽의 이익이 손해를 입으면 다른 한쪽도 역시 재앙을 맞게 된다는 뜻이다.

물론 입술과 관계가 있다고 해서 모두 이처럼 비참한 사건만 있는 것은 아니다. 이를테면 옛사람들은 아름다운 여인의 외모를 묘사할 때 '앵진경계櫻唇輕啟(앵두 같은 입술을 살포시 여니), 토기여란吐氣如蘭 (숨결이 난초처럼 향기롭다)'이라는 말을 했다. 이런 점은 당나라 때 화가 주방周昉의 〈잠화사녀도簪花仕女圖〉에서 정확하게 느낄 수 있다. 그림 속 여자의 입술 색깔은 아주 조금만 그려져 있다. 입술 위아래가 맞닿아 신선한 앵두 같은 느낌이 든다. 눈처럼 흰 피부는 점처럼 찍혀 있는 입술을 돋보이게 한다. 남북조 시기의 이름난 시인 강엄 江淹의 시구 '백설응경모白雪凝瓊貌, 명주점강진明珠點絳唇'에는 이 그림에 딱 맞는 묘사가 나와 있다. '흰 눈은 얼어 옥 모양이 됐고, 빛이

〈잠화사녀도〉

고운 아름다운 구슬은 붉게 칠한 입술이다'라는 뜻이다.

　분명 선조들은 일찌감치 소뼈나 쇠기름으로 입술을 촉촉하게 할 줄 알았다. 북조北朝시대의 『제민요술齊民要術』에 입술연지를 만드는 상세한 방법이 나와 있다. 당시의 입술연지는 연지처럼 손가락 끝을 약간 들어 올려 입술에 '점을 찍어'야 했다. 진정한 '붉은 입술'이 모습을 드러내는 것이다. 송나라 때 여성 문사文士인 이청조李清照는 『점강순點絳唇』 「규사閨思」 편에 '적막심규寂寞深閨, 유장일촌수柔腸一寸愁千縷. 석춘춘거惜春春去. 기점최화우幾點催花雨'라고 묘사했다. '적막하고 깊은 규방, 한 치 애간장에 천 가닥 시름, 봄이 지나가니 봄이 아쉽구나. 낙화를 재촉하는 비는 언제부터였을까'라는 뜻이다. 이 시구는 여성의 은근하고도 섬세한 감성을 읊어냈다. 그러면서 화장한 여성의 얼굴이 주는 매력을 연상시킬 뿐만 아니라 오래도록 길이 남을 뛰어난 작품으로 인식되고 있다.

五. '문吻'은 어떤 행동을 의미할까?

　물론 입술은 아름다운 일면을 갖고 있을 뿐만 아니라 예의와 선의와 사랑을 의미하는 기능도 갖추고 있다. 예를 들어 키스와 입맞춤을 의미하는 '친문親吻'이 있다. 그렇다면 '문'은 처음부터 이런 행동을 의미했을까?

　사실 '문'은 처음에 동작이 아닌 다른 의미를 지니고 있었다. 『설문해자』에 '문吻, 구변야口邊也'라고 나와 있다. '문은 입의 가장자리

吻
입술 문

다'라는 뜻이다. 하지만 자세히 연구해보면 '문吻'과 '순脣'에는 미세한 차이가 있다. '문'은 처음에는 양쪽 가장자리의 입가만 의미했다. 한편 '순'은 전체 입술을 의미한다. 하지만 글자의 의미가 발전하고 변하면서 '문'은 이제 주로 어류의 입 부위를 지칭하는 데 쓰인다. 더는 사람의 입술을 의미하지 않게 된 것이다. 사람과 관련된 의미로 쓰일 때 '문'은 입을 맞추는 동작뿐만 아니라 일부 단어 속에 남아서 입이 하는 일과 관련된 의미를 드러낸다. 즉 '말투'를 의미하는 '구문口吻' 등이 그 예가 될 수 있겠다.

'문'은 일상적으로 쓰이는 기본적인 의미뿐만 아니라 '치문鴟吻'을 의미하기도 한다. 즉 고건축물의 지붕 용마루 양끝에 놓는 장식물을 뜻한다. 고건축물 용마루 위에 있는 동물 조각품의 기원에 대해 옛사람들이나 현대인들 모두 고증의 과정을 거치기는 했지만 의견이 통일되지는 않았다. 일반적으로는 용마루 위에 동물 조각품을 놓은 건 보강과 방수 등 실용적인 용도뿐만 아니라 악귀를 쫓고 불행을 피하는 등의 문화적인 의미도 갖추고 있다. 일설에 의하면 조각품은 용의 아홉 마리 새끼 중 하나라고 해서 '이문螭吻' 혹은 '치미鴟尾'라고도 일컫는다.

치문

현재 자주 보이는 용마루 끝의 동물 조각품은 대다수가 명청 시기의 산물들이다. 고건축물의 지붕 위에 각각 정척正脊, 수척垂脊, 창척戧脊, 위척圍脊 등의 부분이 있다.

이런 용마루의 끝이나 휘어지는 지점에는 일반적으로 동물 조각품을 놓았다. 동물 조각품은 놓인 위치가 다르기 때문에 형태 역시 다 일치하지는 않는다. 현재 중국 최대의 '대문大吻'은 베이징 구궁의 타이허뎬太和殿(태화전)의 지붕 위에 있다.

솔직히 말해 서로 사랑하는 사람에게 있어 '문'은 입술을 서로 마주하는 것뿐만 아니라 또 다른 기관인 '설舌'도 가담하게 된다.

'설'의 갑골문자 형태는 바로 ![glyph] 이렇다. 마치 입안의 혀를 내미는 듯한 모양을 하고 있고, 주변에 나 있는 작은 점은 침을 의미한다. 『설문해자』에 따르면 '설舌, 재구소이언야在口所以言也, 별미야別味也'라고 했다. '설은 입안에서 말을 하고 맛을 구별하는 것이다'라는 뜻이다. 다시 말해 입안에 혀가 있어서 말을 하는 기능을 갖고 있고 또한 혀는 여러 가지 맛을 판별할 수도 있다는 것이다.

혀가 이런 기능을 갖고 있기 때문에 '설'은 언어를 의미하는 데 쓰이기도 한다. 예를 들어 유취활설油嘴滑舌(말만 번지르르하다), 칠취팔설七嘴八舌(말이 많다), 진창설검脣槍舌劍(날카롭게 언쟁을 벌이다), 구설口舌(구설수) 등이 그렇다. 또한 언어로 논쟁을 벌일 때 '설전舌戰'이라고도 한다. 말솜씨가 좋다고 할 때는 '교설여황巧舌如簧'이라고 한다. 말재주가 없다는 뜻으로는 '분취졸설笨嘴拙舌'이 있다. 다른 사람의 말을 흉내 내다라는 뜻을 종종 '학설學舌'이라고 일컫는다.

송나라 때 시인 석소담釋紹曇은 『일본자원선인귀국청게日本慈源禪人歸國請偈』에 '만연불괘일사두萬緣不掛一絲頭, 대객라요삼촌설對客懶饒三寸舌'이라고 적었다. '모든 인연을 대하는 데 있어 가식이 없으니 손님을 마주 대함에 세 치 혀가 게으르기도 하고 후하기도 하다'라

舌
혀 설

는 뜻이다. 그렇다면 '삼촌설'은 도대체 어느 정도의 길이를 말할까? 진秦나라 때의 길이로 보자면 삼촌三寸은 대략 7센티미터에 해당한다. 반면 송나라 이후의 길이에 근거해서 보자면 대략 10센티미터 정도에 해당한다. 옛사람들은 혀가 긴 사람이 말솜씨가 좋을 것이라고 판단했고 또한 남자의 혀가 길면 좋고 여자의 혀는 길면 안 좋다고 생각했다. 예를 들어 『시경』 「첨앙瞻卬」 편에 '부유장설婦有長舌, 유려지계維厲之階'라는 표현이 있다. '여인의 혀가 길면 재앙을 불러온다'라는 뜻이다. 이후에 사람들은 '장설부長舌婦(혀가 긴 여자)'를 두고 쓸데없는 말을 하거나 시비를 조장하는 여자를 의미하는 데 자주 쓰곤 했다.

제 3 장

눈썹과 눈 사이에
끼워 넣은 한자

이번 장에서는 다음의 한자들에 대해 이야기를 나누려고 한다.

目	眼	睛	眸	瞳	臣	民
눈 목	눈 안	눈동자 정	눈동자 모	눈동자 동	신하 신	백성 민

望	省	眷	蔑	直	眞	眉
바랄 망	살필 성	돌볼 권	업신여길 멸	곧을 직	참 진	눈썹 미

一. 병원에는 왜 '목과目科'가 없을까?

끝없이 광활한 이 세상의 만물은 모양이 제각각 서로 다르고 다채롭다. 한편 우리는 이런 아름다움을 감상하면서 응당 조물주가 우리에게 세상을 인식하도록 '눈'을 창조해주었다는 사실에 감사해야 한다. 두말할 나위 없이 중요한 역할을 눈이 하고 있는 것이다. 그렇다면 눈과 관련된 한자에는 또 어떤 재미있는 이야기가 담겨 있을까?

目

눈 목

고대에 최초로 눈을 의미했던 한자는 바로 '목目'이다. '목'의 갑골문자 형태는 바로 ⬙이렇다. 금문 형태는 ⬙ 이렇다. 이들 모두 눈의 형상과 매우 유사하다. 테두리는 눈가이고 안쪽은 눈동자다. 『설문해자』에 '목目, 인안人眼, 상형象形'이라고 나와 있다. '목은 사람의 눈을 의미하며 눈의 형상에 근거해 만들어진 글자다'라는 뜻이다.

진나라 통일 이전의 춘추전국시대에 '목'은 단독으로 쓰였다. 그러다가 양한兩漢시대 이후에 '안眼'의 쓰임이 점차 많아지면서 눈을 의미하는 '목'은 차츰 독립적으로 쓰이지 않게 됐다.

현재 '목'은 대개 단어를 구성하는 하나의 글자로 쓰일 때 '눈'의 의미를 지닌다. 예를 들어 목격目擊(목격하다), 면목面目(낯, 체면), 목공일절目空一切(눈에 보이는 게 없다), 중목규규眾目睽睽(많은 사람이 주시하고 있다), 엄인이목掩人耳目(세상 사람들의 이목을 가리다) 등이 그렇다. 한편 대다수 종합병원에 '안과眼科'는 개설돼 있지만 이를 '목과目科'라고 부르지는 않는다.

- '목'에서 새로 파생된 뜻

  앞에서 눈이 세상을 인식하는 창문이라고 언급했다. 사실 이 두 창문은 관찰의 통로이자 주체다. 예를 들어 북송 때의 구양수는 『비비당기非非堂記』에 '이사청耳司聽, 목사시目司視'라고 적었다. '귀는 듣는 데 쓰고 눈은 관찰하는 데 쓴다'는 뜻이다. 이후로 '목' 역시 점차 '보다, 주시하다, 의사를 표현하다' 등의 의미를 갖게 됐다. 『사기』「진승상세가陳丞相世家」편에 '진평거초陳平去楚, 도하渡河, 선인의기유금船人疑其有金, 목지目之'라는 구절이 나온다. '진평이 초나라로 가려고 강을 건널 때 뱃사공들이 금이 있음을 의심하여 그를 보았다'라는 뜻이다. 여기에서 '목지目之'는 '그를 보다'라는 의미를 띠고 있다. 또한 『사기』「항우본기項羽本紀」편에는 '범증수목항왕範增數目項王, 거소패옥결이시지자삼舉所佩玉玦以示之者三'이라는 표현이 있다. '범증이 수차례 항우를 보면서 눈빛으로 의사를 나타내고 달고 있던 옥 패물을 들어 경계시켰다'라는 뜻이다.

  그뿐만 아니라 '목'은 인체의 가장 중요한 기관 중 하나라서 '관건, 중요' 등의 의미를 내포하고 있다. 그 의미에서 한 단계 더 발전해 '요점, 핵심' 등의 의미도 갖게 됐다. 예를 들어 항목項目, 제목題目, 명목名目(구실), 절목節目(항목), 두목頭目(우두머리) 등의 단어는 바로 그런 점을 꽤 정확하게 드러내고 있다.

  그 밖에도 형태가 비슷하다는 이유로 어망의 그물코 역시 '목'이라고 한다. 정현鄭玄의 『시보서詩譜序』에 '거일강擧一綱, 이만목장而萬目張'이라는 구절이 있다. '어망에 달린 굵은 밧줄을 끌어올리니 그물의 모든 그물코가 열려 있었다'라는 뜻이다. 현재 꽤 익숙한 성어인 '강거목장綱擧目張'은 이런 의미에서 출발했다. 이 성어의 뜻은 '그물의 벼리를 집어 올리면 모든 그물코가 다 펼쳐진다'이다(어떤 일의 핵심을 정확히 알고 이해한다는 의미다—옮긴이). 게다가 참 묘하게도 '그물 망网'은 한자에서 '라羅, 파罷, 조罩, 서署, 치置'처럼 상단의 부수로 쓰일 때 글자 형태가 가로로 있는 '목目'자와 같다.

덧붙이는 이야기 '괄목상간刮目相看'에 대해

삼국 시기 동오東吳 때의 장군 여몽呂蒙은 용감하고 싸움에 능해 20여 세에 이미 명장이 되었다. 하지만 출신이 빈천해 책 한 권 읽어본 적이 없었다. 이후에 오나라의 군주인 손권孫權의 일깨움을 받아 그는 남는 시간을 이용해 애써 책을 읽어 풍부한 군사지식과 경험을 축적하게 됐다. 그러던 어느 날 당시의 참모인 노숙魯肅이 군대를 이끌고 그의 주둔지를 지나게 됐다. 노숙은 여몽이 수준 낮은 사람이라고만 생각해서 그와 사귈 가치가 없다고 여겼다. 하지만 이후에 부하의 설득으로 노숙은 마지못해 여몽의 주둔지를 방문하게 됐다. 그때 술자리에서 여몽이 물었다. "참모는 이번에 중임을 맡아 촉蜀나라 장군 관우關羽와 인접하게 됐는데 혹시 어떤 계획이 있는 겁니까?" 노숙이 대답했다. "병사가 공격해오면 장군이 막고 물이 밀려오면 흙으로 막으면 되지 않겠나. 그때 가서 다시 이야기하세." 그 말을 들은 여몽이 완곡한 어투로 나무랐다. "지금 오나라와 촉나라는 동맹관계지만 관우는 성정이 사나운 범과 같고 야심이 있습니다. 일찌감치 전략을 세워둬야 급하게 일을 처리해야 할 상황이 벌어지지 않을 것입니다!" 또한 노숙을 위해 다섯 가지 책략을 세워주기도 했다. 이 말을 들은 노숙은 크게 탄복하며 여몽에게 말했다. "나는 이전에 자네가 싸움만 할 줄 아는 사람인 줄 알았네. 학식과 책략이 이처럼 날로 깊어질 줄은 생각지도 못했다네. 정말이지 선비는 3일 뒤에 다시 만나게 되더라도 눈을 비비고 상대를 새롭게 대해야 되겠구먼!"

二. 눈과 관련된 한자

앞에서 언급했듯이 양한시대를 전후로 해서 '목目'과 '안眼'의 용법은 결정적인 전환점을 맞았다. 즉 이 두 글자의 기본적인 의미가 대체로 비슷해진 것이다. 그렇다면 현실적으로 정말 그렇게 쓰였을까?

『설문해자』에 '안眼, 목야目也'와 '목目, 인안人眼'이라는 두 가지 표현이 나와 있다. 전자는 '안은 목이다'라는 뜻이고, 후자는 '목은 사람의 눈이다'라는 뜻이다. 두 가지 표현에 대한 해석이 엇비슷하다보니 내포하는 의미 역시 당연히 같을 수밖에 없다. 하지만 다른 문헌을 참고해보면 '안'은 본래 '안구'를 의미했고 '목'이 의미하는 범위보다 훨씬 작았다는 점을 알 수 있다. 유희의 『석명』에 '안眼, 한야限也. 동자한한이출야瞳子限限而出也'라고 나와 있다. '안은 한정된 것이다. 동자가 한정돼 있고 불거진 것이다'라는 뜻이다. 이 말에는 매우 분명한 의미가 담겨 있는데 바로 '안'이 눈동자를 의미한다는 것이다. 비슷한 예로 『장자』「도척盜蹠」편에 '비간부심比干剖心, 자서결안子胥抉眼, 충지화야忠之禍也'라고 나와 있다. '비간은 심장이 도려내어

眼
눈 안

지고 오자서는 눈알이 도려내졌으니 충성이 가져온 재앙입니다'라는 뜻이다. 이는 어리석고 무능한 군주가 어진 신하를 대하는 잔혹한 방법을 드러내고 있다. 하지만 여기에서는 '안眼'이 '눈동자'를 의미했다는 점만 짚고 구체적인 의미는 언급하지 않겠다.

晴
눈동자 정

현재 '안'은 '정晴'과 모여 눈을 의미하는 경우가 흔하다. 중국의 대중음악가 왕뤄빈王洛賓이 작곡한 유명한 민요인 〈흔기니적개두래掀起你的蓋頭來(그대의 붉은 수건을 들어 올려요)〉에 "그대의 눈은 밝고 맑군요. 마치 물결 같아요你的眼睛明又亮呀, 好像那水波一模樣(니적안정명우량하, 호상나수파일모양)"라는 가사가 나온다. 이 가사 속에서 '안정眼睛'이라는 단어를 써서 눈을 지칭하고 있다. 하지만 사실 '정'은 본래 '안'과 마찬가지로 눈동자를 의미했다.

물론 '정'이라는 글자가 좀 늦게 등장하기는 했다. 『설문해자』에는 수록되지 않았다가 남북조 시기의 『옥편』에서 비로소 자취를 찾아볼 수 있게 됐으니 말이다. 거기에 '정晴, 목주자야目珠子也'라는 구절이 나온다. '정은 눈동자다'라는 뜻이다.

하지만 정황으로 보자면 서한 시기에 완성된 『회남자淮南子』「주술훈主術訓」 편에 쓰였던 사례가 이미 등장했다. '부거제이규정저夫據除而窺井底, 수달시유불능견기정雖達視猶不能見其睛'이라는 표현이 이미 나와 있다. '우물의 난간에 엎드려 우물물을 마주하고 얼굴을 비춰보는데 시력이 아무리 좋아도 자기의 안구는 자세히 볼 수 없다'라는 뜻이다. 또한 위진남북조魏晉南北朝 때 『낙양가람기洛陽伽藍記』에는 '사녀관자士女觀者, 목란정미目亂睛迷'라는 표현이 있다. '구경하는 사녀들의 눈은 어지러워하고 안구는 혼란스러워하다'라는 뜻이다. 명나라 때 육채陸采의 『명주기明珠記』에는 '투정사망偷睛斜望, 춘광지격류소장春光只隔流蘇帳'이라고 나와 있다. '남 몰래 바라보니 봄빛은 술이 달린 휘장을 사이에 두고 있었다'라는 뜻이다. 앞에 언급한 문구에서 '정'은 모두 눈동자를 의미한다.

현대에 들어와서 '정'은 이제 단독으로 쓰이지 않는다. 대개 단어 속에서 등장하는데 정정定睛(주시하다), 목불전정目不轉睛(응시하다), 화룡점정畵龍點睛(용의 눈에 점을 찍다), 화안금정火眼金睛(예리한 안목) 등이 그 예다.

사실 한자에서 눈동자를 의미하는 글자들은 더욱 많다. '모眸'와 '동瞳'이 그렇다. 이런 점 역시 한자의 다채로운 특징을 보여준다.

眸
눈동자 모

『설문해자』에 '모眸, 목동자야目童子也'라는 구절이 있다. '모는 눈동자다'라는 뜻이다. '모'는 본래 눈동자를 의미했으며 '모자眸子'라고도 불렸다. 『맹자』 「이루離婁」 편에 '존호인자存乎人者, 막량어모자莫良於眸子, 모자불능엄기악眸子不能掩其惡'이라는 표현이 나온다. '사람을 살펴볼 때 그 사람의 눈동자를 보는 것만큼 좋은 것은 없다. 눈동자는 그 사람의 추악함을 숨기지 못하기 때문이다'라는 뜻이다.

그 밖에도 고대 시문에 '모'를 이용한 수많은 시구를 발견할 수 있다. 또한 이런 시구들은 일반적으로 여인의 아름다운 용모를 찬미하고 있다. 예를 들어 조식曹植의 「낙신부洛神賦」에는 '명모선래明眸善睞, 엽보승권靨輔承權'이라고 나와 있다. '눈을 흘기는 눈동자가 아름답고 맑으며 보조개가 능히 마음을 끄네'라는 뜻이다. 또한 백거이는 「장한가長恨歌」에 '회모일소백미생回眸一笑百媚生, 육궁분대무안색六宮粉黛無顏色'이라고 표현했다. '눈동자 굴리며 한 번 웃으면 백

가지 교태가 생기니, 육궁의 화장한 미녀들 낯빛이 무색해졌다'라는 뜻이다. 두보는 「애강두哀江頭」에 '명모호치금아재明眸皓齒今何在, 혈오유혼귀부득血汚遊魂歸不得'이라고 썼다. '맑은 눈동자 하얀 이는 지금 어디에 있는가. 피로 더럽혀진 떠다니는 혼은 돌아갈 수 없다'라는 뜻이다.

瞳
눈동자 동

'정'과 상황이 같은 '동瞳' 역시 훗날 『옥편』에 수록된 글자다. 거기에 '동瞳, 목주자야目珠子也'라고 실려 있다. '동은 눈동자다'라는 뜻이다. 분명히 '동'은 '정'과 똑같이 눈동자를 의미한다.

중국 고대에는 '중동重瞳'과 관련된 기록과 전설이 있다. 소위 '중동'은 한쪽 눈에 두 개의 눈동자가 있다는 뜻이다. 『사기』를 비롯한 옛 문헌과 현대의학적 관점에서 이런 상태는 사실상 질병이다. 하지만 고대에는 이런 현상에 대한 또 다른 해석이 있다. 하늘에서 내려온 사람의 기괴한 용모라는 것이다. 그렇기 때문에 성인과 현인에게서만 두 개의 눈동자가 나올 수 있었다. 예를 들어 전설에 따르면 대우大禹(중국 고대 전설상의 하나라 왕조의 시조—옮긴이)와 창힐倉頡(중국 고대의 전설적 제왕인 황제黃帝의 신하—옮긴이)의 눈동자가 두 개였다고 한다.

그 밖에도 한자에 '인仁'과 '인人'이 통용되는 현상이 있어서 '동인瞳仁'은 '동인瞳人'으로도 종종 쓰였다. 예를 들어 당나라 때 시인 이하李賀의 「두가당아가杜家唐兒歌」에 '골중신한천묘기骨重神寒天廟器, 일쌍동인전추수一雙瞳人剪秋水'라는 표현이 있다. '진중한 골격과 차분한 정신은 조정의 큰 그릇이 될 만하고, 한 쌍의 눈동자는 가을물도 벨 듯하다'라는 뜻이다. 또한 송나라 때 진관秦觀의 「증여관창

사贈女冠暢師」에는 '동인전수요여속瞳人剪水腰如束, 일폭오사과한옥一幅烏紗裹寒玉'이라고 나와 있다. '맑고 투명한 눈동자는 허리를 묶은 것 같고 한 폭의 검은 비단으로 싸맨 맑고 차가운 구슬 같다'라는 뜻이다.

'전추수剪秋水'나 '전수剪水'를 이용해 맑고 투명한 눈빛을 묘사하고 있다. 아름다운 한 폭의 그림 같은 묘사다. 여기에서 고대부터 현재에 이르기까지 여자아이의 맑고 깨끗한 눈빛을 묘사하는 단어인 '추파秋波'가 전해 내려오고 있는 것이다. 소식蘇軾(소동파)의 시 「백보홍百步洪」에 '가인미긍회추파佳人未肯回秋波, 유여욕어방비사幼輿欲語防飛梭'라는 표현이 실려 있다. '아름다운 여인은 머리 돌려 곁눈질도 하지 않고, 유여가 말을 걸려고 하자 북을 던져 막아버리네'라는 뜻이다. 이 시 두 구에는 서진西晉 관리의 자제인 사유여謝幼輿의 심정이 생생하게 묘사돼 있다. 이웃집 여자아이가 마음에 정을 품고 고개를 돌려 자신을 한번 봐주기를 바라면서도 여자아이가 화를 내고 베틀 북을 던져버릴까 걱정되는 마음을 말이다.

三. '신臣'과 '민民'은 어떤 점에서 다를까?

'신臣'과 '민民'이라는 두 가지 개념은 우리의 인식 속에서 매우 큰 차이를 보인다. 하나는 관리에 속하고 또 하나는 백성에 속하기 때문이다. 게다가 이 글자들은 형태상 아무런 공통점이 없다. 하물며 여기에서 다루고 있는 주제는 '눈'인데 이 두 글자가 설마 '눈'과 어떤 관련이 있을까?

　그런데 사실 이 두 개의 글자는 눈과도 관련이 있을 뿐만 아니라 처음의 글자 형태와 의미 역시 매우 밀접한 관계를 맺고 있었다.

臣
신하 신

　'신'의 갑골문 형태는 ₿ 이렇다. 마치 세워놓은 한쪽 눈 같다. 사람이 고개를 숙이고 위를 쳐다볼 때에만 눈이 이런 상태를 하게 된다. 그래서 '신'은 노예의 눈과 고개를 숙이고 복종하는 노예를 의미했다. 노예는 정면으로 주인을 볼 수 없고 머리를 숙인 채로 위를 올려다봐야 하기 때문에 '신'은 처음에 노예를 의미했던 것이다.

　중국 고대에는 부락 사이에 크고 작은 규모의 전투가 벌어졌고 사상자가 나거나 포로로 잡히는 일이 심심찮게 벌어졌다. 자연히 전쟁포로는 노예의 가장 주된 출처가 됐다. 그래서 '신'을 또 포로라고도 한다.『예기禮記』「소의少儀」편에 '신臣, 위정벌신획민로야謂征伐新獲民虜也'라는 표현이 나온다. '신은 정벌해서 새롭게 얻은 백성 포로를 일컫는다'라는 뜻이다. 노예든 전쟁포로든 모두 신분이 비천한 사람이다. 그래서 '신'은 처음에는 지금처럼 그렇게 영예로운 의미와는 거리가 한참이나 멀었다. '신'의 입장에서 소위 '살찐 말을 타고 가벼운 가죽 옷을 입'거나 '고기 보기를 콩잎같이 하고 술 보기를 간장같이 생각한다'거나 심지어 '수많은 처첩'을 둔다는 것은 그야말로 사치였다. 이처럼 옛날에 '신'이란 언급할 가치조차 없는 노예의 존재였던 것이다.

　다만 시간이 흐른 뒤에 이런 노비들도 주인의 명령을 받아 다른 노비를 관리하는 직책을 맡게 됐다. 거기에서 또다시 시간이 흘러 아무런 자격도 없던 작은 두목들이 점차 일정한 권력을 갖고 서서히 조정에 들어서서 최종적으로는 제왕 신분의 신하가 되고 말았다. 하지만 이들은 주인의 면전에서 여전히 스스로를 '신'이라고 하거나 심지어는 '미신微臣(소신, 미천한 신)'이라고 불러야 했다.

다시 『설문해자』를 살펴보면 '신臣, 견야牽也. 사군야事君也. 상굴복지형象屈服之形'이라고 나와 있다. '신은 끌고 가는 것이며 임금을 섬기는 사람으로 구부려 복종하는 모양이다'라는 뜻이다. 이런 해석은 위의 설명을 완벽하게 증명해준다. 그중에 '견牽'은 '살아 있는 가축'이라는 뜻이다. 중국 고대에 살아 있는 돼지나 소나 양 등은 모두 '견'이라고 불렸다.

그 밖에도 일반적인 상황에서 '신'은 남성 노예를 의미했고 '첩妾'은 여성 노예를 의미했다. 『상서尚書』 「비서費誓」 편에 '신첩포도臣妾逋逃'라는 문구가 있다. '하인, 하녀가 도망치다'라는 뜻이다. 일반적인 의미에서 제왕 앞에 섰을 때 고대 관리의 아내가 스스로를 일컫는 그런 말이 아니다.

이제 '민民'을 살펴보자. '민'의 금문 형태는 𢎨 이렇다. 마치 날카로운 물체가 눈을 찌르는 듯한 모습이다. 게다가 이 눈은 '신'과 다르게 세워져 있는 것이 아니라 가로로 놓여 있다. 궈모뤄郭沫若는 『갑골문자연구甲骨文字研究』에 관련된 내용을 다음과 같이 서술했다. "신과 민은 모두 눈을 형상하는 데 쓰였다. 신의 눈은 세로고 민의 눈은 가로다. 신의 눈은 밝고 민의 눈은 어둡다."

民
백성 민

'민'의 최초의 글자 형태가 눈이 찔려 실명이 된 전쟁포로와 노예를 의미했음을 알 수 있다. 그렇다면 굳이 왜 찔려 실명이 된 전쟁포로의 눈이었을까? 그 원인은 대체로 두 가지로 나눠볼 수 있다. 첫째, 변란을 방지하고 전쟁포로를 더욱 잘 부려먹기 위해서였다. 한쪽 눈만 남은 전쟁포로의 전투력은 크게 떨어지는 반면 관리하기에는 훨씬 쉽기 때문이다. 둘째, 징벌의 목적에서 비롯됐다. 가로로 난 눈으로 보는 전쟁포로는 굴복하지 않음을 대변하기 때문이다.

두 번째 원인은 중국 전통문화와 관련된 의미가 있다. 전통적 관념에서 '횡橫(가로)'은 '방해하다, 순조롭지 않다'라는 함축적 의미를 지니곤 한다. 그렇기 때문에 횡가지책橫加指責(몰아세우다), 횡미냉대橫眉冷對(화가 나 차가운 시선으로 쳐다보다), 횡생지절橫生枝節(뜻밖의 장애에 부딪히다) 등과 같은 견해가 있는 것이다. 한편 '수豎(세로)'는 정반대다. '순종'의 의미를 내포하고 있기 때문에 '하인, 몸종'을 뜻한다.『열자列子』「설부說符」편에 '양자지린인망양楊子之鄰人亡羊, 기솔기당既率其黨, 우청양자지수추지又請楊子之豎追之'라는 내용이 나온다. '양자의 이웃 사람이 양을 잃어버려 그 이웃은 마을 사람들을 인솔하고 또 양자의 사내아이 종을 불러서 함께 뒤쫓았다'라는 뜻이다. 여기에서의 '수豎'는 양자의 사내아이 종을 의미한다.

한편『설문해자』에 '민民, 중맹야眾萌也'라고 나와 있다. '민은 일반 백성이다'라는 뜻이다. 여기에서 '중맹'은 각종 꽃과 풀과 나무의 싹을 의미하며 넓게는 각종 초목을 의미한다. 초목은 가장 일반적인 식물이며 심지어는 보잘것없는 것들도 있다. 여기에서는 일반 백성을 의미하는 데 쓰였다. 하지만 '민'이 지닌 이런 의미는 이후에 들어서야 생긴 것이지 처음에는 노예를 의미했다.

四. '눈썹과 눈'은 어떻게 사랑의 감정을 전달할까?

    '민'이든 '신'이든 가로 혹은 세로로 놓인 '목目'에는 분명 사람의 정서적 상태가 담겨 있다. 그 때문에 비로소 '눈짓으로 감정을 표현하다'라는 뜻의 '미목전정眉目傳情'이라는 말이 생기게 됐다. 그렇다면 사람의 눈과 눈썹은 어떻게 감정의 상태를 전달하는 것일까?

    실생활에서 사람들은 주목注目, 응시凝視, 멸시蔑視, 앙망仰望, 먀사乜斜(흘겨보다) 등 눈의 동작을 의미하는 단어를 종종 쓴다. 이런 눈 부위의 동작은 사실 어떤 정서적 태도를 수반하거나 드러낸다. 여기에서 눈의 동작이 모종의 정보를 전달하는 수단이거나 표시임을 알 수 있다.

    한자에서 눈 동작이나 상태를 표시하는 글자는 꽤 많다. 그 글자들에는 각각의 동작이나 표정이 세세하게 구분돼 있다. 또한 어떤 감정이나 태도를 이미지화해서 전달하기도 한다. 예를 들면 이렇다.

    '망望'의 갑골문자 형태는 ∮ 이렇다. 상단에는 눈 하나가 있고 하단에는 '임壬' 자가 있다. '임'은 사람이 땅 위에 서 있음을 의미한다. 이 두 모양이 모여 사람이 서서 먼 곳을 바라본다는 뜻이 된다. 금문에서는 글자의 상반부에 달 '월月' 자가 더해져 지금의 한자에까지 그대로 전해 내려오고 있다. 이렇듯 사람이 머리를 들고 높고 멀리 보는 의미가 더욱 명확해졌음을 뜻한다.

望
바랄 망

    그러다가 금문에서부터 시작해 '망'의 왼쪽 상단에 눈을 의미하는 '신臣'을 '망亡'으로 바꾼 상황이 등장했다. 그리고 '망'으로 독음을 나타냈다. 이런 형태는 현재까지 이어져오고 있다. 이백의 시 「정야사靜夜思」에 '거두망명월擧頭望明月, 저두사고향低頭思故鄉'이라는 표현이 있다. '고개를 들어 밝은 달 쳐다보고 머리 숙여 고향을 생각하네'라는 뜻이다. 나그네가 고개를 들어 달을 쳐다보고 고향을 그리워하는 마음을 정확하게 표현해냈다.

省
살필 성

　나그네가 고향을 그리워한다고 하니 '성친省親'이라는 단어가 얼른 연상된다. 이 단어는 '부모나 웃어른을 문안하다'의 의미를 지니고 있다. 여기에서 '성省'의 갑골문자 형태는 ⚘이렇다. 상단에는 '생生'이 와서 독음을 형성하고 하단에는 눈이 위치해 있는데 이 두 모양이 모여 '살펴보다'는 의미를 갖게 됐고 시간이 흐르면서 '살피다, 문안하다'의 뜻을 갖게 됐다. 『논어論語』「학이學而」 편에 '오일삼성오신吾日三省吾身'이라는 표현이 있다. '나는 하루에 세 가지로 내 몸을 살핀다'라는 뜻이다. 또한 '신혼정성晨昏定省'이라는 문구가 있는데 '자식이 아침저녁으로 부모님께 문안 인사를 드리다'라는 뜻이다. 즉 저녁 무렵이 되면 부모님의 잠자리를 펴드리고 아침이 되면 부모님께 문안 인사를 드린다는 것이다.

　여기에서 주의할 점 두 가지가 있다. 첫째, '성省'은 '살필 성'과 '덜생' 등의 몇 가지 독음이 있는 다음자多音字로 여기에서는 '성'으로 읽어야 한다. '생략省略' 등의 단어에서는 '생'으로 읽는다. 둘째, 이 글자의 상반부는 한자가 변하는 과정에서 '소少'로 바뀌었다. 물론 이 글자의 최초의 형태에 대한 색다른 의견이 있다. 처음 상반부를 이뤘던 글자는 갓 태어난 초목을 의미하는 '초屮'였기 때문에 전체 글자의 의미는 '눈으로 초목을 자세히 살펴보다'라고 봤던 것이다.

　'성친'은 부모뿐만 아니라 친척과 식구에까지 포함된다. 한편 여기에서 친척과 식구를 뜻하는 '친권親眷'의 '권眷' 역시 마찬가지로 처음에 눈의 동작을 의미했다. 『설문해자』에 '권眷, 고야顧也'라고 나와 있다. '권은 뒤돌아보는 것이다'라는 뜻이다. 고개를 돌려 다시 한번 볼 만한 사물은 대체로 사람이 미련을 두거나 아쉬워 버릴 수 없는 것이다. 권고眷顧(관심을 기울이다), 권련眷戀(미련을 두다), 권념眷念(그리워하다) 등은 모두 사람이나 사물에 대한 충만한 애정과 내버리지 못하는 심정을 제대로 묘사하고 있다.

眷
돌볼 권

물론 눈은 사람이나 일에 대한 애정을 표시할 뿐만 아니라 그것들에 대해 사람들 개개인이 느끼는 다른 감정을 표현할 수 있다. 가령 '멸蔑'은 근본적으로 '애愛'와 털끝만한 관계도 없을뿐더러 심지어는 상반된 뜻을 지닌 한자다.

蔑
업신여길 멸

'멸蔑'의 갑골문자 형태는 𩰽 이렇다. 상단은 '광艹'과 '목目'으로 구성된 글자로 '목苜' 자와 유사하다. 하단에는 '수戍'자가 있다. 이 두 글자가 모여 국경지대를 지키는 병사가 피로 때문에 눈이 풀렸다는 의미를 지닌다. 즉 눈의 피로는 눈빛이 풀어지고 멍하게 만든다는 뜻이다. 한편 피로는 사람을 나태하게 만들어 어떤 일이나 사물에 대해 아무런 호기심이 일지 않는 지경으로까지 만든다. 그렇다면 이것이 바로 우리가 평상시에 말하는 '멸시'나 '경멸'일 것이다.

'호기심이 일지 않는' 태도도 어쩌면 꽤 직접直接적이다. 한편 여기에서의 '직直'이라는 글자는 사실 눈과 상관이 있다.

直
곧을 직

'직'의 갑골문자 형태는 𝆶 이렇다. 이 글자의 명확한 함축적 의미를 지니고 있다. 눈이 전면을 직시하고 있어 '바르다, 곧다'의 뜻을 지닌 것이다. 청나라 때 공자진龔自珍의 『병매관기病梅館記』에는 '매

이곡위미梅以曲爲美, 직칙무자直則無姿’라는 구절이 나온다. ‘매화는 굽어야 아름답지 곧으면 맵시가 없다’라는 뜻이다. 이런 함축적 의미 때문에 ‘직’은 이후에도 사람의 본성이나 행동거지 등의 정직성을 뜻하는 데 쓰였다. 경직耿直(강직하다), 직언불휘直言不諱(기탄없이 말하다) 등이 그 예가 될 수 있다.

眞
참 진

‘진眞’과 ‘직直’이라는 글자는 형태도 비슷하고 처음에 눈과 관련도 있었다. ‘진’의 금문 형태는 이렇다. 이 글자에 대한 옛사람들의 해석에는 낭만주의적 색채가 진하게 내포돼 있다. 대체적인 의미는 인격이 높은 선비가 수도를 하다가 도를 깨닫고 변화된 후 신선이 되어 은둔한다는 것이다. 구체적으로 해석해보자면 글자의 최상단에 ‘비匕’가 있는데 이것은 ‘변화할 화化’의 일부분으로 변화를 의미한다. 중간의 ‘목目’은 수도의 과정에서는 귀와 눈이 우선시된다는 점을 의미한다. 즉 먼저 귀와 눈을 수련한다는 것이다. 최하단에는 은둔을 의미하는 ‘은乚’ 자와 신선의 탈 것을 의미하는 ‘팔八’이 있다. 이 몇 가지 부분이 한데 모여 ‘진眞’을 구성하게 됐다. 이렇게 해서 수도를 통해 신선이 된 ‘진인眞人(도교의 깊은 진의를 닦은 사람─옮긴이)’을 의미하게 됐다.

‘진’이 처음에 이런 함축적인 의미를 가지고 있었기 때문에 이후에는 ‘원 모습’의 의미로 발전했고 다시 또 시간이 흘러 ‘본성, 진실’ 등의 의미를 갖게 됐다. 이를테면 진체眞諦(진리), 반박귀진返璞歸眞(본연의 참되고 순박한 마음으로 돌아가다), 진금불파화련眞金不怕火煉(진짜 금은 제련을 두려워하지 않는다) 등이 그 예가 될 수 있다.

사람의 얼굴에서 눈과 가까운 관계를 맺고 있는 것이 바로 눈썹이다. 그래서 눈이 감정의 정보를 전달할 때 절대로 이 이웃을 소홀히 할 수가 없다. 미개안소眉開眼笑(몹시 좋아하다), 저미순안低眉順眼(고분고분 순종하다) 등이 구체적인 예다.

'미眉'의 갑골문자 형태는 𦣻 이렇다. 모양 그대로 눈 상단의 눈썹이라는 의미다.

眉
눈썹 미

사람에게는 모두 두 눈썹이 있는데 눈썹의 역할은 단순하지 않다. 이백의 시 「상원부인上元夫人」에는 '미어량자소眉語兩自笑, 홀연수풍표忽然隨風飄'라는 표현이 나온다. '눈웃음 지으며 내 뜻을 전하니 홀연히 바람 따라 나부끼네'라는 뜻이다. 눈썹을 찌푸렸다 폈다 하면서 사랑의 감정을 전달하는 것은 마치 민첩하게 움직이는 눈썹으로 편안하고 즐겁게 담소를 나누는 기분을 대변하는 듯하다. 따스하고 아늑한 느낌을 주는 한 폭의 그림 같다.

눈썹이 지닌 아름다움은 예로부터 지금까지 줄곧 아름다운 것을 좋아하는 여성들이 늘 염두에 두었던 미용의 핵심이었다. 하지만 고대에는 아름다운 외모를 가꾸기 위해 수많은 여성이 실제로 눈썹을 없앴다. 도대체 왜 그랬을까?

원래 눈썹의 모양을 섬세하게 만들기 위해 고대의 여성들은 먼저 자신의 눈썹을 깎아 없애버렸다. 그런 뒤 다시 푸른색이 나는 안료 등 당시 유행했던 색을 이용해 아름다운 눈썹을 그려냈다. 이와 관련해 수많은 역사적 전설과 아름다운 고사가 전해 내려온다. 예를 들어 사마상여司馬相如가 진심으로 아끼던 여인인 탁문군卓文君을 찬미했던 아름다운 글귀가 있다. 바로 '미여원산함대眉如遠山含黛, 부약도화함소膚若桃花含笑, 발여부운發如浮雲, 안모완약성진眼眸宛若

星辰'이라는 글귀다. '눈썹은 먼 산의 검푸른 빛 머금은 듯하고, 피부는 복숭아꽃이 미소 짓는 것 같다. 머리카락은 뜬구름 같고, 눈동자는 흡사 별과 같다'라는 뜻이다.

이처럼 대중이 열렬히 추종하는 풍조 덕에 역사적으로 '미미眉'로 여인의 아름다움을 읊은 시문이 끊임없이 등장했다. 그러면서 이윽고 백거이의 시 「감고장부사제기感故張仆射諸妓」의 '황금불석매아미黃金不惜買蛾眉, 간득여화삼사지揀得如花三四枝'라는 표현이 등장했다. '황금도 아끼지 않고 아미를 사서 그중 꽃처럼 네댓 개를 가려 가질 수 있다면'이라는 뜻이다. 많은 돈이 없어진 것은 아름다운 용모의 여인 때문이었다. 여기에서 '아미蛾眉'의 매력을 알 수 있다.

한편 여성이 눈썹을 미는 풍속 때문에 '수미須眉'는 남성의 호칭으로 쓰이게 됐다. '수염'은 본래 남성의 전유물이었다. 하지만 여성이 눈썹을 깎아 없앤 뒤부터는 남녀 모두 갖고 태어난 눈썹도 남성의 특징이 되고 말았다. 이런 이유로 이후에는 '건곡불양수미巾幗不讓須眉(여자지만 남자에게 뒤지지 않는다)'라는 말이 등장하게 됐다. 여기에서 '건곡巾幗'은 여자를 의미하고 '수미須眉'는 남자를 의미한다. 또한 『홍루몽』에 '아당당수미我堂堂須眉, 성불약피군채誠不若彼裙釵'라는 구절이 나온다. '나는 당당한 사나이다. 설마 너희 여자들만 못할까'라는 뜻이다.

물론 눈썹과 관련해서 감정을 표현한 문구의 최고봉은 단연 '거안제미擧案齊眉'일 것이다. 고대에 부부간에 서로 깍듯이 존경한다는 의미를 지닌 성어다. 이 고사성어는 『후한서』 「양홍전梁鴻傳」 편에서 비롯됐다. 중국 후한 때 양홍과 그의 부인 맹광孟光은 서로 섬

기며 살았는데 맹광은 남편을 위해 차린 밥상을 들 때 항상 눈썹과
가지런히 되게 높여 들었다는 데서 이 성어가 유래했다. 그야말로
부부가 서로 공경하는 본보기이자 아름다운 결혼을 찬미하는 하나
의 일화다.

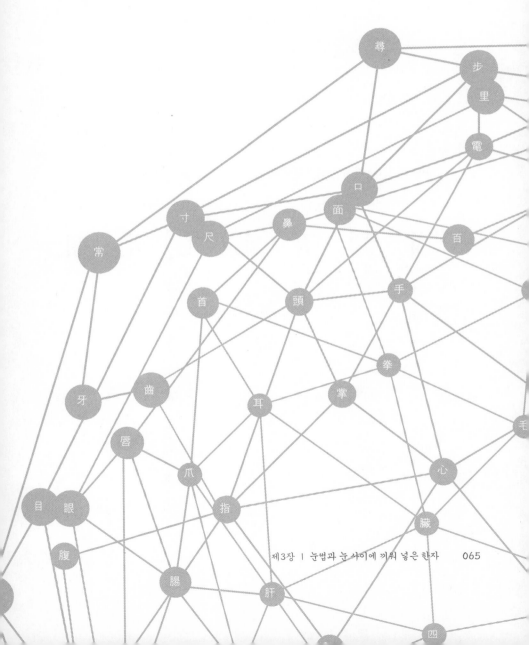

제 4 장

한자 가족의 '대장'

이번 장에서는 다음의 한자들에 대해 이야기를 나누려고 한다.

首 頭 頁 元 兀 天 顚
머리 수　머리 두　머리 혈　으뜸 원　우뚝할 올　하늘 천　이마 전

頂
정수리 정

一. '머리'에는 몇 가지의 호칭이 있을까?

사람이 끝없이 광활한 세상의 살아 있는 모든 것 중에서 뛰어난 존재가 될 수 있는 가장 중요한 이유는 바로 영장류 중에서 뇌와 생각이 가장 발달해 있기 때문이다. 이런 사실은 우리 대뇌 중추의 중요 기관인 '머리' 덕분이다.

멀고 먼 고대부터 시작해 선조들은 머리를 무척 중요하게 생각했으며 머리와 관련된 수많은 재미있는 생각을 했다. 그러다 보니 심지어는 머리와 거리가 먼 명칭들도 한두 가지가 아니었다. 그렇다면 옛사람들은 도대체 머리를 뭐라고 불렀을까? 그 명칭들은 옛사람들이 어떤 생각을 하고 있었는지를 반영해줄까?

현재 발굴된 문헌에 따르면 머리와 관련된 호칭으로 가장 일찍 등장한 것이 바로 '수首'다. '수'의 갑골문자 형태는 🐾 이렇다. 마치 정수리에 머리카락이 나 있는 듯하고 그 아래에는 눈이 있는 것 같다. '머리'를 의미하는 것이다. 『시경』「정녀靜女」 편에 '애이불견愛而不見, 소수지주搔首踟躕'라는 구절이 있다. '사랑하는데도 보지 못해 머리를 긁적이며 머뭇거린다'라는 뜻이다. 이 두 구를 통해 뜨겁게 사랑하는 남녀가 상대방을 보지 못해 그곳에서 초조하게 머리를 긁적이고 또 왔다 갔다 하는 모습을 구체적으로 묘사했다. 또 다른 예로 『전국책』「연책燕策」 편에는 '원득장군지수이헌진願得將軍之首以獻秦'이라는 문구가 있다. '바라건대 장군의 머리를 얻어 진왕에게 바치리라'라는 뜻이다.

현재 '수'가 단독으로 쓰이는 경우는 거의 없다. 대개 단어 속에

首
머리 수

등장하는데 수식首飾(머리 장식품), 수긍首肯(동의하다), 회수回首(돌이
켜보다), 백수白首(백발, 연로함), 부수俯首(순종하다) 등이 그 예다.

'수'는 머리의 호칭이기 때문에 이후에도 '각종 규모의 단체 혹은
집단의 우두머리'라는 함축적 의미가 내포돼 있다. 예를 들면 수령
首領(지도자), 수뇌首腦(지도자), 원수元首(군주) 등이 있다. 물론 거기에
는 증오를 불러일으키는 '장본인'도 있을 것이다. 『상서』 「익직益稷」
편에 '원수명재元首明哉, 고굉량재股肱良哉, 서사강재庶事康哉'라는 표
현이 있다. '군주가 현명하면 신하들이 어질어지고 여러 일이 편안
해진다'라는 뜻이다.

그 밖에도 '수'는 신체의 가장 높은 부분에 위치해 있기 때문에
'앞, 시작' 등을 뜻하는 데 쓰인다. 『자치통감』에 '조군방연선함操軍
方連船艦, 수미상접首尾相接, 가소이주야可燒而走也'라고 나와 있다. '조
조군의 배는 앞뒤가 서로 이어져 있으므로 불을 질러 퇴각시킬 수
있다'라는 뜻이다. 여기에서 언급된 내용은 사람들에게 매우 익숙
한 적벽대전과 관련돼 있다. 적벽대전을 치를 때 조조가 유혹을 받
아 수군의 전함을 한데 연결시키라고 명령했던 역사적인 내용이 담
겨 있는 것이다.

'수'가 '앞'을 의미하는 데서 착안해 '수'는 위치와 방위의 역할도
하고 있음을 알 수 있다. 상수上首(상석), 좌수左首(왼쪽) 등이 그 예
다. '상수'는 불교에서 유래됐다고 한다. 본래는 스님이 모이는 장소
의 상석을 의미했다가 이후에는 절의 제일 윗자리를 의미했다. 더
시간이 흘러 모든 존귀한 좌석의 차례를 의미하게 됐다. 남조南朝
때 양무제梁武帝의 『십유시十喩詩』 「몽몽」 편에 '출가위상수出家爲上

首, 입사작양동入寺作梁棟'이라는 표현이 있다. '출가를 상석이라고 하고 절에 들어가 중심인물이 되다'라는 뜻이다. 또한 『삼국연의』에는 '상수자백면장수上首者白面長須, 하수자청기고모下首者清奇古貌'라고 나와 있다. '위에 있는 사람은 하얀 얼굴에 긴 수염을 하고 있고, 아래에 있는 사람은 맑고 기이한 고풍스러운 풍모가 있다'라는 뜻이다.

'좌수左首'는 자리의 왼쪽을 의미한다. 고대에 조류나 어류를 바치러 나갈 때 이것들의 머리를 왼쪽으로 향하게 놓았다. 그렇게 존경의 마음을 드러냈다. 이후에 '좌수'를 이용해 자리의 왼쪽을 표시하면 대개는 귀한 위치임을 의미했다. 당나라 때 두우杜佑의 『통전通典』에 따르면 '장축자이안진掌畜者以雁進, 왕수안王受雁, 좌수집지이입左首執之以入'이라고 했다. '수행원이 기러기를 임금에게 바치니 임금은 그것을 받고는 기러기 머리를 왼쪽으로 향하게 하고 두 손으로 받들고 들어갔다'라는 뜻이다. 또한 청나라 때 소설인 『성세인연전醒世姻緣傳』에는 '아니나 다를까, 쑤제素姐는 의자매를 맺은 언니를 왼쪽 자리에 앉게 하고 절을 했다'라는 구절이 나온다. 그 밖에도 굴원의 시 「애영哀郢」에는 '조비반고향혜鳥飛反故鄉兮, 호사필수구狐死必首丘'라는 시구가 나온다. '새는 날아서 고향으로 돌아가고 여우도 죽을 때는 살던 언덕으로 머리를 돌린다'라는 뜻이다. 여기에서 '호사필수구狐死必首丘'는 사실 고대의 전설에서 기원했다. '여우가 만일 밖에서 죽으면 분명히 머리를 자기의 동굴로 향한다'라는 전설 말이다. 이후에 '호사수구狐死首丘'는 근본을 잊지 않음을 의미하고 또 고국이나 고향에 대한 그리움을 의미하게 됐다.

頭
머리 두

'두頭'의 금문 형태는 ▌ 이렇다. 왼쪽은 '두豆'로 독음을 형성하고 있고, 오른쪽은 '혈頁'이다. 이 두 모양이 모여 '두頭' 자가 형성됐다. 『설문해자』에 따르면 '두頭, 수야首也'라고 나와 있다. '두는 머리다'라는 뜻이다. '두'는 처음에 사람의 머리 부위를 의미하고 이후에도 넓은 의미에서 각종 동물의 머리를 뜻했다. 이백의 시 「정야사靜夜思」에 '거두망명월擧頭望明月, 저두사고향低頭思故鄕'이라는 표현이 있다. '고개를 들어 밝은 달 쳐다보고, 머리를 숙여 고향을 생각한다'라는 뜻이다.

'두'가 신체의 꼭대기에 위치해 있어서 사물의 정상을 의미하는데 쓰이기도 한다. 예를 들어 산두山頭(산봉우리), 지두枝頭(가지 끝), 장두牆頭(담장 꼭대기), 모두矛頭(창끝), 침두針頭(바늘 끝) 등이 그렇다. 당나라 때 고변高駢의 시 「금성사망錦城寫望」에 '불회인가다소금不會人家多少錦, 춘래진괘수초두春來盡掛樹梢頭'라는 표현이 있다. '사람들에게 비단이 있을 리 없지만 나뭇가지 끝에는 봄이 한껏 걸려 있구나'라는 뜻이다.

한편 '수'와 마찬가지로 '두頭' 역시 지도자나 우두머리를 뜻한다. 예를 들어 두목頭目, 두령頭領, 두두뇌뇌頭頭腦腦(지도급) 등이 있다. 하지만 이런 의미를 뜻할 때 '두'는 독립적으로 쓰일 수 있지만 '수'는 불가능하다. 이를테면 '우리 회사의 대표다'라는 의미의 문장인 '저시아문단위적두這是我們單位的頭'에서 '두頭'는 쓸 수 있지만 '수首'는 쓸 수 없다.

현대 중국 표준어에서 독립적으로 쓸 수 있는지 없는지의 여부 역시 '두'와 '수'의 주요한 차이점이 된다. 그 밖에도 '두'는 훨씬 두드러진 구어의 색채를 띤다. 그런가 하면 '수'는 서면에서 자주 등장한다.

중국 민간에 '체두도자일두열剃頭挑子一頭熱'이라는 헐후어歇後語 (숙어의 종류로 앞뒤 두 부분으로 나뉘어 있다―옮긴이)가 있다. 떡 줄 사람은 생각도 안 하는데 김칫국부터 마신다는 의미다. 이 헐후어의 유래를 살펴보자면 이렇다. 원래 옛날에는 이발사들이 큰 막대기의 앞뒤로 물건을 매달고 이 거리 저 골목을 누비고 다녔다. 막대기 양쪽 중 한쪽 끝은 돈이나 어깨에 두르는 천, 칼, 가위 같은 도구를 담는 용도로 썼다. 또 다른 한쪽 끝은 둥근 바구니처럼 생겼는데 그 안에는 작은 난로가 있었다. 난로 위에는 놋쇠 대야가 놓여 있고 대야 속의 물은 적당히 뜨거운 온도를 유지하고 있었다. 여기서 한쪽은 차갑고 한쪽은 뜨거운 대비를 이루면서 평민들의 지혜가 가득 담긴 표현을 만들어내게 된 것이다. 하지만 시대가 변하면서 이런 표현이 생긴 내력은 언어 속에만 남겨지게 될 것이다. 그 근원은 이제 오래된 옛날에 대한 기억 속의 정경에 묻혀버릴 것이다.

앞에서 '두頭'의 형태에 대해 설명했고 또 '혈頁'이 사람의 머리 부위와 관련이 있다고 언급했다. 그렇다면 '혈'은 처음에도 사람의 머리 부위를 의미했을까?

頁

머리 혈

'혈'의 갑골문자 형태는 ♟ 이렇다. 마치 무릎을 꿇고 앉아 있는 사람 같다. 금문 형태는 ♟ 이렇다. 사람의 눈과 머리가 더욱 두드러져 보인다. 『설문해자』에 '혈頁, 두야頭也'라고 나와 있다. '혈은 머리다' 라는 뜻이다. 간단명료하게 머리 부위를 의미한다. 하지만 '혈'이 처음부터 머리를 의미했다 하더라도 '수'나 '두'처럼 쓰이지는 않았다. 문헌에 따르면 '혈'로 머리를 지칭하는 용례는 매우 희소했다. 대신

'혈'의 역할은 다른 방면에서 충분히 발휘되었다. 머리 부위와 관련이 있는 한자의 편방에 쓰인 것이다. 예를 들어 액額, 로顱, 협頰, 함領, 경頸, 제題 등이 그렇다.

이렇게 보니 머리 부위와 관련된 한자의 숫자가 상당히 많다. 그렇다면 '머리'를 의미하는 한자에는 또 어떤 것이 있을까?

二. '원수元首'는 첫 번째 지도자를 의미할까?

앞에서 '수'에 대해 이야기할 때 '원수元首'라는 단어를 거론했다. '원단元旦'은 첫 번째 아침이라는 의미로 '설날'을 뜻한다. 그렇다면 '원수' 역시 첫 번째 지도자를 의미할까?

물론 '원元'이 '첫 번째'의 뜻을 지니고는 있지만 '원수元首'의 '원元'은 그런 의미가 아니다.

元
으뜸 원

'원元'의 갑골문자 형태는 𥫃 이렇다. 사람의 형상으로 상단에 있는 가로획은 머리를 의미한다. 『설문해자』에 '원元, 시야始也'라고 나와 있다. '원은 시작이다'라는 뜻이다. 하지만 이런 해석에 대해 여러 가지 다른 의견이 있다. 남당南唐 때의 문자 훈고학자인 서개徐鍇는 『설문해자계전說文解字系傳』에 '원元, 수야首也. 고위관위원복故謂冠爲元服'이라고 밝혔다. '원은 원래 머리를 뜻한다. 고로 남자아이가 성인이 된 후에 머리를 묶고 관을 쓰는 예식을 성인식이라고 한다'라는 뜻이다.

한편 『좌전』 「희공삼십삼년僖公三十三年」 편에 '적인귀기원狄人歸其

元, 면여생면如生'이라고 나와 있다. '적인이 그의 머리를 진나라로 돌려보냈는데 그 얼굴이 산사람 같았다'라는 뜻이다. 또한 『좌전』「애공십일년哀公十一年」 편에는 '공사대사고귀국자지원公使大史固歸國子之元'이라는 표현이 있다. '애공이 태사고를 시켜 국자의 머리를 제나라로 돌려보내다'라는 뜻이다. 여기에서의 '원' 역시 사람의 머리를 뜻한다.

고대에 '원元'이 포함된 단어 역시 머리와 관련이 있었다. 『맹자』「등문공」 편에 '지사불망재구학志士不忘在溝壑, 용사불망상기원勇士不忘喪其元'이라는 구절이 있다. '지사는 진창 개울에서 뒹굴던 때를 잊지 않고, 용사는 자신의 머리가 언제든지 잘려 없어질 수 있다는 것을 늘 잊지 않는다'라는 뜻이다. 여기에서 '상기원喪其元'은 머리를 잃는다는 뜻이다. 그 밖에도 두보는 시 「자경부봉선현영회오백자自京赴奉先縣詠懷五百字」에 '궁년우여원窮年憂黎元, 탄식장내열歎息腸內熱'이라고 표현했다. '해가 다하도록 백성들을 걱정하여 탄식하며 속을 태우고 산다'라는 뜻이다. 여기에서의 '여원黎元'은 대중과 백성을 의미한다. '여黎'가 '수많은'의 의미이고 '원元'은 사람의 머리에서 더 나아가 사람을 뜻하므로 두 글자가 모여 '일반 백성'을 의미하게 됐다.

머리는 인체의 가장 높은 부위이기 때문에 '원'은 이후에 '최고, 시작' 등의 의미를 갖게 됐다. 역시 『설문해자』에 관련된 해석이 나와 있다. 예를 들어 현재 자주 쓰는 단어인 원로元老, 원수元帥, 원흉元凶 등이 그렇다. 여기에서의 '원'은 바로 이런 의미를 지니고 있다.

그 밖에도 고대에 새로운 제왕이 왕위를 계승할 때는 대개 제위에 오르는 그해의 연호를 '○○원년元年'이라고 명명하게 된다. 또한 봉건시대에 수많은 처와 첩을 거느렸던 '삼처사첩三妻四妾'의 사회환경 속에서 '원배元配'는 바로 첫 번째 본처를 의미한다. 또 한편으로 과거제도 중에 향시鄕試, 회시會試, 전시殿試의 1등을 합쳐서 '삼원三元'이라고 불렀다. 한편 과거시험의 최종 시험인 전시殿試에서 합격한 1등, 2등, 3등의 세 사람 중 1등한 사람을 '장원狀元'이라고 불렀다. 현대에 들어서 우리도 매해 첫날을 '원단元旦(설날)'이라고 한다. 이런 말들 속의 '원'은 바로 '시작'의 의미가 된다. 더 나아가 '첫 번째'라는 의미로 발전했다.

三. '머리'로 하늘을 떠받칠 수 있을까?

『삼국연의』의 작가 나관중羅貫中은 그의 또 다른 문학작품인 『수당양조지전隋唐兩朝志傳』에 '두정통천관頭頂通天冠, 요계룡반대腰系龍蟠帶'라고 묘사했다. '정수리에 제왕의 관을 쓰고 허리에는 용이 서린 띠를 둘렀다'라는 뜻이다. 그렇다면 우리의 정수리와 하늘은 어떤 관련을 맺고 있을까?

일단은 먼저 '올兀' 자를 살펴보려고 한다. '올'의 금문 형태는 ⃗이렇다. 하변의 '어진 사람 인儿'은 사람을 의미하고 상변의 가로획은 정수리 위쪽을 의미한다. 이 두 모양이 모여 '높다'를 뜻한다. 명나라 때 『서하객유기徐霞客遊記』에 '완연올립宛然兀立, 고가백척高可百尺'이라는 표현이 나온다. '흡사 우뚝 솟은 산봉우리처럼 높이가 가히 백척이나 된다'라는 뜻이다. 여기에서의 '올립兀立'은 우뚝 솟아 있는

兀
우뚝할 올

산봉우리의 모습을 뜻한다.

한편 산山과 관련해 중국 대중의 지도자였던 마오쩌둥이 대장정의 여정에서 지은 「십육자령삼수十六字令三首」라는 시 중 하나에 '산山, 자파청천악미잔刺破青天鍔未殘. 천욕타天欲墮, 뇌이주기간賴以拄其間'이라는 표현이 있다. '산! 푸른 하늘 찌르고도 서슬이 시퍼렇구나. 하늘이 무너지려 하는데 그 사이를 버티고 섰네'라는 뜻이다. 극단적으로 엄혹한 대장정의 여정에서 보여준 그야말로 호방한 포부와 기개가 드러나 있다.

이 시에서는 사람, 산, 하늘이 끝없이 광활한 세계에서 일체가 되는 모습이 잘 나타나 있다. 그런 면에서 실제로 중국 고대에 있었던 '천인합일天人合一'의 관념은 가장 기본이 되는 철학사상임에 분명하다. 사람들은 하늘의 도가 곧 사람의 도라고 생각해서 인간 세상의 만물과 모든 일은 대자연의 본질적 규칙에 의거해 운행되어야 한다고 생각했다. 그래야 화합을 이룰 수 있는 것이다. 이런 이유 때문에 한자 중의 '천天'은 비로소 사람과의 관계를 정확하게 드러내게 됐다.

'천'의 갑골문자 형태는 ☥ 이렇다. 정면으로 서 있는 사람의 윤곽으로 머리가 도드라져 있다. '천'은 처음에 최고로 높은 곳을 의미했다. 바로 정수리와 하늘이 하나로 합쳐지는 곳이다. 서한西漢 때 양웅揚雄의 『양자법언揚子法言』에는 '성인존신색지聖人存神索至, 성천하지대순成天下之大順, 지천하지대리致天下之大利, 화동천인지제和同天人之際, 사지무간야使之無間也'라고 서술되어 있다. '성인은 신비한 것을 보존하고 지극한 도를 탐색하여 천하의 모든 백성이 순종하도록 하

天
하늘 천

고 천하의 모든 백성이 같이 즐기는 이익을 이루며 하늘과 인간의 사이가 화목하도록 하여 그 사이에 조그마한 틈도 없도록 한다'라는 뜻이다. 그는 성인이 천하를 다스리는 가장 합리적인 방법을 찾는 것은 하늘과 인간 사이에 틈을 없애 융합하도록 한다는 데 있다고 보았다.

顚
이마 전

『설문해자』에서는 '천天'에 대해 '전야顚也'라고 해석해놓았다. '천'은 곧 '꼭대기'라는 말이다. 한편 '전顚'의 우변은 '혈頁'이고 머리 부위와 관련이 있음을 의미한다. 따라서 '전'은 처음에 정수리를 의미했고 이후에도 꽤 높은 모든 사물의 맨 꼭대기를 뜻하게 됐다. 하지만 현재 산꼭대기를 의미하는 글자로는 '전顚' 이외에 또 '전巔'이 있다.

『후한서』「채옹-전蔡邕傳」 편에 '유무세공자회어화전호로有務世公子誨於華顚胡老'라는 묘사가 있다. '가슴에 천하의 일을 품은 공자가 흰 머리에 덕망이 높은 원로에게 가르침을 청하다'라는 뜻이다. 여기에서의 '전顚'은 정수리를 의미한다. '전모顚毛'는 바로 머리카락이고 '전정顚頂'은 정수리다. 한편 '전동顚童'은 노인의 머리카락이 적음을 묘사하는 데 쓰인다. 예를 들어 조설근曹雪芹의 시 「월야납량희우소지月夜納涼喜又昭至」에 '상대각전동相對各顚童'이라는 구절이 있다. '머리카락이 적은 노인들을 마주 대하다'라는 뜻이다.

頂
정수리 정

'전顚'이 처음에 정수리를 의미했으니 '정頂'의 우변 역시 '혈頁'이라면 '정頂'도 분명히 머리 부위와 관련이 있을 것이다. 『설문해자』에 따르면 '정頂, 전야顚也'라고 나와 있다. '정은 정수리다'라는 뜻이다. '정頂'도 처음에 '전顚'의 의미와 완벽히 같은 사람의 정수리를 의미했던 것이다. 예를 들어 『장자』「대종사大宗師」 편에 '견고어정肩高於

頂, 구췌지천句贅指天'이라고 나와 있다. '어깨가 정수리보다 높고 경추는 굽어 마치 혹이 하늘을 향해 튀어나온 것 같다'라는 뜻이다.

지금까지 사람들이 자주 쓰는 관련 단어로 독정禿頂(머리가 벗어지다), 사정謝頂(머리카락이 적어지다), 제호관정醍醐灌頂(사람에게 지혜를 불어넣어 철저히 깨닫게 하다), 정례막배頂禮膜拜(남의 발아래 머리를 조아리며 설설 기다) 등이 있다. 여기에 나오는 '정頂'도 역시 정수리나 머리 부위를 의미한다.

그 밖에 '정'이 정수리를 의미하다 보니 이후에 '대들다, 지탱하다, 감당하다'의 의미로 확장됐다. 정강頂崗(대신 근무하다), 정강頂杠(논쟁하다), 정우頂牛(맞서다), 정취頂嘴(말대꾸하다) 등의 단어 속에 있는 '정'은 '대들다, 지탱하다, 감당하다'와 관련된 행동을 의미한다. 물론 일상생활에서 우리는 머리와 지혜를 많이 활용해서 어떤 일을 감당해야 한다. 그렇게 해서 대들 일은 최대한 줄이는 게 좋다.

덧붙이는 이야기 '정대頂戴'란 무엇일까?

'정대'는 관리들이 쓰는 모자의 꼭대기에 단 장식물이다. 관리들의 모자에 박아 넣은 이 장식물은 일반적으로는 보석, 산호, 수정, 옥, 금속 등으로 만들었다. 청나라 때 '정대'는 관리의 등급을 구분하는 중요한 기준이었다. 청나라 말기 때의 제도에 따르면 일품一品 관리는 홍옥을 달았고 이품二品은 산호를 달았으며 삼품三品은 청옥을 달았다. 또한 오품五品은 수정을 달았고 육품六品은 거거硨磲(보석같이 아름다운 돌─옮긴이)를 달았고 칠품七品은 소금素金(하얀 쇠)을 달았다. 팔품八品은 양각무늬 쇠를 달았고 구품九品 역시 양각 무늬 쇠를 달았다. '정대'가 없는 사람은 곧 벼슬의 품계가 없다는 뜻이었다.

그런 점에서 미루어보아 관리들 모자 위에 단 '정대'는 관직의 상징임을 알 수 있다. 만일 관직에서 제명되면 기본적으로 목을 잘리는 것과 같았다. 왜냐하면 실질적인 참수를 제외하고 서민으로 강등된다는 것 역시 관리의 정치적 생명을 절단하는 것과 같기 때문이다. 역사적으로 관직이 강등된 관리들이 어떤 행동을 보였는지 대부분 잘 알 것이다. 그들은 마치 제 부모가 죽은 듯이 몹시 슬퍼하고 안타까워했다. 『시공안施公案』에 그 적절한 예가 나와 있다. '파견된 관리가 "이제 먼저 네 정대를 떼어버리겠다"라고 한 말을 듣고 육평이 놀라 넋을 잃고 말았다'라는 내용이 바로 그렇다.

이처럼 관직에 대한 집착은 거의 병적인 수준이었다. 물론 그 속내에는 부귀영화를 추구하는 봉건적 의식의 해악도 있을 것이고 또 중국 전통문화가 모자를 중시하는 원인도 한몫했다. 공자의 애제자인 자로가 의관을 갖추다가 태연히 죽어간 고사는 수천 년 동안 전해 내려오고 있을 뿐만 아니라 수많은 봉건 사대부와 일반 백성들의 추앙을 받을 정도다. 모자에 대한 옛사람들의 사랑이 어느 정도인지 알 만한 대목이다.

제 5 장

'손'과 함께하는 한자

이번 장에서는 다음의 한자들에 대해 이야기를 나누려고 한다.

手	拳	掌	左	右	友	叉
손 수	주먹 권	손바닥 장	왼쪽 좌	오른쪽 우	벗 우	갈래 차

失	反	爪	指	具	秉	弄
잃을 실	돌이킬 반	손톱 조	손가락 지	갖출 구	잡을 병	희롱할 롱

承	秦
이을 승	나라 이름 진

一. '손'에 대해 우리는 얼마나 알고 있을까?

手
손 수

'수手'의 금문자 형태는 ⅄ 이렇다. 마치 다섯 손가락을 펼친 한쪽 손 같다. 단옥재의 『설문해자주』에 '금인서지위수今人舒之爲手, 권지위권卷之爲拳. 기실일야其實一也'라는 내용이 나온다. '손을 펼치면 수라고 하고 주먹을 쥐면 권이라고 한다. 사실은 이것들 모두 손을 의미한다'라는 뜻이다. 또한 『시경』 「격고擊鼓」 편에서는 '집자지수執子之手, 여자해로與子偕老'라고 표현했다. '그대의 손 꼭 잡고 늙을 때까지 함께하고 싶다'라는 뜻이다. 이 시 두 구절은 변치 않는 충정을 묘사할 때 자주 인용된다.

'수'는 처음에 손목 아래에 물건을 잡을 수 있는 부분을 의미했다. 그러다가 이후에는 '쥐다, 잡다' 등의 의미를 갖게 됐다. 예를 들어 『공양전公羊傳』 「장공십삼년莊公十三年」 편에 '장공승단莊公升壇, 조자수검이종지曹子手劍而從之'라는 표현이 있다. '노 장공이 단상에 오르자 조자가 손에 칼을 쥐고 따라 올라갔다'라는 뜻이다. 여기에서 '수검手劍'은 손으로 검을 쥐었음을 의미한다. 요즘에도 '수'는 일부 단어 속에 포함돼 이런 의미를 드러내고 있다. 예컨대 '수필手筆'은 붓을 쥐고 글을 쓴다는 의미다. 궈모뤄의 『굴원屈原』에 '니시수필쾌적你是手筆快的, 파이경주호료파怕已經做好了吧'라는 내용이 있다. '당신은 글 쓰는 속도가 빠르군요. 혹시 벌써 다 썼습니까?'라는 뜻이다.

그런가 하면 '수담手談'은 손으로 바둑돌을 들고 연구해서 대국을 한다는 의미를 품고 있다. 『요재지이聊齋志異』에 '개자진구丐者陳九, 우천수담又擅手談'이라고 나와 있다. '거지 진구는 또한 수담에 정통

하다'라는 뜻이다. '수담'이라고 불리게 된 이유는 바둑을 둘 때 대
국을 하는 쌍방이 거의 말을 하지 않고 그저 바둑돌로만 생각을 드
러내서 마치 바둑판에서 대화를 나누는 것 같기 때문이다.

　또한 '수手'는 사람의 손과 유사한 역할을 하는 기계 부품이나 동물
의 더듬이를 의미하는 데 쓰이기도 한다. 파수把手(핸들), 반수扳手(스
패너), 촉수觸手, 납수拉手(손을 잡다), 기계수機械手(기계손) 등이 그 예
다. 그 밖에도 '직접 하다'나 '친히'의 의미가 있다. 예를 들어 명나라
때 귀유광歸有光의 『항척헌지項脊軒志』에 '정유비파수庭有枇杷樹, 오
처사지년소수식야吾妻死之年所手植也, 금이정정여개의今已亭亭如蓋矣'
라는 내용이 있다. '정원에 비파나무가 있는데 내 아내가 죽은 해에

손수 심은 것이다. 지금은 우산을 펼친 것처럼 우뚝 솟아 있다'라는 뜻이다. 이것과 비슷한 단어로는 '수인手刃'이 있는데 '직접 칼로 베어 죽이다'라는 의미다.

한편 어떤 솜씨나 기능을 갖춘 사람을 일컬어 '○○수手'라고 한다. 예를 들어 선상의 수수水手(선원)나 노래를 부르는 가수歌手나 북을 치는 고수鼓手 등이 있다. 동시에 이 중에서 보유한 기술의 숙련도에 따라 신수新手(초보자), 노수老手(전문가), 능수能手(명인)로 표현한다. 한편 기능 숙련자가 기능을 선보이는 것을 일컬어 '노일수露一手(한 수 보여주다)'라고 한다.

간혹 친척이나 친구들이 모일 때 '손금을 보면서' 분위기를 이끌어 소소하게나마 '한 수 보여주는' 사람이 있다. 물론 이런 재주 역시 어떤 사람에게는 밥벌이를 하는 수완이기도 하다.

손금의 기원은 사실 무척 오래됐다. 인도의 유적지 벽화나 브라만교에서 전해 내려오는 이야기 중에 손금과 관련된 기록이 있다고 한다. 한편 중국에서 수상학手相學(손금 보는 법－옮긴이)은 대략 3,000여 년 전의 주나라 때 성행했다. 그리고 손금과 관련된 꽤 완결된 저작이 등장하기도 했다.

拳
주먹 권

'권拳'의 금문자 형태는 ✦ 이렇다. 윗부분은 독음을 이루고 아랫부분은 손의 형태를 하고 있다. 즉 꽉 쥔 손을 의미한다. 『예기』 「단궁檀弓」 편에 '집녀수지권연執女手之拳然'이라는 구절이 있다. '그대의 손을 잡은 주먹과 같다'라는 뜻이다. 여기에서 '여女'의 의미는 2인칭 대명사 '여汝'와 같다.

'진실, 간절'의 의미를 지닌 '권권拳拳'은 '권' 자체의 의미와 전혀 관계가 없다. 다만 독음만 빌려와 형성된 단어일 뿐이다. 비슷한 예가 수없이 많은데 양양洋洋(자신만만하다), 맥맥脈脈(애정이 가득한 눈빛으로 바라보는 모양), 관관款款(성실하다), 습습習習(솔솔 불다), 녹록碌碌(너무 고생하다) 등이 있다.

꽉 쥔 주먹은 손금을 포함하고 있고 또 손바닥도 포함하고 있다. 『설문해자』에 '장掌, 수중야手中也'라고 나온다. '장은 손 안에 있는 것이다'라는 뜻이다. 또한 단옥재의 『설문해자주』에는 '장掌, 수유면유배手有面有背, 배재외칙면재중背在外則面在中, 고왈수중故曰手中'이라는 설명이 나와 있다. '장은 손인데 손에는 앞면과 뒷면이 있다. 뒷면은 겉이고 앞면은 가운데이므로 수중이라고 부른다'라는 뜻이다. 그래서 '장'은 처음에 '손바닥'을 의미했다.

掌
손바닥 장

'손바닥'이라는 뜻 때문에 '장'은 이후에도 '장악하다' 등의 의미를 지니게 됐다. 예를 들어 장권掌權(권력을 쥐다), 장궤掌櫃(지주), 장조掌灶(주방장 일을 맡아 하다) 등이 있다. '장고掌故(일화, 비화)'의 의미도 사실은 여기에서 유래했다. '장고'는 처음에 한나라 때 설치된 '예법과 음악제도 등 역사적 사실'을 맡아보던 관리를 의미했다. 그 직책은 오래된 규정을 따르고 예법과 음악제도를 만들고 실시했다. 그러므로 '장고'는 사실상 '과거로부터 전해오는 관례를 담당하다'라는 의미인 것이다. 시간이 흘러서도 '과거의 이야기' 등을 의미하게 되었다.

그 밖에도 '장'은 손바닥으로 두드린다는 뜻을 지니기도 하는데 예를 들어 장취掌嘴(뺨을 때리다) 등이 있다. '손으로 들다'라는 뜻도 있는데 장등掌燈(등불을 들다)이 그 예다. 한편 '장등'은 일반적으로 하늘빛이 어두워져서 조명이 필요할 때 취하는 행동이다. 그래서 이후에는 하늘빛이 어두워져가는 해질 무렵을 '장등시분掌燈時分(등불을 켤 무렵)'이라고 말하기도 한다.

물론 사람에게는 '수장手掌(손바닥)'과 어떤 면에서는 비슷한 '각장脚掌(발바닥)'이 있다. 인간은 지구에서 유일하게 직립보행을 하는 고등동물이다. 반면 다른 동물들은 팔다리 구분이 거의 없다. 그런 이유로 '장'을 다른 동물들에게 쓸 때는 대개 '발'의 밑바닥 부분을 의미한다. 이를테면 웅장熊掌(곰 발바닥), 압장鴨掌(오리 물갈퀴), 아장鵝掌(거위 물갈퀴) 등 말이다. '어여웅장불가겸득魚與熊掌不可兼得'이라는 말이 있는데 바로 '물고기와 곰 발바닥을 동시에 얻을 수 없다'라는 뜻이다. 다시 말해 물에서 구할 수 있는 물고기와 산에서 구할 수 있는 곰 발바닥을 대비해 두 가지를 동시에 가질 수 없다는 의미를 나타내고 있는 것이다. 이 말의 출처는 『맹자』인데 '어魚, 아소욕야我所欲也, 웅장熊掌, 역아소욕야亦我所欲也, 이자불가득겸二者不可得兼, 사어이취웅장자야舍魚而取熊掌者也'라고 나와 있다. '물고기도 욕심이 나고 곰 발바닥 역시 욕심이 나지만 두 가지를 한꺼번에 얻을 수 없다면 물고기를 버리고 곰 발바닥을 취하겠다'라는 뜻이다. 선택 앞에서 사람이 지나치게 욕심이 많으면 안 된다는 점을 알 수 있는 대목이다.

곰 발바닥은 진귀한 것으로 현재는 사냥으로 얻는 것을 금지하고 있다. 물론 아무리 좋아하는 것이라도 도리를 지켜 얻어야 하는 법이다. 어떤 사람이나 사물에 대한 애정을 드러낼 때 장상명주掌上明珠(손바닥 위의 보배, 매우 아끼는 물건) 또는 장중명주掌中明珠(손바닥 안의 보배)라는 말을 쓰기도 한다. 예를 들어 신기질辛棄疾의 『영우악永

遇樂』「송진광종지현送陳光宗知縣」 편에 '낙백동귀落魄東歸, 풍류영득風流贏得, 장상명주거掌上明珠去'라는 표현이 나온다. '보잘것없는 처지가 돼서 고향으로 돌아가 풍류를 얻었으나 놓치고 싶지 않은 손바닥 위의 보배와 같이 흘러간다'라는 뜻이다.

二. '좌'와 '우'는 원래 무슨 뜻이었을까?

사람에게는 손 한 쌍이 있고 그 손은 왼쪽과 오른쪽으로 나뉘어 있다. 그렇다면 '좌左'와 '우右'는 손과 어떤 관계를 맺고 있는 걸까?

'좌'의 금문자 형태는 ᄃ 이렇다. 『설문해자』에 '좌左, 수상좌조야手相左助也'라고 나와 있다. '좌는 손으로 돕는 것이다'라는 뜻이다. '좌'가 원래는 '손으로 보좌하다, 옆에서 돕다'라는 뜻임을 알 수 있다. '좌'의 속자俗字(획을 간단히 하거나 세간에서 널리 쓰는 글자—옮긴이)는 '좌佐'다. 『시경』「장발長發」 편에 '실유아형實維阿衡, 실좌우상왕實左右商王'이라는 표현이 있다. '그가 바로 아형이신 이윤이다. 상나라 임금을 보좌하셨다'라는 뜻이다. 즉 아형이라 불리는 어진 신하가 있는데 상나라 임금 옆에서 보좌했다는 것이다.

이후에 글자의 의미가 끊임없이 변화·발전하면서 '좌'는 '왼손'의 의미를 갖게 됐다. 『시경』「군자양양君子陽陽」 편에 '군자양양君子陽陽, 좌집황左執簧, 우초아유방右招我由房, 기락지저其樂只且'라고 나와 있다. '군자들이 왼손에는 생황(악기의 일종)을 잡고 오른손으로는 내게 방으로 들어오라고 부르니 정말 즐겁다'라는 뜻이다. 이 몇 마디

左
왼쪽 좌

말에는 기쁨이 충만한 유쾌한 정경이 다소 과장되게 묘사되어 있다.

하지만 고대에 '좌'는 좌천의 의미도 지니고 있었다. 예를 들어 '좌천左遷'은 바로 관직을 강등시킨다는 뜻이다. 그 밖에도 옳지 않은 것을 일컬어 '좌'라고도 했는데 방문좌도旁門左道(이단, 올바르지 않은 수법) 등이 그 예다.

右
오른쪽 우

'우'는 '좌'와 상대적인데 금문자 형태는 𠂇 이렇다. 글자 형태로 봤을 때 우측 상단은 손을 본떴고 좌측 하단은 '구口' 자다. 『설문해자』에 '우右, 수구상조야手口相助也'라고 나와 있다. '우는 손과 입으로써 다른 사람을 돕는 것이다'라는 뜻이다. 속자는 '우佑'다. 앞에서 언급했던 '실좌우상왕實左右商王(상나라 임금을 보좌하셨다)'이 그 예다.

또한 '우'는 시간이 흐르면서 의미가 다소 확대돼 '존경, 숭상'을 뜻하기도 했다. 예를 들어 『회남자』에 '겸애兼愛, 상현尚賢, 우귀右鬼, 비명非命, 묵자지소립야墨子之所立也'라고 나와 있다. '박애, 현량한 사람에 대한 존경, 귀신 신봉, 운명 불신은 묵자가 세운 주요 사상이다'라는 뜻이다.

현대 중국어에서 '우'는 '오른손, 오른쪽' 등의 의미로 많이 쓰인다. 예를 들어 우리수右利手(오른손잡이), 남좌여우男左女右(남자는 왼쪽 여자는 오른쪽) 등이 그렇다.

사실 고대에 '우'에는 또 다른 글자 형태가 있었는데 바로 '우又'가 그것이다. '우'의 갑골문자 형태는 𠃌 이렇다. 마치 오른손 한쪽의 형태 같다. 단옥재의 『설문해자주』에 '우又, 수야手也. 상형象形. 차즉금지우자此即今之右字'라고 나와 있다. '우는 손이다. 상형이다. 이것이 지금의 우 자다'라는 뜻이다.

이런 최초의 의미 때문에 이후에는 '우'를 편방의 글자로 활용하면서 손과 자주 관련을 맺고 있다. 예를 들어 '우友'의 글자 형태는 왼손과 오른손을 서로 맞잡아 함께 있는 모습이다. 그러면서 서로 뜻이 같고 생각이 일치하는 친구를 의미한다. 1988년 제24회 서울하계올림픽의 주제곡이었던 〈손에 손잡고Hand in Hand〉를 중국어로 번역하면 '수랍수手拉手'가 된다. 여기에는 '우애'나 '뜻이 맞다'는 등의 함축적인 의미가 담겨 있다. 그 밖에도 '취取(가지다), 수受(받다)' 등과 같은 글자에 포함돼 있는 '우又' 역시 손의 형태나 의미를 띠고 있다.

덧붙이는 이야기 '삼좌三左'와 '삼우三右'는 무엇일까?

후대인들은 주나라 역사를 수정해서 편집할 때 '삼좌'와 '삼우'라는 말을 했다. 구체적으로 주나라 왕조가 육위六位만큼 영향력이 큰 제왕의 근신近臣(임금을 곁에서 모시는 신하)을 두었는데 그것을 일컬어 '육경六卿'이라고 했다. 이들 여섯 사람은 임금과 신하가 모여 정치를 의논하고 집행하던 '조당朝堂'에서 각각 왕의 양쪽 옆에 나누어 자리를 잡았다. 왼쪽에 세 명이 자리를 하면서 '삼좌'라고 했고, 이들은 태사大史, 태축大祝, 태복大卜이었다. 또한 오른쪽에 세 명이 자리를 하면서 '삼우'라고 불렀는데 태재大宰, 태종大宗, 태사太士였다. 이 여섯 명의 중신들은 각각 일을 분담해 맡았다. 왼쪽 세 명은 주로 제사 업무를 담당했고 오른쪽 세 명은 종족문제와 내부 업무를 관장했다. 안팎의 일들을 주관했던 것이다.

주나라 때의 사회제도에 근거해서 보자면 이들은 모두 국가의 대사를 관장했다. 한편으로 『좌전』 「성공십삼년成公十三年」 편에 '국지대사國之大

事, 재사여융在祀與戎'이라고 나와 있다. '나라의 큰일은 제사와 전쟁에 있다'라는 뜻이다. 제사와 전쟁이 국가의 중요한 일로 손꼽히고 있었음이 분명하다. 또 한편으로 내부內府(주나라 때 창고를 맡아보던 관리)에서 관장하는 주된 업무는 절대로 소홀히 해서는 안 되는 예의禮儀제도였다. 한편 예의제도는 주나라 때 나라를 세운 근간이었다. 이런 이유에서 후세의 성인이었던 공자는 '극기복례克己複禮'라는 주장을 펴기도 했다. 이는 '자기 자신을 이기고 극복하여 예의범절을 지켜야 한다'라는 뜻이다. 그 밖에도 예법의 중요한 상징으로써 천지사방에 예를 갖추는 '육기六器'와 나라와 나라의 등위를 정하는 '육서六瑞'는 모두 옥으로 만든 물건이었다. 한편 '주周'의 갑골문자 형태는 각종 무늬와 도안을 새겨놓은 옥판玉板과 같다는 주장도 있었다. 서주西周 때 예법을 극단적으로 중시했던 제도와 딱 들어맞는 상황이다.

三. 손은 어떤 마술을 부린 걸까?

잠깐 국가의 일은 내려두고 인체의 근원으로 돌아가보자. 왼손과 오른손은 사람의 입장에서 분명히 각자의 다른 역할이 있다. 하지만 좌우가 적절히 협력하는 것이 훨씬 중요하다. 기예가 출중한 마술사들은 모두 민첩한 두 손에 의지하고 있음을 봤을 것이다. 이들은 좌우 두 손의 협력을 통해 흠잡을 데 없이 완벽한 기술을 선보인다. 그러면서 사람들에게 복잡하고 불규칙적으로 변하는 세상을 선보인다. 그렇다면 사람들의 좌우 두 손은 성장에 따라 커지고 노화

되는 것 이외에 또 다른 어떤 변화를 보일까?

이 시점에서 먼저 '차叉'에 대해 설명해야겠다. '차'의 갑골문자 형태는 ⻔이렇다. 그런가 하면 『육서통六書通』에는 ⻖이런 글자 형태가 수록되어 있다. 『설문해자』에 '차叉, 수지상착야手指相錯也'라고 나와 있다. '차는 좌우의 손가락을 서로 교차시킨 것이다'라는 뜻이다. 이런 해석에 근거해 다시 갑골문과 『육서통』에 나온 글자의 형태를 살펴보면 갑골문 형태는 손에 점을 그려 손가락이 교차하는 위치를 표시한 것이 분명하다. 한편 『육서통』에 나온 형태는 서로 교차해 한데 어우러진 두 손을 형상적으로 묘사한 것이다.

주의해야 할 점은 '차'가 다음자라는 것이다. 즉 중국어에는 4성聲이 있는데 지금까지 설명한 의미를 지닌 1성의 '차[chā]'뿐만 아니라 또 다른 세 개의 성조가 있다. 2성의 '차[chá]'는 북방 일부 지역의 방언에서 유래했는데 '막히다, 저지하다'를 뜻한다. 3성의 '차[chǎ]'로 읽을 때는 '나뉘어 작살의 형태가 되다'의 뜻으로 '차개퇴참저叉開腿站著(두 다리를 쫙 벌리고 서다)'라는 말이 있다. 이뿐만 아니라 4성의 '차[chà]'로 읽을 때는 '어떤 가느다란 것의 끄트머리가 갈라지다'의 뜻으로 '두발분차료頭發分叉了(머리카락 끝이 갈라지다)'라는 말이 있다.

그 밖에도 '야차夜叉'라는 말이 있는데 산스크리트어인 '약사yaksa'를 음역한 것으로 '야夜'와 '차叉' 자체의 의미와는 아무 관계가 없다. 이 글자는 고대 인도에서 원래 악귀를 의미했다. 이 악귀는 이후에 불법의 교화를 받아 불법을 수호하는 신이 되었다. 현재 '야차'는 '추하고 흉한 사람'이라는 뜻으로 쓰인다. 원래 인도의 말이 중국어로 들어오면서 기존의 '악귀'라는 의미가 다시 발전해 이런 의미를

叉

갈래 차

갖게 됐다.

한편 사람이 두 손을 교차하는 주된 목적은 어떤 물건을 받치거나 보호하기 위함이다. 하지만 그렇게 손을 꽉 교차해 완벽을 기해도 실수가 생기는 상황을 막기는 어려운 법이다. 어쩌다 물건을 잃어버리는 것처럼 말이다.

失
잃을 실

이런 모양은 '잃다'라는 뜻을 지닌 '실失'의 소전체小篆體(중국 진나라 때 쓰인 여덟 가지 서체의 한 가지—옮긴이) 형태다. 물건이 손에서 빠져나가는 상황을 매우 구체적인 형상으로 묘사해놓았다. 단옥재의 『설문해자주』에 '손에서 잃어버린 것을 실이라 한다'라고 설명해놓았다. 즉 '실'이 원래 '잃다, 놓치다'의 의미를 지녔음을 알 수 있다.

'실'은 고대에 단독으로 쓰일 수 있었다. 『맹자』「공손추公孫醜」편에 '득도자다조得道者多助, 실도자과조失道者寡助'라는 내용이 나온다. '도를 얻은 사람에게는 도와주는 사람이 많고 도를 잃은 사람에게는 도와주는 사람이 적다'라는 뜻이다. 요즘에는 '실'이 단독으로 쓰이는 경우가 거의 없다. 일반적으로 그저 단어 속에서 쓰이는데 실명失明(눈이 멀다), 실덕失德(덕을 잃다) 등이 그 예다.

하지만 '실'은 어떤 단어들 속에서는 '잃다'라는 의미와 별로 관계가 없어 보인다. 예컨대 실수失手(실수하다)와 실족失足(발을 헛디디다)이 그렇다. 손과 발을 잃어버린다는 것은 불가능하지 않은가. 사실이 단어들의 의미는 손발에 대한 통제를 잃었다는 것에서 비롯됐다. 또 다른 예로 실례失禮(예의에 어긋나다), 실화失火(불이 나다), 실책失策(계략을 잘못 꾸미다, 잘못된 꾀나 방법), 실면失眠(불면증에 걸리다), 실직失職(직책을 다하지 못하다)에 나오는 '실'은 대체로 이런 의미를 지닌다.

사람이 부주의해지면 손에 있던 물건을 빠뜨리게 되는 상황이 발생하게 된다. 하지만 사람의 두 손이 지닌 본질적 기능을 생각해보면 주로는 잡는 역할을 한다. 그런 점에서 착안해 '반反'이라는 글자를 살펴보자.

'반反'의 갑골문자 형태는 𝖗 이렇다. 겉면은 '엄厂'으로 낭떠러지를 의미하고 안쪽은 한쪽 손의 형태를 띠고 있다. 『설문해자』에 따르면 '반反, 복야覆也'라고 나와 있다. '반은 뒤집는 것이다'라는 뜻이다. 다시 말해 손바닥을 뒤집는다는 것이다. 예를 들어 『태평광기太平廣記』에 '승숙시이출僧熟視而出, 반수합호反手闔戶, 문경여구門扃如舊'라는 표현이 있다. '스님이 자세히 보고 나가면서 손을 뒤로 뻗쳐 문을 닫는데 문고리는 전과 같았다'라는 뜻이다. 여기에서 '반수합호反手闔戶'는 손을 뒤로 뻗쳐 문을 닫는다는 뜻이다.

사실 앞에서 언급한 내용은 시간이 흐르면서 확장된 '반'의 의미다. 고증에 따르면 '반'은 본래 '손으로 낭떠러지를 기어오르다'라는 뜻이다. 즉 '오르려고 잡아당기다'의 뜻을 지닌 '반扳'인 것이다. 하지만 이런 의미는 이후에 사라지고 말았다.

그 밖에 수많은 고대문헌에 '반反'이 '반返'과 같다는 용례가 나온다. 이를테면 『논어』에 '사자로반견지使子路反見之'라는 구절이 있다. '자로를 시켜 되돌아가 그를 만나라고 했다'라는 뜻이다. 또한 『장자』「소요유逍遙遊」 편에는 '순유오일이후반旬有五日而後反'이라는 표현이 있다. '15일 후에야 돌아온다'라는 뜻이다. 『전국책』「연책」 편에서는 '금일왕이불반자今日往而不反者, 수자야豎子也'라는 내용이 있

反
돌이킬 반

다. '이제 가면 돌아오지 못할 텐데 더벅머리 아이놈을 보내시렵니까'라는 뜻이다. 이런 쓰임새가 있으니 고대문헌을 읽을 때 사전에 약간의 지식은 있어야 한다.

爪
손톱 조

'조爪'에 대해 이야기해보자면 사람의 손을 '조爪'라고 하기에는 적합지 않다. 질병을 의미하는 '계조풍雞爪風(통풍)'이 사람과 관계있는 것을 제외하고 다른 상황에서는 '조爪'를 동물과 관련해서만 쓴다. 하지만 '조'가 처음에는 사람의 손과 관련이 있었음은 분명히 할 필요가 있다.

'조'의 금문자(금석문: 쇠로 만든 종이나 돌로 만든 비석 등에 새겨진 글자—옮긴이) 형태는 **爫** 이렇다. 이 형태에 대해 두 가지 대표적인 해석이 있다. 첫째, 이 글자 형태는 손가락 사이에 물체가 있어서 '쥐다, 잡다' 등의 의미를 지닌다는 해석이다. 둘째, 손가락 끝에 손톱이 있는 것 같은 모양이기 때문에 손톱과 발톱을 의미한다는 해석이다. 하지만 '조'의 최초의 의미가 두 가지 해석 중 어느 것에 부합하는지는 별로 중요하지 않아 보인다. 시간이 흐르면서 '조'는 사람이 아닌 동물의 손과 발을 의미하는 데 더욱 자주 쓰이기 때문이다. 예를 들어 소식의 시 「화자유민지회구和子由澠池懷舊」에 '니상우연류지조泥上偶然留指爪, 홍비나복계동서鴻飛那復計東西'라고 나와 있다. '진흙 위에 우연히 발자국 남겼다 한들 기러기 날아가면 동쪽으로 날아갔는지 서쪽으로 날아갔는지 어떻게 알겠는가'라는 뜻이다.

물론 '조'가 사람의 손과 발을 의미할 때는 자조나 조롱의 어감을 제외하고는 대부분 '조'로 구성된 글자 속에 쓰이고 있다. 예를 들어 '채采, 파爬, 요爪, 수受' 등이 그렇다. 여기에서 '조'가 글자의 위쪽에서 부수의 역할을 하고 있는데 이럴 때는 일반적으로 'ㅠ' 이런 모양으로 변한다.

만일 '조'가 처음에 의미했던 손톱이나 발톱이 한자로 '지갑指甲(손톱)'과 '지갑趾甲(발톱)'이 분명하다면 '손가락'과 '발가락'은 당연히 한자로 '지두指頭(손가락)'와 '지두趾頭(발가락)'여야 한다. 이런 견해는 분명히 현상에 좀더 근접한 추론이기는 하지만 사소한 차이에 불과할 뿐이다.

사실 손가락과 발가락은 처음에 동일한 한자인 '지指'로 쓰였기 때문이다. 예를 들어 『사기』 「고조본기高祖本紀」 편에 '한왕상흉漢王傷胸, 내문족왈乃捫足曰, 노중오지虜中吾指'라는 내용이 나온다. '유방이 가슴에 항우의 수하가 쏜 화살을 맞았지만 일부러 발을 움켜쥐고는 "오랑캐가 내 발가락을 쏘아 맞혔다"라고 말했다'라는 뜻이다. 한편 '지趾'의 처음의 글자 형태는 '지止'였고 갑골문자 형태는 𝕎 이렇다. '발'의 형태와 의미를 두루 갖추고 있다. 이후에 또다시 '족足' 변이 더해져 '지趾'가 됐다. 하지만 여전히 '발'의 의미를 지니고 있다. '지趾'가 발가락의 의미를 지니고 있지만 사실은 잘못 쓰였다. 이후에 그 잘못된 표기가 그대로 받아들여지면서 고정돼버린 것이다.

指
손가락 지

덧붙이는 이야기 '식지대동食指大動'은 어떤 의미일까?

'식지대동'은 현재 꽤 자주 쓰이는 성어다. 본래 맛있는 음식이 있어 즐길 만한 징조를 보인다는 뜻이었다. 그러다가 이후에는 맛있는 음식을 보고 탐욕이 생긴 모습을 묘사하는 데 쓰였다. 사실 이 성어는 한 가지 고사에서 유래됐다.

『좌전』「선공사년宣公四年」 편에서 유래된 이야기로 대략적인 내용은 이렇다.

공자가公子家와 공자송公子宋은 모두 정나라의 귀족이었다. 어느 날 두 사람이 정영공鄭靈公을 만나러 갔는데 막 궁문으로 들어서려는 찰나 공자송이 문득 발걸음을 멈추었다. 그러고는 오른손의 떨리는 집게손가락을 들어 보이며 공자가에게 이렇게 말했다. "보아하니 오늘 맛있는 음식이 우리를 기다리고 있는 것 같네!" 공자가는 반신반의하며 그에게 이유를 물었다. 이윽고 공자송이 웃으며 말했다. "자네는 내가 집게손가락을 일부러 떨었다고 생각하겠지? 그런데 경험상 내 집게손가락이 움직인 이후에는 늘 신기하고 맛있는 음식을 맛볼 수 있었다네!"

이윽고 두 사람은 함께 궁으로 들어갔다. 공교롭게도 정영공은 맛있는 자라 음식을 먹고 있었다. 공자송은 내심 정영공이 그에게 권할 것이라고 생각했다. 뜻밖에도 정영공은 일부러 그렇게 하지 않았다. 소위 '식지대동', 즉 집게손가락이 크게 흔들리는 것이 별로 영험하지 않다는 것을 알려주려는 이유에서였다. 공자송은 몹시 화가 났다. 그래서 손을 내밀어 솥에서 육즙을 찍어 한번 맛본 뒤 거들먹거리며 떠나갔다. 정영공이 그 모습을 보고는 화를 냈다. 공자송이 군왕을 얕본다는 것이었다. 이 일로 정영공은 그를 죽여야겠다고 생각했으나 결국에는 되레 공자송의 손에 죽음을 맞이하는 신세가 됐다.

이 고사는 '염지染指(자기 몫이 아닌 것에 손을 뻗다)'라는 단어도 만들어냈다. 그리고 후대인들은 이것을 두고 얻어서는 안 되는 이익을 취하기 위해 어떤 일에 개입함을 비유하는 데 썼다.

四. '손'은 어디로 가버렸을까?

극히 특수한 상황을 빼고 손은 일반적으로 우리와 늘 함께하는 동반자다. 또한 대부분의 상황에서는 손과 눈을 동시에 쓰기 마련이어서 민간에는 '안도수도眼到手到(손이 이르면 눈이 이른다)'라는 말이 있다. 그렇다면 어떤 상황이 되면 자신의 두 손을 보지 못하게 되는 걸까? 가장 직접적은 답은 아마도 '한 치 앞도 보이지 않을 정도로 어두운' 깜깜한 장소에서 그럴 것이다. 하지만 현재 '수手'와 관련된 일부 몇몇의 한자는 요즘 글씨의 형태만 놓고 보자면 어디로 가버렸는지 확인이 안 된다. 이 점에 대해 생각해봤는지 모르겠다.

'又, 扌, ⺕, 𠃊' 이처럼 자주 보이는 변은 대부분 잘 알고 있을 것이다. 하지만 앞으로 이야기를 나눌 몇 개의 한자에서 보이는 '수'의 근원과 최초의 뜻을 알려면 생각을 좀 해야 할 것이다.

그중 먼저 '구具'를 살펴보자. 이 글자의 금문자 형태는 𦥑 이렇다. 윗부분은 '정鼎'이고 아랫부분은 두 손이다. 이처럼 처음에는 '두 손으로 음식물이 담긴 용기를 받쳐 들다'라는 의미를 지녔다. 『설문해자』에 '구具, 공치야供置也'라고 나와 있다. '구는 식사나 요리를 준비하는 것이다'라는 뜻이다. 예컨대 맹호연孟浩然의 시 「과고인장過故人莊」에 '고인구계서故人具雞黍, 요아지전가邀我至田家'라는 표현이 있다. '친구는 닭고기와 기장밥을 차려놓고 날더러 농가에 오라고 했다'라는 뜻이다. 순박한 농가가 얼마나 손님 접대를 즐기는지 알 수 있는 대목이다.

'구'가 '준비'의 의미를 지니고 있기 때문에 소송장의 초안을 제출

具
갖출 구

할 때도 '구상具狀'이라고 말한다. 예를 들어 『시공안施公案』에 '홍씨 집안 영감이 구상으로 억울함을 호소하니 진씨네 여자가 인정하고 기꺼이 죄에 상응하는 벌을 받았다'라는 내용이 나온다. 여기에 나온 '구상'의 '구' 역시 '준비하다, 제출하다'의 의미로 쓰였다. 다시 시간이 흘러 '구'는 점차 '쓰다'의 의미를 갖게 됐다. 예를 들어 '구명具名'은 서명한다는 뜻이다. 한편 '부명불구父名不具'는 아버지가 딸에게 편지를 써줄 때 끝부분에 낙관을 찍는 용어다. 전통적 관념에 따라 부모나 연장자의 이름은 존칭으로 여겨 감히 말하지 않았다. 자녀나 손아래 사람들은 절대로 직접 호명해서는 안 되는 것이다. 그래서 아버지가 딸에게 보내는 서신에도 직접 서명해서는 안 됐다.

秉
잡을 병

  아버지가 천 리 길 밖에서 쓴 편지를 객지에 있는 자식은 자연히 손에 촛불을 들고 읽고 또 읽게 된다. 이처럼 '손에 촛불을 든다'는 뜻의 '병촉秉燭' 중 '병秉'에도 '수手'가 숨어 있다. '병'의 갑골문자 형태는 𥝌이렇다. 바로 한쪽 손으로 '벼 화禾'를 잡은 형태로 '곡물 한 단'의 뜻이다. 그러다가 이후에 잡는 동작을 의미하는 데도 쓰였다. 예를 들어 『관자管子』 「경중을輕重乙」 편에 '유일인병검이전有一人秉劍而前'이라는 문구가 있다. '한 사람이 검을 잡고 전진하다'라는 뜻이다.

弄
희롱할 롱

  다시 '롱弄'자를 살펴보자. 이 글자는 다음자로 '희롱할 롱'과 '거리 롱'의 두 가지로 나뉜다. 여기에서는 '갖고 놀다, 희롱하다'라는 뜻의 '롱弄'에 대해 이야기를 나누어볼 것이다. '롱'의 금문자 형태는 弄이렇다. 윗부분은 옥玉(금문자의 '옥' 자에는 점이 없다)이고 아랫부분은 두 손이다. 이렇게 해서 '두 손으로 옥기를 가지고 놀다'라는 뜻이 된다.

옥기를 가지고 놀 수 있다고 하니 그렇다면 악기도 자연히 가지고 놀 수 있겠다. 한편 악기를 손에 들고 가지고 논다는 데에는 사실 연주의 의미도 포함된다. 그러면서 이후에 '롱弄'은 연주의 의미에서 점차 곡조를 의미하게 됐다. 예를 들어 〈매화삼롱梅花三弄〉은 바로 중국 고전 10대 명곡 중의 하나인데 여기에서 '롱弄'은 '곡조'를 의미한다.

민족음악에 있어서 계승繼承과 발전發展은 아마도 영원한 주제일 것이다. 한편 방금 언급했던 단어 중에 포함된 글자인 '계繼'는 '계속하다'라는 의미가 있다. 그렇다면 '승承'은 어떤 의미일까?

'승'의 갑골문자 형태는 🔥 이렇다. 두 손으로 한 사람을 받치는 형상으로 '받들다, 받아들이다'의 의미를 지닌다. 예를 들어 『후한서』「장형전張衡傳」편에 '외유팔룡外有八龍, 수함동환首銜銅丸, 하유섬서下有蟾蜍, 장구승지張口承之'라는 내용이 있다. '밖에 팔룡이 있는데 머리에 난 입에 물고 있던 구리로 된 둥근 환이 아래에 있는 두꺼비 입으로 떨어져 받아들였다'라는 뜻이다. 또한 '받아들이다'라는 의미에서 더 나아가 어떤 기계 안에 회전부를 지탱하는 역할을 하는 장치를 '축승軸承'이라고 일컫게 되었다.

'승承'은 봉건제왕들이 좋아했던 말이다. 예를 들어 수많은 제왕이 닳도록 입에 올렸던 봉천승운奉天承運(천명을 받들다) 등이 그렇다. 그렇다면 이제 마지막으로 중국의 초대 봉건집권제 왕조였던 진秦나라의 명칭에 대해 살펴볼까 한다.

'진秦'의 갑골문자 형태는 🌾 이렇다. 윗부분은 두 손으로 농기구인 '절굿공이'를 잡은 모양이고 아랫부분은 두 개의 '벼 화禾'다. 『설문

承
이을 승

秦
나라 이름 진

해자』에 '백익지후소봉국伯益之後所封國. 지의화地宜禾'라고 나와 있다. '진은 우임금이 선양한 제위의 계승자인 백익의 후손이 봉해준 토지의 명칭이다. 이 땅은 농작물을 파종하기에 적합하다'라는 뜻이다. 한편 '진'의 글자 형태는 분명히 농작물이나 농사와 관련이 있다. 두 손으로 잡은 '절굿공이'는 수확한 농작물을 가공한다는 의미다. 예를 들어 '탈곡' 같은 행동 말이다. 글자 아랫부분에 있는 두 개의 '벼 화禾' 자는 사실 '나무 성글 력秝' 자다. 작물을 재배할 때 벼 포기 사이의 간격이 적당하다는 뜻이다. 이런 환경은 당연히 작물이 생장하는 데 유리하다. 여기에서 알 수 있듯이 팔백 리에 달하는 진천秦川(옛날 진나라에 속했던 평원지대─옮긴이)이라 불리는 한중漢中 평원은 예로부터 천하의 곡창지대라고 알려졌는데 절대로 헛된 명성이 아니다.

당시의 사회는 농본주의를 기반으로 농업을 매우 중시했다. 그만큼 농업은 민족의 부흥과 국가의 안전을 책임지는 중요한 기반이었다.

제 6 장

'발'이면에 숨어 있는 뜻

이번 장에서는 다음의 한자들에 대해 이야기를 나누려고 한다.

足	鼎	疋	止	腳	走	跑
발 족	솥 정	발 소	그칠 지	다리 각	달릴 주	달릴 포

步	曆	正	企	凌	登	舛
걸음 보	지낼 력	바를 정	꾀할 기	업신여길 릉	오를 등	어그러질 천

韋
가죽 위

一. 하나뿐인 다리에 관한 이야기

중국의 옛 격언에 '천리지행千里之行, 시어족하始於足下'라는 말이 있다. '천리나 되는 먼 여정도 내딛는 첫발에서부터 시작한다'라는 뜻이다. 또한 '독만권서讀萬卷書, 행만리로行萬里路'라는 말도 있다. '먼 길을 다니면서 수많은 책을 읽다'라는 뜻이다. 사람의 두 발이 여러 곳을 돌아다니거나 지식을 탐구하는 데 얼마나 중요한 역할을 하는지 알 수 있다. 자연계의 수많은 생물은 대부분 짝수의 다리를 갖고 있다. 하지만 고대의 전설 속에는 다리 하나만 있는 신선이 등장했다. 도대체 무슨 일일까?

원래 고대문헌에는 구두점이 없기도 하다. 그래서 간혹은 문장의 뜻에 따라 끊어 읽기를 하다 보니 달리 해석되는 상황이 왕왕 발생했다. 그런 내용과 관련된 예를 먼저 살펴보자.

『한비자』「외저설外儲說」편에 다음과 같은 단락이 있다.

'애공문어공자왈哀公問於孔子曰, "오문기일족吾聞夔一足, 신호信乎?" 왈曰, "기夔, 인야人也, 하고일족何故一足? 피기무타이彼其無他異, 이독통어성而獨通於聲. 요왈堯曰, 기일이족의夔一而足矣. 사위악정使爲樂正. 고군자왈故君子曰, 기유일夔有一, (이 부분에서 끊어 읽어야 한다) 족足. 비일족야非一足也."'

이 단락을 해석하자면 이렇다.

'애공이 공자에게 물었다. "기는 다리가 하나라고 들었습니다. 정말입니까?" 공자가 말하기를 "기는 사람인데 어떻게 다리가 하나겠는가? 기도 다른 사람과 비교해 다른 곳이 없지만 단지 음악에 정통

했다. 그래서 요임금이 기한테 이런 능력이 있으면 되었다라고 하고 그에게 음악을 관장하는 악정을 시켰던 것이다. 그래서 군자들이 기는 한 가지 장점이 있으니 (이 부분에서 끊어 읽어야 한다) 되었다, 라고 한 것이다. 기가 결코 다리가 하나뿐인 것은 아니다.'

이 단락은 노나라 애공이 공자와 대화를 나눈 기록이다.

물론 이런 오해가 생긴 것은 '기'가 사람의 이름이자 전설 속의 신수神獸인 것과 관련이 있다. 신수는 누구도 본 적이 없는 존재이기 때문에 신수의 외형에 대해 어느 정도는 억지로 끌어다 붙이는 상황이 있을 수밖에 없다. 고대의 일부 청동기에 '기룡문夔龍紋'이 새겨져 있는데 거기에서 용과 비슷하게 생긴 외발 짐승의 모습을 발견할 수 있다. 그 밖에도 '족足'의 뜻이 다양하기 때문에 오해의 소지가 있다. '족'은 '발'의 의미도 있지만 또 '충분하다'의 뜻도 지니고 있기 때문이다.

'족足'의 갑골문자 형태는 ⻊이렇다. 윗부분은 무릎과 종아리 같고 아랫부분은 발의 모양을 하고 있다. 『설문해자』에 '족足, 인지족야人之足也'라고 나와 있다. '족은 사람의 발이다'라는 뜻이다.

足
발 족

'기에게 발이 하나 있다'라는 고사를 제외하고도 고대에 '족'과 관련된 고사는 무척 많다. 예컨대 대다수 사람의 귀에 익숙한 삭족적리削足適履(발을 깎아서 신발에 맞추다), 화사첨족畫蛇添足(뱀을 그리는 데 다리를 그려 넣다) 등이 그렇다. 또한 중국의 수천 년 봉건사회에서 인도에 어긋나고 인성을 상실한 '전족纏足'이라는 풍습이 있었다. 이런 악습의 기원에 대해서는 지금까지도 정확히 밝혀진 바가 없지만 수당隋唐 때부터 시작됐다는 의견이 지배적이다. 하지만 하상夏商 때에 기원했다는 견해도 있다. 이처럼 부녀자를 해치는 구습은 역사적으로 현명한 인재들의 비난과 의문을 끊임없이 받았다. 그러다가 근대에 들어서서 민주와 자유의 사상을 표방한 선구자들의 공격의 표적이 되고 말았다. 예를 들어 엄복嚴複은 『원강原強』에 "전족으로 말하자면 세상 여인들이 즐거이 하는 것이 아니다. 풍습에 얽매여 감히 풍습을 위반하지 못하는 것일 뿐이다"라고 언급했다.

'족'은 사람의 발을 의미하기 때문에 이후에도 다른 동물의 발이나 기물의 아랫부분을 지탱하는 역할을 하는 부분을 의미하는 데 쓰였다. 예를 들어 『자치통감』에 '여차칙형오지세강如此則荊吳之勢强, 정족지형성의鼎足之形成矣'라는 내용이 있다. '그렇게 되면 형주의 유비와 동오의 손권의 세력이 강대해져 솥발처럼 천하에 삼족이 정립하는 형태가 된다'라는 뜻이다.

鼎
솥 정

한편 '정鼎'은 중국 고대 청동기의 일종이다. 대개 두 종류로 나뉘는데 하나는 발이 세 개인 둥근 솥이고 또 하나는 발이 네 개인 네모난 형태의 솥이다. 이것들은 처음에 취사도구였다. 그러다가 이후에 천지신명에게 제사를 지낼 때 이용하는 단색의 짐승을 요리하는 데 자주쓰게 됐다. 그러다 보니 점차 중요한 예식에 쓰이는 그릇이 되었고 또 권력이나 지위의 상징이 되었다. 즉 신분에 따라 '정'의 사용에 엄격한 제한을 두었는데 천자는 구정九鼎을 쓰고 제후는 칠정七鼎을 썼다.

'일언구정一言九鼎'이라는 성어도 바로 여기에서 기인했다. '한마디의 말이 구정九鼎만큼 무게가 있고 값지다'라는 뜻이다. 즉 말에는 엄청난 무게가 있어 결정적인 역할을 할 수 있음을 묘사한 것이다. 고대에는 또 우임금이 구정을 주조했다는 전설이 있어 하나라와 상나라와 주나라의 세 왕조 때의 제왕들 역시 구정을 나라에서 나라로 전해지는, 나라를 상징하는 물건으로 삼았다. 그 이후의 역대 군왕들도 왕조를 세우고 도읍을 정하는 것을 '정정定鼎'이라고 불렀다. 천하를 쟁탈하려는 계획을 '문정問鼎'이라고도 했다. 다시 시간이 흘러 '문정'은 어떤 분야에서 승리를 쟁취하기 위해 시도할 때 쓰는 대명사가 되었다.

'사람의 발' 등의 의미 이외에도 '족'은 '풍부하다, 넉넉하다, 만족하다' 등의 뜻을 지니고 있다. 예를 들어 가의賈誼의 『논적저소論積貯疏』에 '민불족이가치자民不足而可治者, 자고급금自古及今, 미지상문未之嘗聞'이라는 내용이 나온다. '백성을 만족시키지 못하는 통치자가 계속 정치를 잘할 수 있다는 것은 예로부터 지금까지 들어본 적이 없다'라는 뜻이다.

'충분하다' 등의 의미에서 '족'은 점차 '순도가 높다'는 의미가 파생되기도 했다. 예를 들어 '금무족적金無足赤, 인무완인人無完人'이라는 말이 있다. '황금 가운데 순금은 없고, 사람 가운데 완벽한 사람은 없다'라는 뜻이다.

二. '다리'에는 어떤 호칭들이 있을까?

한자에는 글자의 형태와 유사한 또 다른 글자가 있다는 것을 누구나 알고 있을 것이다. '족足'과 글자 형태가 유사한 것으로 '소疋'와 '지止' 두 글자가 있다.

疋
발 소

'소疋'의 소전체 형태는 𤴔 이렇다. '족足'과 매우 비슷하다. 『설문해자』에 '소疋, 족야足也'라고 나와 있다. '소는 발이다'라는 뜻이다. 일부 연구에서는 이 두 글자가 사실은 동일한 것이라고 밝히기도 했다. 하지만 현재 '소'를 발의 뜻으로 간주해 쓰는 예는 극히 드물다. 다만 다른 글자에 소속돼 이런 의미가 아직 남아 있는 경우를 찾아볼 수는 있다. 예를 들어 '의疑'와 '소疏'와 '초楚' 등이 그렇다.

'의疑'는 그 안에 '소疋'를 담고 있는데 '소'는 '지止'와 서로 일치해 자연스럽게 '정지'의 의미를 갖게 된다. 한편 '정지'는 '통하지 않다'의 의미도 지니고 있다. 여기서 '의疑'는 '통하지 못하기 때문에 생기는 의심'이라는 뜻을 갖게 되었다.

'소疏'는 위에 언급한 상황과는 정반대다. '소'의 왼쪽에 약간 변형이 된 '소疋'가 있는데 바로 '발'을 의미한다. 또한 오른쪽의 '류㐬' 자는 아기를 순산한다는 뜻이다. 발로 걸을 수 있고 여기에 순산의 의미가 더해져 '소통'의 의미를 갖게 됐다.

'초楚'는 처음에 '발로 숲을 거닐다'라는 뜻이었다. 즉 사람이 숲을 개간하면서 '개척, 개통' 등의 의미를 지니게 됐다. 시간이 흐른 뒤에도 '초'는 숲을 의미했고 또한 마찬가지로 관목을 뜻하는 '형荊'과도 같은 의미를 지니게 됐다. '형荊'은 고대에 아주 일찍부터 채찍질하는 고문도구로 쓰였다. 이런 이유로 염파廉頗(전국시대 조나라의 명장으로 유비 휘하의 황충黃忠과 더불어 노익장을 대표하는 인물—옮긴이)와 관련된 '부형청죄負荊請罪(매를 짊어지고 가서 처분을 바라다)'라는 고사가 생기게 됐다. 다시 한 걸음 더 나아가 '형초荊楚'라는 고문도구는 사람의 몸을 후려치는 것인데 엄청난 고통을 준다. 자연스럽게 통초痛楚

(고통스럽다), 고초苦楚(고난), 산초酸楚(마음이 쓰리고 아프다)라는 단어 속의 '초'가 지닌 의미의 근원을 알 수 있다.

앞에서 '지止'를 언급했는데 '지'의 갑골문자 형태는 ✄ 이렇다. 사람의 발 형상을 하고 있다. 『설문해자』에 '지止, 하기야下基也. 상초목출유지象草木出有址, 고이지위족故以止爲足'이라고 나와 있다. '지는 아래 터라는 뜻이다. 초목이 싹터서 터 위에 있는 모양을 본떴다. 그러므로 지를 족의 의미로 썼다'라는 뜻이다. 또한 『의례儀禮』「사혼례士昏禮」편에 '어임어오禦衽於奧, 잉임량석재동媵衽良席在東, 개유침皆有枕, 북지北止'라는 표현이 있다. '수행원이 방안 서남쪽 모퉁이에 자리를 놓았다. 시집올 때 딸려온 몸종이 동쪽 근처의 위치에 신랑을 위한 자리를 놓았는데 거기에는 베개도 있었다. 발이 북쪽을 향하도록 했다'라는 뜻이다.

글자가 지닌 의미가 끊임없이 변하고 발전하면서 이제 '지止'가 애초에 지녔던 '발'의 의미는 이미 사라져버렸다. 하지만 처음에 지녔던 의미 때문에 일부 글자 속에서 '발'의 존재를 느낄 수는 있다. '보步, 무武' 등이 그 예다. '보步'의 갑골문자 형태는 ✄ 이렇다. 앞뒤 두 발의 형상을 띠면서 '좌우 두 발이 교차하면서 앞뒤로 걷는다'라는 뜻을 지닌다. 예를 들어 『전국책』「제책」편에 '만식이당육晚食以當肉, 안보이당거安步以當車'라는 구절이 나온다. '늦게 밥을 먹는 것이 고기를 먹은 것보다 맛있고, 느긋하게 걸어 다니는 것이 수레를 타고 다니는 것보다 편하다'라는 뜻이다.

『한시외전韓詩外傳』에 '수욕정이풍불지樹欲靜而風不止'라는 문구가 있다. '나무는 가만히 있고자 하나 바람이 그치지 않는다'라는 뜻이

止
그칠 지

다. 여기에서의 '지止'는 '정지'의 의미다. 역사적으로 수많은 문헌에서 '무武'를 해석할 때 '지止'와 '과戈'가 합쳐 '무武' 자가 되었다고 언급하곤 했다. 이렇게 '무'의 뜻은 무기와 무력을 쓰지 않고 상대방을 굴복시킨다는 것이다. 그야말로 가장 뛰어난 무공이자 무학의 최고 경지다. 즉 '싸우지도 않았는데 적이 스스로 항복'하는 것이다.

'무'의 갑골문자 형태는 ♯이렇다. 이 형태로 봤을 때 윗부분은 병기 '과戈'이고 아랫부분은 발이다. 이 둘이 모여 '병기를 들고 싸우다'라고 해석할 수 있는데 이런 관점 역시 설득력이 있다. 한편 일부 학자들은 '무'가 '정벌'의 의미를 지닌다고 보고 있다. 예를 들어 『춘추번로春秋繁露』「초장왕楚莊王」 편에 '무자武者, 벌야伐也'라고 했다. '무는 정벌을 뜻한다'라는 뜻이다.

脚
다리 각

지금까지 '발'과 관련된 몇 가지 또 다른 견해를 언급했다. 사실 현재 가장 자주 쓰는 것은 '각脚'이다. 『설문해자』에 '각脚, 경야脛也'라고 나와 있다. '각은 종아리다'라는 뜻이다. 다시 말해 '경脛'은 곧 '소퇴小腿(종아리)'의 의미를 지니고 있으므로 당연히 '각'은 종아리를 의미하게 되는 것이다. 그러다가 시간이 흐르면서 다른 동물의 다리를 뜻하게 됐다. 예를 들어 『회남자』「남명훈覽冥訓」 편에 '비조쇄익飛鳥鎩翼, 주수폐각走獸廢脚'이라는 내용이 있다. '나는 새는 날개가 잘리고, 달리는 짐승은 다리가 부러졌다'라는 뜻이다.

하지만 『한비자』「난언難言」 편에 '손자빈각孫子臏脚, 이론병법而論兵法'이라는 문구가 나온다. '손자는 다리를 잘리고서 병법을 논했다'라는 뜻이다. 여기에서 '빈각臏脚'은 고대의 어떤 형벌을 뜻한다. 이에 대해 요즘에는 두 가지 의견이 있다. 첫째로 '각'은 발이므로 '빈각'은 두 다리를 찍혀 잘렸다는 뜻으로 보는 관점이다. 둘째로 '각'이 무릎이나 그 아랫부분을 의미하기 때문에 잘라내진 부분은 당연히 종아리라는 관점이다.

그런가 하면 남북조 시기의 장편 서사시인 『목란시木蘭詩』에 '웅토 각박삭雄兔脚撲朔, 자토안미리雌兔眼迷離'라는 묘사가 나온다. '수토 끼 뜀걸음이 늦을 때 있고, 암토끼 분명치 못할 때 있다'라는 뜻이다. 여기에서의 '각'은 토끼의 '발'이다.

'각'은 몸의 가장 아랫부분에 위치해 있기 때문에 이후에도 다른 사물의 가장 말단에서 지탱하는 부분을 의미하기도 한다. 예를 들어 탁각桌脚(책상다리), 장각牆脚(벽의 밑), 산각山脚(산기슭) 등이 있다. 또한 '각주脚注'라는 단어가 있다. 본문의 어떤 부분을 설명하기 위해 아래쪽에 따로 달아놓은 풀이가 바로 '각주'다. 물론 여기에는 지탱의 의미는 없지만 문서의 아래에 위치해 있기 때문에 이런 단어가 생겼다.

현재는 쓰지 않는 꽤 재미있는 단어가 하나 있다. 바로 '각색脚色 (배역)'이다. 현재 '각색脚色'은 일반적으로 '각색角色(배역)'과 같은 의미로 쓰일 뿐 원래 가지고 있던 의미는 이미 폐기됐다. 하지만 역사적 관점에서 봤을 때 '각색脚色'이 폐기된 원인은 먼저 '각색角色'과 달랐다는 점도 있고 또 '각색脚色'의 표현 범위가 '각색角色'보다 훨씬 넓었기 때문이다.

'각색脚色'은 처음에 한마디로 말해서 '경력'을 의미했다. 예를 들어 청나라 때 원매袁枚의 『수원수필隨園隨筆』에 '송제宋制, 백료선자 구각색百僚選者具脚色, 사즉금지투리력의似即今之投履曆矣'라는 내용이 있다. '송나라 제도에서는 관리로 선출된 자들은 각색이 있어야 한다. 마치 요즘 이력을 보내는 것과 같다'라는 뜻이다.

송나라 때의 관료사회에서는 임용할 관리의 개인적 경력을 매우 중시했다. 그래서 처음으로 관료사회에 들어가려는 사람은 반드시 '각색상脚色狀(이력서)'을 작성해 제출해야 했다. 이런 문서는 일반적으로 두 부분의 주요 내용으로 구성된다. 하나는 개인과 가정의 기본적인 상황으로 '출생지, 호주, 선조 3대의 관직 지위와 명칭, 가족, 나이, 출신' 등이 포함된다. 다른 하나는 사회관계와 정치적 입장으로 그 내용은 당시에 발생한 정치적 사건과 밀접한 관련이 있었다. 그래서 내용면에서는 각 시대별로 다소 달랐다. 이를테면 송영종宋寧宗 경원慶元 연간에는 주희朱熹 등 인물이 주창한 학설을 위학僞學(정도에서 벗어난 학문)으로 간주했기 때문에 모든 관직 진출자들은 '각색脚色', 즉 이력서에 '위학을 배우지 않겠다'라고 적어 넣어야 했다. 그렇지 않으면 관직을 주지 않았다.

이런 '각색脚色'제도에서 송나라 때 관리의 임용과 인사관리에 대한 조정의 방식을 쉽게 살펴볼 수 있다. 개인의 '이력履歷'을 왜 '각색'이라고 했는지에 대해 현재는 다만 '리履'가 '족足'과 관련이 있다는 추론만 할 뿐이다. 신발을 신든 안 신든 길은 스스로 걷는 것이기에 길을 걸은 흔적은 곧 개인의 역사다. 그래서 '각색'이라고 일컬었다. 물론 여기에는 통속적인 경향이 좀 있다. 그러다가 이후에 '이력履歷'으로 바꿔 쓰면서 그나마 고상한 느낌을 받을 수 있게 됐다.

'각색'은 이후에도 전통 희곡의 배역으로 쓰이면서 '배역, 역할'의 뜻을 갖게 됐다. 그러다 다시 시간이 흘러 사용상의 불편을 줄이기 위해 국가의 관련 부문에서는 조직적이고 전문적인 정리를 통해 최종적으로 '각색角色(배역)'을 통용하는 형식으로 정했다. 한편 '각색脚色'은 역사의 무대에서 퇴출당했다.

그 밖에 중국 고전가구 중에도 '각'을 중시하는 전통이 아직 존재하고 있다. 중국의 전통가구는 일반적으로 '가구의 다리를 부각시키는 형식'의 구조를 취하고 있는데 그런 만큼 가구의 '다리와 발'에 대한 장식을 특히 중시했다. 한편 발 부분의 장식은 주로 여러 가지 형식을 구현해냈다. '직각直脚(직립형)'은 가장 일반적인 모양이다. '수조각獸爪脚'은 야수의 발톱을 조각한 형태다. 그 밖에도 권주각卷珠脚, 권엽각卷葉脚, 답주각踏珠脚, 관도각關刀脚 등의 양식이 있다(권주각은 코끼리 코처럼 휘어진 다리 아랫부분에 구슬 모양 장식을 한 것, 권엽각은 나뭇잎 모양, 답주각은 다리 바닥에 작은 구슬을 장식해놓은 것, 관도각은 곧은 다리 아랫부분에 갈고리 모양 처리를 한 것을 말한다—옮긴이). 이처럼 우아하고 아름다운 조형은 고전가구에 다채로운 정취를 더해주었다.

三. 발로 하는 운동에는 무엇이 있을까?

달리기는 모든 동물의 가장 본능적인 운동 중 하나다. 인간 역시 예외는 아니다. 한편 달리기는 신체기관 중 전적으로 발에 의지하는 활동이다. 혹자는 아기 때 기는 것부터 시작해 일어서고 다시 직립보행을 하기까지를 한편의 농축된 인간 진화의 역사라고 말한다. 직립보행은 사람의 일생이자 인류의 역사가 진화하는 이정표임에 분명하다.

走
달릴 주

그런 의미에서 관련된 한자인 '주走'를 살펴보려고 한다. '주'의 금문자 형태는 𠃊이렇다. 윗부분은 양팔을 흔들면서 달리는 사람의 모습을 하고 있다. 아랫부분은 '지止'로 사람의 발을 의미한다. 그러므로 '주'는 고대에 '달리다'의 뜻으로 쓰였다. 『설문해자』에 '주走, 추야趨也'라고 나와 있다. '주는 빨리 걷는다'라는 뜻이다. 여기에서 '추趨'는 '빨리 걷는다'는 의미다. 『산해경』에 '과부여일축주誇父與日逐走'라는 문구가 있다. '과부가 태양과 경주를 하다'라는 뜻이다. 여기에서의 '주'는 '포跑(달리다)'의 의미다.

跑
달릴 포

한편 '포跑'는 처음에 '동물이 발을 이용해 땅을 파다'라는 의미였다. 『서경잡기西京雜記』에 '마명불긍정馬鳴不肯定, 이족포지구지以足跑地久之'라는 내용이 있다. '말이 불안해 안절부절못하면서 큰 소리로 울부짖고 또 발로 오랫동안 땅을 파고 있다'라는 뜻이다. 또 다른 예로 천국 같은 환경을 자랑하는 중국의 항저우杭州에 있는 시후西湖의 호숫가에 '후파오취안虎跑泉(호포천)'이라는 유명한 샘이 있다. 이 명칭은 호랑이가 땅을 파다가 샘이 터졌다는 전설에서 유래했다는 설이 있다. 이후에 '포'는 점차 '뛰어오르다, 질주하다' 등의 의미를 갖게 됐다. 그러면서 '주'의 '빨리 달린다'는 의미가 '포'로 전이됐다. 그렇게 '주' 자체는 이제 '달리다'의 의미를 뜻하지 않게 됐다. 이런 정황을 미리 숙지하고 고서를 읽을 때는 꼼꼼하게 구분해서 파악해야 한다.

步
걸음 보

'주'도 달리는 것이고 '포'도 달리는 것이니 그렇다면 고대에 '걷다'라는 의미를 지닌 한자는 무엇이었을까? 사실 그 한자는 앞에서 이미 언급했다. 바로 '보步'다. '보'는 처음에 '길을 걷다'라는 뜻이었다.

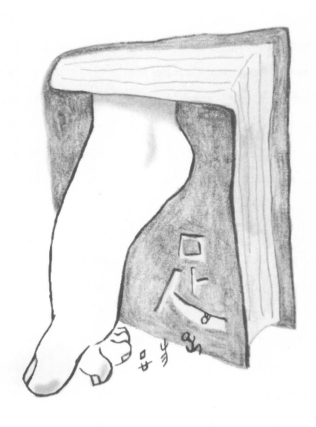

예를 들어 안보당거安步當車(차를 탄 셈치고 천천히 걷다), 역보역추亦步
亦趨(남이 걸으면 걷고 남이 뛰면 뛴다), 감단학보邯鄲學步(한단 사람의 걸
음걸이를 흉내 내다) 등이 있다.

　가장 기본적인 '주走'와 '포跑' 이외에 '각脚'도 수많은 행위나 동작
과 관련이 있다. 이렇듯 수많은 한자 중에서 '걷다'의 그림자를 찾아
볼 수 있다.

曆
지낼 력

'력曆'의 갑골문자 형태는 ♦ 이렇다. 윗부분의 '력秝'은 독음을 뜻하고 아랫부분의 '지止'는 발이나 '걷다'와 관련이 있음을 뜻한다. 이 두 모양이 모여 '경유하다, 지나다'의 의미를 갖게 된다. 역사曆史, 경력經曆, 학력學曆 등의 단어에서 '력'의 의미를 잘 이해할 수 있다.

正
바를 정

'정正'의 갑골문자 형태는 ♦ 이렇다. 윗부분의 부호는 걷는 방향을 뜻하고 아랫부분의 발은 길을 가는 행동을 뜻한다. 다시 말해 '이 방향이나 목표를 향해 곧바로 걸어간다'는 뜻이 된다. 나아가 '정확하다, 확실하다'라는 함축적 의미도 지니고 있다.

企
꾀할 기

'기企'의 갑골문자 형태는 ♦ 이렇다. 윗부분은 한 사람의 형상이고 아랫부분은 발이다. 『설문해자』에 '기企, 거종야擧踵也'라는 말이 있다. 사람이 발꿈치를 든다는 뜻으로 이후에도 '일어서다'의 의미로 쓰였다. 사실 '기'를 두고 '기반企盼(희망하다), 기망企望(희망하다)'처럼 보는 의견은 대단히 구체적으로 형상화한 것이다. 왜냐하면 사람이 발꿈치를 들거나 고개를 들고 먼 곳을 바라볼 때는 그 사람이 무언가를 간절히 바라는 것임에 분명하기 때문이다. 한편 현대 중국 표준어에서 '기'는 단독으로 '발꿈치를 든다거나 일어서다'의 의미를 뜻하지 못한다. 하지만 홍콩 지역에서 대중교통 수단 중 특히 버스에서는 '기위企位'라는 글자를 심심찮게 발견할 수 있다. '서다'라는 의미를 지니고 있는 것이다.

앞에서 언급했던 글자들은 의미상 현재와 처음의 내용이 거리가 먼 경향이 있기는 하다. 하지만 어쨌든 글자의 형태에서 어렴풋이 '발'과 관련이 있음을 발견할 수 있었다. 글자 안에 '지止'와 '족足'을 포함하고 있었기 때문이다. 하지만 일부 한자는 발전과 변화의 과정에서 원래의 의미와 갈수록 멀어졌을 뿐만 아니라 글자의 형태상 발과 어떤 관계가 있는지 제대로 찾아내기 힘들게 됐다. 예를 들어 릉凌, 등登, 위韋, 천舛 등이 있다.

'릉凌' 자의 오른쪽 아랫부분은 '쇠夊'로 '사람이 신을 질질 끌고 천천히 걷다'라는 의미다. 그리고 윗부분은 '흙을 높이 쌓다'는 의미를 지니고 있다. 이 두 부분이 모여 '릉夌'을 이루어 '초과하다, 뛰어넘다'의 뜻을 지니게 됐다. 한편 '능가凌駕'의 '릉凌'이 바로 이런 의미를 계승해 '뛰어넘다'의 의미를 지니면서 '능가'는 '어떤 것 위에 군림하다, 앞지르다'라는 뜻으로 굳어졌다.

'등登'의 상반부는 '발癶'로 두 발이 멀어져 서로 등진다는 뜻이다. 아랫부분은 '두豆'로 '기물'을 뜻한다. 이 두 모양이 모여 '타다, 오르다'의 뜻을 지닌다. 예를 들어 『손자孫子』「모공謀攻」편에 '하시기철下視其轍, 등식이망지登軾而望之'라는 내용이 있다. '병거에서 내려 도망가는 적의 병거의 수레바퀴 자국을 조사하고 수레 앞에 올라가 바라보다'라는 뜻이다. 이후에 시간이 흘러 '높은 곳으로 올라가다'의 뜻을 갖게 됐다. 예를 들어 『좌전』「성공십오년成公十五年」편에 '등구이망지登丘而望之, 칙치빙이종지則馳聘而從之'라는 구절이 나온다. '언덕에 올라가서 바라보니 과연 말을 달리고 있었다. 그래서 말을 달려 뒤쫓았다'라는 뜻이다.

'발癶'과 마찬가지로 '천舛'의 글자 형태도 두 발이 서로 멀어져 서로 등을 지면서 '서로 어긋나다, 전도되다'라는 뜻을 갖는다. 서로 등을 졌기 때문에 '위반되다, 순조롭지 않다'는 등의 함축적 의미를 내포하고 있다. 예를 들어 천착舛錯(뒤얽히다), 명도다천命途多舛(운명

凌
업신여길 릉

登
오를 등

舛
어그러질 천

이 기구하다) 등이 그렇다. 이런 내용과 관련이 있는 문헌의 용례가 무척 많다. 예를 들어 『양서梁書』에 '이심약소찬而沈約所撰, 역다천류亦多舛謬'라는 구절이 있다. '심약이 지은 시문 또한 많이 잘못되었다'라는 뜻이다. 『엄식현묘지嚴識玄墓志』에 '재고명천재才高命舛, 사불득도仕不得途'라고 나와 있다. '재능은 뛰어나나 운수가 사나워 벼슬길에 오르지 못하다'라는 뜻이다.

韋
가죽 위

　그런가 하면 '위반하다'를 뜻하는 글자로는 '위韋'가 있다. '위'의 갑골문자 형태는 🦶이렇다. 상하 부분이 마치 방향이 상반된 두 발 같다. 그리고 가운데에는 '위口'자로 독음을 구성한다. 이 두 모양이 합쳐져 '위반하다'를 뜻한다. 사실 '위韋'는 '위違'의 옛 글자다. 나중에 '위違'가 새로 등장한 뒤 '위韋'는 이제 '위반하다'의 뜻을 의미하지 않게 됐다. 그 밖에도 '위韋'가 다른 글자에서 편방의 역할을 할 때 간혹은 '혁革'과 마찬가지로 무두질한 가죽을 의미하기도 했다. 예를 들어 '인韌' 자는 '무두질한 가죽처럼 유연하고 단단하다'의 뜻을 지녔다. 한편 '도韜'는 칼전대를 의미한다. 즉 칼을 넣어두는 길쭉한 주머니를 뜻한다. 주머니이기 때문에 숨겨진 뜻이 있게 된다. 그래서 '도광양회韜光養晦(재능을 감추고 드러내지 않다)'에서의 '도韜' 역시 '숨기다'의 의미를 내포하고 있다.

　여기에서 알 수 있듯이 보이지 않는 '발'의 이면에 마찬가지로 재미있는 사정이 적잖이 숨어 있다. 한자에는 이런 비슷한 상황이 무척 많다. 밝혀내보는 재미가 쏠쏠할 것이다.

제 7 장

오장육부에
숨어 있는 한자

이번 장에서는 다음의 한자들에 대해 이야기를 나누려고 한다.

臟	腑	心	肝	膽	脾	肺
오장 장	육부 부	마음 심	간 간	쓸개 담	지라 비	허파 폐

腸	腹	肚	胃	腎	腰	月
창자 장	배 복	배 두	밥통 위	콩팥 신	허리 요	달 월

耳
귀 이

一. '오장육부'란 무엇일까?

　'오장육부'에 대해서는 그다지 생소하지 않을 것이다. 하지만 왜 '오장육부'라고 부르는 것일까? 또 구체적으로 뜻하는 인체기관은 무엇일까? 이런 내용을 알기 위해 선조들의 연구를 한번 살펴볼 필요가 있다.

臟
오장 장

　'장臟'은 다음자로 중국어 발음에서 1성으로 읽을 때는 '더러울 장髒'이 된다. 그런가 하면 4성으로 읽을 때가 바로 지금 우리가 알아보는 '내장 장臟'이다.

　'장臟'은 처음에 '장藏'으로 쓰였는데 '숨기다'라는 의미의 '장'이 아닌 '소장하다'라는 의미인 '장'이다. 한편 '장藏'은 처음에 '재물을 보관하는 곳집'을 의미했다가 이후에 인체의 내장을 의미하게 됐다. 『한서』「왕길전王吉傳」 편에 따르면 '흡신토고이련장吸新吐故以練藏'이라는 구절이 있다. '묵은 공기를 내뱉고 신선한 공기를 들이마셔 장기를 단련시킨다'라는 뜻이다.

　'오장五臟'은 '간肝, 심心, 폐肺, 신腎, 비脾'를 일컫는다. 이것들의 주요한 생리적 기능은 정精, 기氣, 혈血, 진액津液, 신神을 만들어내고 흡입하며 저장하는 것이다. 그래서 '오신장五神臟'이라고도 한다. 정精, 신神, 기氣는 인체 생명 활동의 근간이므로 오장은 사람에게 무척이나 중요한 역할을 한다.

　'오장'의 역할이 중요한 만큼 '정장正臟' 혹은 '신장神臟'이라 불리기도 한다. 예를 들어 청나라 때 고사종高士宗의 『소문직해素問直解』에 '형장사形臟四, 위방광소장위대장謂膀胱小腸胃大腸, 소이장유형지물所

以藏有形之物, 고왈형고왈형故曰形. 신장오神臟五, 위간심비폐신謂肝心脾肺腎, 소이장무형지기所以藏無形之氣, 고왈신고왈신故曰神'이라고 나와 있다. '4형장은 방광, 소장, 위, 대장을 말한다. 그래서 형태가 있는 물질을 간직하여 형이라고 한다. 5신장은 간장, 심장, 비장, 폐장, 신장을 말한다. 그래서 그 속에 무형의 기를 간직하므로 신이라고 한다'라는 뜻이다. 이러한 중국 전통의 의학 이론은 참으로 오묘해 보인다. 어쨌든 '오장'이 무엇인지 알고 사람에게 매우 중요한 역할을 한다는 점을 이해했으니 이걸로 충분하다. 더 구체적인 내용은 의술로 세상을 구하는 명의들의 몫이다.

'부腑'는 원래 사람의 내장을 통틀어 일컫는 말이었다. 『옥편』에 나온 설명에 따르면 '부'의 최초의 글자 형태는 '府'다. '부府'는 '모으다, 곳집' 등의 뜻을 가지고 있기 때문에 '오장육부'를 의미하는 데 쓰였다. 예를 들어 『황제내경黃帝內經』 「소문素問」 편에 '오장이상五藏已傷, 육부불통六府不通'이라는 표현이 있다. '5장 6부가 상하고 경맥이 불통으로 되다'라는 뜻이다.

'장臟'과 '부腑'와 같이 원래의 글자 형태에서 의미의 역할을 하는 변이 더해져 새로운 글자를 구성하는 현상은 한자의 발전과정에서 흔히 보인다. '지止'가 더해져 '지趾'가 되거나 '연然'이 더해져 '연燃'이 되거나 '좌左'가 더해져 '좌佐'가 되는 현상 등을 예로 들 수 있다.

그런가 하면 '육부六腑'는 '위胃, 소장小腸, 대장大腸, 방광膀胱, 담膽, 삼초三焦'를 일컫는다. 주요 생리기능은 음식물을 받아들이고 소화시키며 쓸모없는 것은 체외로 배출시키는 데 있다. 육부는 생리적 기능을 기본으로 긴밀하게 협력하고 인체가 섭취한 물질의 소화, 흡

腑
육부 부

수, 운송, 배설을 공동으로 완수한다. 또한 병리상의 변화에 대해 서로 영향을 주고받는 특성을 지니고 있다.

'육부' 중의 '삼초三焦'는 상초上焦, 중초中焦, 하초下焦를 아울러 이르는 말인데 신체와 오장육부 사이에 위치한 빈 공간을 의미한다. 흉강과 복강을 포함해 인체의 기타 오장육부 기관이 모두 그 속에 있다. 하지만 '삼초'의 본질에 대한 논쟁은 아직도 끝나지 않았다.

동한 때 장중경張仲景의 『금궤요약金匱要略』에 따르면 '인신지장부중음양人身之藏府中陰陽, 칙장자위음則藏者爲陰, 부자위양府者爲陽. 간심비폐신肝心脾肺腎, 오장개위음五藏皆爲陰. 담위대소장방광삼초膽胃大小腸膀胱三焦, 육부개위양六府皆爲陽'이라고 설명돼 있다. '인체의 장부를 음과 양으로 갈라보면 장은 음이고 부는 양이다. 간, 심, 비, 폐, 신의 5장은 모두 음이다. 담, 위, 대장, 소장, 방광, 삼초의 6부는 모두 양이다'라는 뜻이다.

청나라 때 서빈徐彬의 저서인 『금궤요략논주金匱要略論注』에는 '오장속리五藏屬裏, 장정기불사藏精氣不瀉, 고위음고爲陰. 육부속표六府屬表, 전화물이불장傳化物而不藏, 고위양고爲陽'이라고 하여 한층 더 진일보한 해석을 덧붙였다. '오장은 리에 속하며 그 안에 정기를 저장해서 나가지 않도록 하여 음이라고 한다. 육부는 표에 속하며 음식물은 전해주지만 가득 차지 않는 것으로 양이라고 한다'라는 뜻이다.

'오장육부'는 인체의 내장기관이 종합된 유기물임에 분명하다. 서로 의존하고 상호 협조하며 공동으로 생명 유기체의 정상적인 운행을 책임진다. 그렇다면 모든 독립된 장기들은 각자 또 어떤 특징과 재미있는 이야기를 담고 있을까?

二. '심장'에는 생각이 있을까?

'심心'의 갑골문자 형태는 😈이렇다. 심방, 심실, 심장이 포함된 그물 같은 모양이다.『설문해자주』에 '심心, 인심야人心也. 재신지중在身之中, 상형象形'이라고 나와 있다. '심은 사람의 심장이다. 몸의 가운데 있고 상형의 글자다'라는 뜻이다. 심장은 인체의 혈액을 순환시키는 중추이자 인체에서 가장 중요한 기관이다. 그래서 생명체의 증상을 알려주는 존재이기도 하다.

心
마음 심

중국 고대에 사람들은 '심'이 생각을 주관하는 기관이라고 생각했다.『맹자』「고자告子」편에 따르면 '심지관칙사心之官則思, 사칙득지思則得之, 불사칙불득야不思則不得也'라고 나와 있다. '마음의 기능은 생각하는 것이기에 생각하면 사리를 알게 된다. 생각하지 않으면 사리를 알지 못한다'라는 뜻이다. 이처럼 '심'이 생각을 주도하는 기관이라는 주장과 인식은 노자와 맹자 두 권위자 개인의 견해이거나 한 학파의 이론이 아니었다. 고대사회의 각 영역에 넓게 퍼져 있는 내용이었다. 고대의 철학이나 문학이나 의학 같은 분야의 문헌과 고서에서 비슷한 이론을 찾아볼 수 있다. 그렇게 보면 '심'이 고대인들의 마음속에서 차지하는 위상이 무척 중요했던 것 같다.

바로 이처럼 과학에서 벗어난 전통적인 인식의 영향으로 현재 여러 방면에서 이런 생각의 흔적들을 느낄 수 있게 됐다. 예컨대 현재 존재하는 수많은 한자는 분명히 사고하는 활동이나 감정의 태도를 표현하고 있는데 거기에 마침 '심'이 변으로 온 것이다. '사思, 상想, 의意, 념念, 감感, 정情, 경驚, 황慌' 등이 그렇다. 그 밖에도 대뇌 중추와 본래 관련이 있는 단어나 이론인데도 오랫동안 '심'을 쓰면서 결국에는 그것이 옳은 양 받아들여지게 된 경우도 많다. 심사心思(생각), 심산心算(속셈), 심원心願(염원), 비심費心(걱정하다), 용심用心(심혈을 기울이다), 전심專心(전념), 심리상心裏想(마음속 생각), 파심방관把心放寬(마음을 느긋하게 가지다) 등이 그 예다. 심지어는 대뇌의 기제와 사유 활동을 연구하는 현대의학조차도 '심리학心理學'이라고 하니 말이다.

물론 여기에서 옛사람들의 과학적 인식을 평가할 생각은 없다. 다만 언어와 문자의 관점에서 전통문화 속에 존재하는 재미있는 현상을 공유하고 싶을 뿐이다. 예를 들어 청나라 강희 연간에 '분서사건' 하나가 발생했다. 사건의 대략적인 정황은 이랬다.

당시 벨기에에서 중국으로 온 남회인南懷仁이라는 이름의 선교사가 있었다. 그는 본래 강희 황제의 높은 평가를 받았던 인물이었다. 그래서 강희의 과학 선생님이기도 했고 공부시랑工部侍郞의 정삼품正二品 관직에도 올랐다. 하지만 이처럼 어쩌다 총애를 얻은 이민족 신하가 『궁리학窮理學』이라는 저서를 펴냈다는 이유로 큰 파란이 일었다. 청나라 때 인물인 동함董舍의 『삼강식략三岡識略』에 '유흠천감남회인자有欽天監南懷仁者, 상소저『궁리학』일서上所著『窮理學』一書, 기언이령혼위성其言以靈魂爲性, 위일절지식기억謂一切知識記憶, 불재어심이재두뇌지내不在於心而在頭腦之內. 어기불경語既不經, 지극자류旨極刺謬, 명립분지命立焚之'라고 기록돼 있다. '흠천감인 남회인이라는 사람이 있는데 『궁리학』이라는 책을 지으니 영혼을 본성이라고 하고 모든 지식과 기억이 마음이 아닌 머리 안에 있다고 했다. 그 말이

국법에 위반되고 지극한 비난의 뜻이 있으니 불사르라는 명이 내려졌다'라는 뜻이다.

아무리 총애를 받는 인물이라도 일단 전통의식에 저촉되면 통치자의 처벌에서 자유로울 수 없다는 사실을 알 수 있는 대목이다. 비슷한 예로 『중질비서中質秘書』 등의 저서에 마찬가지의 주장을 제기했던 주방단朱方旦이라는 인물이 있었다. 하지만 호광湖廣 지역의 기공사氣功師였던 주방단과 비교해보면 남회인은 운이 꽤 좋은 편이었다. 주방단은 세도가나 당시 중신들의 병을 진료하거나 치료해준 적이 있었는데도 목을 치는 중벌을 받았기 때문이다.

이처럼 '심'은 전통문화 속에서 꽤 중요한 위치를 차지했다. '심'의 기능이 본래의 의미보다 훨씬 확대되었을 뿐만 아니라 사람의 소질이나 본성이나 소양 등과 밀접한 관계를 맺고 있었기 때문이다. 『주역』「계사」 편에 따르면 '성인이차세심聖人以此洗心, 퇴장어밀退藏於密, 길흉여민동환吉凶與民同患'이라고 했다. '성인은 이로써 마음을 깨끗이 씻고 조용한 곳으로 물러나 문을 잠그고 생각한다. 길하고 흉한 일에 대해 백성들과 더불어 근심을 함께한다'라는 뜻이다. 즉 스스로 꾸준히 몸과 마음을 가다듬어 사람의 내면을 강화시켜야 한다는 말이다. 중국 전통의학에서는 '정신수양'에 초점을 맞추고 있는데 정신수양을 해야 장수할 수 있기 때문이다. 한편 유가에서는 '정심正心'을 추구한다. 사람으로서 마음을 평안하게 하며 정정당당하게 일을 처리하고 몸을 닦으려면 먼저 마음을 바르게 해야 한다는 점을 강조하는 것이다. 또한 도가에서는 '청심淸心'을 주창하고 있다. 평화로운 마음과 화합하는 환경을 강조하는 것이다. 불교에서는 모든 정신적 현상을 '심'으로 통칭해 마음은 만물을 편안케 만드는 대지라고 생각한다. 이런 이유로 '심지心地'라는 말이 있는 것이다. 평상시에 종종 입에 오르내리는 '심지선량心地善良', 즉 '마음씨가 착하다'는 말은 바로 여기에서 비롯됐다.

三. 장기와 정신세계는 어떤 관계가 있을까?

문득 전통적인 관점에 근거해서 보니 심장과 사람의 정신세계는 매우 직접적이고 긴밀한 관계를 맺고 있는 것 같다는 생각이 들었다. 자세히 다시 한번 생각해보니 사실 꼭 그런 것만은 아니다. 왜냐하면 사람의 성질이나 본성이나 사랑하고 그리워하는 등의 의미가 다른 장기와 관련된 경우 역시 꽤 많기 때문이다.

肝
간 간

'간肝'은 『설문해자』에 '목장야木藏也'라고 나와 있다. '간은 목에 해당한다'라는 뜻이다. 즉 간은 '목장木臟'이고 오행에서 '목木'에 속한다는 말이다. '간'은 간장肝臟을 의미할 뿐만 아니라 다른 장기의 명칭과 한데 모여 새로운 의미를 나타내기도 한다. 예를 들어 '간뇌도지肝腦塗地(참혹한 죽음을 당하여 간장과 뇌수가 땅에 널려 있다)'라는 말이 있는데 희생을 무릅쓰고 충성을 다하는 상황을 묘사하는 데 자주 쓰인다. 그런가 하면 '간담상조肝膽相照'는 긴밀한 관계나 성실한 협력을 뜻한다. '간담상조'의 의미와 비슷한 것으로 '피간력담披肝瀝膽'이 있다. '진심으로 대하고 충성을 다한다'는 의미다.

『황제내경』「소문素問」편에 '담자膽者, 중정지관中正之官, 결단출언

決斷出焉'이라고 나와 있다. '담은 중정지관이라고 하는데 결단성이 여기에서 생긴다'라는 뜻이다. 즉 '담'은 결단을 책임지는 장기다. 큰 결정을 내리려면 용기가 필요하기 때문에 '담'은 용기를 뜻하기도 한다. 예를 들어 담량膽量(용기), 담대포천膽大包天(매우 대담하다), 담소여서膽小如鼠(겁이 많다) 등이 그렇다.

膽
쓸개 담

그런가 하면 담즙이 매우 쓰기 때문에 '담'은 고생이나 좌절 등을 뜻하는 데 쓰이기도 한다. 그래서 『사기』「월왕구천세가越王勾踐世家」 편에서 나온 '와신상담臥薪嘗膽'이라는 고사도 있다. '와신상담'이란 섶 위에 눕고 쓸개를 핥으며 원수를 잊지 않는다는 뜻을 지닌다. 온갖 어려움과 괴로움을 참고 견디는 상황을 묘사한 것이다.

'비脾'는 『설문해자』에 '토장야土藏也'라고 설명돼 있다. '비'는 오행에서 토土에 속한다는 것이다. '비'는 소화기관이자 인체의 신진대사에 참여하는 중요 기관이다. 현재 사람의 습성이나 성격을 중국어에서는 '비기脾氣' 혹은 '비성脾性'이라고도 한다. 물론 간혹은 이런 단어를 이용해 사람의 혈기나 화를 뜻하기도 한다. 그 이유는 어쩌면 '비脾'가 인체의 혈액 운행을 주관하기 때문일 것이다. 예를 들어 청나라 때 심목남沈目南이 편집하고 주석을 단 『심주금궤요약沈注金匱要略』에 '인오장륙부지혈人五臟六腑之血, 전뢰비기통섭全賴脾氣統攝'이라고 적혀 있다. '사람의 오장육부의 피는 모두 비의 기운에 의거해 다스려진다'라는 뜻이다. 혈류의 강약은 일반적으로 생물체를 격분시키거나 침체되게 만든다. 그래서 사람이 감동하거나 흥분하거나 의기소침해지는 등의 기분이 드러나게 된다. 예를 들어 혈기방강血氣方剛(혈기가 넘치다) 등이 그렇다.

腸
지라 비

腹
허파 폐

'폐肺'는 『설문해자』에 '폐肺, 금장야金藏也'라고 나와 있다. '폐'는 오행 중에 금金에 속한다는 것이다. 인체의 호흡 계통에서 가장 중요한 기관이다. 옛사람들은 본래 인체의 가슴에 축적된 기운과 폐가 빨아들인 자연계의 맑은 공기가 서로 결합된 것이 종기宗氣가 되었고 종기는 심장의 혈관을 관통하는 관심맥貫心脈의 역할을 한다고 보고 있었다. 그런 이유로 '폐' 역시 간접적으로 감정을 주관하는 기능을 가지고 있다고 생각했다. 자주 쓰는 성어인 '시심열폐撕心裂肺(몹시 마음이 아프거나 고통스럽다)'나 '몰심몰폐沒心沒肺(인정머리가 없다)'나 심지어 '낭심구폐狼心狗肺(흉악하고 잔인하다)' 등의 말에도 앞에서 말한 생각이 부분적으로 남아 있다.

평상시 '폐肺'라는 글자를 쓸 때 주의해야 할 점이 있다. '폐'의 오른쪽에 '불市'이 있어 독음을 표시하는데 그 중간에 관통하는 세로획 하나가 있다. 이 글자를 '슬갑 불'자로 보아야지 '시장 시市' 자로 잘못 쓰면 안 된다. 비슷한 예가 또 있는데 '미불米芾(북송 때의 화가 이름)'의 '불芾'과 '충패充沛(넘쳐흐르다)'의 '패沛'가 그렇다.

腸
창자 장

'장腸'은 인체와 동물체 내에 있는 중요한 소화기관이다. 중국의 전통문화에 장이 열여덟 번을 굽이쳐 흐르는 곳이 아홉 곳이라는 말이 있는데 곧 사람의 감정 변화와 깊은 유사성을 갖는 이유가 된다. 그래서 사람의 감정이나 정서 등을 표현하는 데 종종 쓰인다. 예를 들어 신기질의 시 「접련화蝶戀花」에 '양야수장천백전涼夜愁腸千百轉'이라는 표현이 있다. '차가운 밤 걱정스러운 마음이 수없이 돌고 돈다'라는 뜻이다. 흡사 '걱정이 태산 같다'라는 의미의 성어인 '수장백전愁腸百轉'이나 '수장백결愁腸百結'과 같은 심정인 것이다. 또한 마치원馬致遠의 『천정사天淨沙』「추사秋思」편에 '고도서풍수마古道西風瘦馬, 석양서하夕陽西下, 단장인재천애斷腸人在天涯'라는 구절이 있다. '옛 길, 하늬바람, 비쩍 마른 말, 저녁 해 서녘에 기울고 애끓는 이 하늘가에 있어라'라는 뜻이다. 여기에서의 '단장인斷腸人'은 아득히 먼 곳을 떠도는 나그네다. 한편 '단장斷腸'은 상심과 슬픔이 극에 달했음을 비유한다. 또 다른 예로 백거이의 시 「등서루억행간登西樓憶行簡」에 '풍파불견삼년면風波不見三年面, 서신난전만리장書信難傳萬里腸'이라는 표현이 나온다. '험한 일로 삼 년이나 얼굴 못 봤고, 글로 만 리 밖 그리움을 전하기 수월찮네'라는 뜻이다. 이 시 속의 '장腸'은 짙은 그리움을 드러낸다. 그런가 하면 소식의 시 「급강전다汲江煎茶」에는 '고장미이금삼완枯腸未易禁三碗, 좌청황성장단경坐聽荒城長短'의 두 구가 있다. '빈 속 적시자니 석 잔으로는 성에 안 차 앉은 채 황성의 깊어가는 밤 소리 듣네'라는 뜻이다. 이 시에서는 '고장枯腸'을 이용해 작가의 직위가 강등된 이후 달밤에 강가에서 물을 떠 차를 끓이는 상황을 묘사했다. 한편 시문을 창작한 사고의 맥락은 이미 아무것도 없어져버린 처지에 있었다.

요즘 사람들은 '견장괘두牽腸掛肚(늘 걱정을 하다)'라는 성어로 그리워하는 마음과 걱정하는 마음을 묘사하곤 한다. 또한 '탕기회장蕩氣回腸(심금을 울리다)'은 아름다운 글과 악곡으로 깊은 감동을 받아 오장육부가 크게 격동됨을 묘사한 성어다.

'복腹' 역시 육부 가운데 '삼초'의 일부분이다. 중국어에서는 '두자肚子(배)'라고 통속적으로 부르기도 한다. '복'은 배꼽을 경계로 해서 윗배와 아랫배로 나뉜다. 역시 '두자肚子'와 '소두자小肚子'라는 속칭

腹
배 복

이 있다.

한편 '대복편편大腹便便(올챙이처럼 배가 불룩하게 나오다)'은 지방이 쌓여 체형이 뚱뚱한 모양을 매우 인상적으로 묘사한 말이다. '효복종공㭊腹從公'은 배를 곯아가며 공무를 처리한다는 뜻이다. 사욕을 버리고 공익을 위해 힘쓰며 전심으로 대중을 위해 생각한다는 긍정적인 이미지다. '심복心腹'이라는 단어는 비방과 칭찬의 의미가 반반인데 기본적으로는 측근을 의미한다. 좋은 사람이나 좋은 일을 보필할 때는 긍정적 에너지를 전달하지만 나쁜 사람을 도와 나쁜 일을 하면 철저한 소인의 모습으로 변모한다. 그 밖에 '복비심방腹誹心謗'의 경우 불만도 있고 의견도 있지만 표현하지 않는다는 뜻을 지닌다. '추심치복推心置腹'은 진심으로 사람을 대하고 흉금을 털어놓는다는 의미를 지니고 있다. 이런 성어들은 전통문화 속에서 '복腹'의 중요성과 표현의 다양성을 충분히 반영하고 있다.

肚
배 두

'두肚'는 다음자로 중국어에서 3성[dǔ]으로 읽을 때는 '위胃'를 뜻한다. 또한 특별히 동물의 위를 의미하기도 한다. 한편 중국어에서 4성[dù]으로 읽을 때는 배를 의미할 뿐만 아니라 생각, 포부, 기개 등을 뜻하기도 한다. 예를 들어 수장괄두搜腸刮肚(있는 궁리를 다 짜내다), 소두계장小肚雞腸(마음이 좁다), 재상두리능탱선宰相肚裏能撐船(아량이 넓다) 등이 있다.

胃
밥통 위

'두肚'는 '위胃'와 꽤 직접적인 관계를 맺고 있다. '위'의 금문자 형태는 𩵋 이렇다. 윗부분은 '위'의 형태이고 아랫부분은 '육달월月=肉'이다. 윗부분의 형상은 마치 무언가를 담는 용기와 같아서 '위'의 음식물을 수용하는 기능을 뜻한다. 『설문해자』에 '위胃, 곡부야穀府也'라고 나와 있다. '위는 곡식을 모으는 곳이다'라는 뜻이다.

음식물이나 물을 저장하고 소화시키는 것은 분명 위의 가장 주요한 기능이다. 잘 먹고 잘 마시는 것은 대개 복부가 불룩 솟아오름을 의미한다. 그렇게 되면 '사장님 배'가 되기 십상이다. 한편 '위구胃口(욕구)'는 실질적인 음식에 대한 욕망뿐만 아니라 사람의 모든 흥미와 욕망을 비유하는 데 쓰이기도 한다. 예를 들어『부뢰가서傅雷家書』에 '담박한 생활이 습관이 된 동양의 옛 지식인들은 20세기 서양인들이 물질에 대해 갖고 있는 욕구를 상상하기조차 어렵다'라는 내용이 나온다. 여기에 나온 '욕구' 역시 '위구胃口'로 표현돼 있다. 요즘 사람들이 다이어트로 몸을 건강하게 하려는 것과 마찬가지 현상처럼 보인다. 실제로 다이어트에는 음식에 대한 욕망과 아름다움에 대한 욕망이 모두 내재해 있기 때문이다. 하지만 맛있는 음식이든 또는 기타 원하는 물건이든 모두 적당한 선에서 멈출 줄 알아야 한다. 욕구불만도 안 되겠고 또 끝없이 욕심만 부리고 있어서도 안 된다.

오장의 하나인 '신腎' 역시 인체의 중요한 기관으로 비뇨기 계통에 속한다. '신'의 주된 임무는 혈액 속의 불순물을 여과시키고 체액과 전해질의 균형을 유지한 뒤 최종적으로 오줌을 만들어 요도를 거쳐 체외로 배출시키는 것이다. 동시에 내분비 기능을 통해 혈압을 조절하기도 한다.

腎
콩팥 신

신장은 몸통의 허리 부위에 위치해 있기 때문에 동물의 신장을 '요자腰子(콩팥)'라고도 한다. '요腰'는 본래 '옆구리에 바싹 붙어 있거나 가슴 아래의 부분'이라는 뜻이다.『후한서』에 '초왕호세요楚王

腰
허리 요

好細腰, 궁중다아사宮中多餓死'라는 내용이 나온다. '초나라 왕이 호리호리한 허리를 좋아하면 궁중에는 굶어 죽는 여자가 많아진다'라는 뜻이다. 황제의 첩이나 궁녀들은 수양버들처럼 가는 허리를 만들어 우매한 군왕의 환심을 사기 위해 음식을 절제하면서 살을 뺐다. 목숨조차도 아끼지 않고 말이다.

'요腰'의 옛 글자는 사실 '요要'였다. '요要'의 금문자 형태는 ⬚ 이렇다. 두 손을 양 허리에 대고 있는 형태로 '사람의 허리'라는 뜻이다. 예를 들어 『묵자墨子』 「겸애兼愛」 편에 '석자초영왕호사세요昔者楚靈王好士細要'라고 나와 있다. '옛날 초나라 영왕이 가는 허리를 좋아했다'라는 뜻이다.

허리는 인체의 가운데에 위치해 있어서 '탱요撐腰'는 중요한 지점에서 지탱하고 있다는 의미다. 또한 강력한 지지를 하고 있음을 의미하기도 한다. 채동번蔡東藩 등 몇몇 인물이 함께 저술한 『민국연의民國演義』에 "리위안홍黎元洪 대총통은 차오쿤曹錕이나 각 성의 독군(신해혁명 후 각 성의 지방관—옮긴이)이 버팀목이 되어주어 용맹스러운 기세가 더욱 강대해졌다"라는 내용이 나온다. 여기에서도 '버팀목이 되어준다'는 의미로 '탱요撐腰'가 쓰였다. 그 밖에도 이전에 사람들은 돈을 담는 전대를 허리춤에 찼다. 그래서 이후에는 '요전만관腰纏萬貫(허리춤에 많은 돈을 꿰차고 있다)'으로 매우 부자라는 뜻을 나타냈다. 또한 허리를 곧추세우면 더욱 늘씬하고 커 보인다. 하지만 이런 모습과 상반되게 허리를 굽히는 모양을 나타내는 '절요折腰'는 줏대 없이 비굴하게 아첨하거나 지조를 잃어버렸다는 의미로 종종 쓰인다. 이런 내용과 관련해 이백의 시 「몽유천모음유별夢遊天姥吟留

別」에는 '안능최미절요사권귀安能摧眉折腰事權貴, 사아불득개심안使
我不得開心顏'이라는 표현이 나온다. '눈썹 찌푸리며 허리 굽혀 그깟
권세 섬겨 무엇 할까, 내 마음과 얼굴 펴게 하지는 못하리라'라는
뜻이다. 또한『진서』「도잠전陶潛傳」편에는 '오불능위오두미절요吾不
能爲五斗米折腰, 권권사향리소인야拳拳事鄕里小人邪'라는 문구가 있다.
'나는 쌀 다섯 말 때문에 허리 굽혀 향리의 소인배를 정성스레 섬길
수는 없다'라는 뜻이다.

물론 '절요折腰' 역시 늘 부정적이거나 혐오스러운 의미를 내포하
지는 않는다. 허리를 굽혀 절한다는 단순한 의미를 나타내기도 한
다. 예를 들어『청사고淸史稿』에 '태서사신환청첨근泰西使臣環請瞻覲,
정국서뫄國書, 선자언용서례先自言用西禮, 절요자삼折腰者三'이라는 내
용이 있다. '서양의 사신이 돌아보다가 정국서를 살펴보기를 청하더
니 먼저 스스로 서양의 예법을 차린 뒤 허리를 세 번 숙였다'라는
뜻이다.

게다가 이런 예절 때문에 '존경하고 사모하다, 탄복하다' 등의 의
미를 내포하기도 한다. 예를 들어 마오쩌둥의『심원춘沁園春』「설雪」
편에 '강산여차다교江山如此多嬌, 인무수영웅경절요引無數英雄競折腰'
라는 표현이 있다. '강산이 이렇듯 아름다워 수많은 영웅이 다투어
허리를 굽혔다'라는 뜻이다.

四. 인체의 장기와 달은 어떤 관계를 맺고 있을까?

인체기관과 신체 부위의 명칭에 대해서 주의해야 할 점이 있다. 명칭 중 '월月'이 변으로 오는 것들이 꽤 많기 때문이다. 예를 들어 '장臟, 부腑, 간肝, 담膽, 비脾, 폐肺, 신腎, 요腰, 장腸, 두肚, 복腹, 위胃' 등이 있다. 도대체 왜 이런 현상이 생겼던 걸까? 오장육부는 달과 어떤 관계를 맺고 있는 것일까?

月
달 월

사실 '월月'이라는 변은 두 가지로 나뉜다. 첫 번째는 해와 달을 말하는 '월月'이다. 갑골문자 형태는 ☽ 이렇고 마치 아직 가득 차지 않은 달 같다. 두 번째는 '육肉'으로 이것의 소전체 형태는 ☽이렇다. 하지만 '육肉'의 소전체 형태는 '월月'의 소전체 형태와 기본적으로 거의 차이가 없다. 그래서 한자가 예서와 해서로 발전해가는 단계에서 변으로 쓰인 '육肉'과 해와 달의 '월月'은 완전히 하나로 합쳐지게 됐다. 예를 들어 몽롱朦朧(희미하다)과 비반肥胖(뚱뚱하다)의 좌변은 동일하게 모두 같은 형태가 와 있다.

또한 전통의학적 관점에 근거해서 보자면 달이 차고 기우는 변화를 맞는데 그것도 역시 달의 모습으로 인체의 상태와 일정한 관계를 맺고 있다는 것이다. 예를 들어 『황제내경』「소문」편에 '월시생月始生, 즉혈기시정則血氣始精, 위기시행衛氣始行. 월곽만月郭滿, 즉혈기실則血氣實, 기육견肌肉堅. 월곽공月郭空, 즉기육감則肌肉減'이라는 내용이 있다. '초승달 때부터 기혈이 잘 운행하기 시작하며 위기도 순조롭게 잘 통행한다. 보름달 때부터 체내의 기혈이 충실해지고 근육은 튼튼해진다. 그믐달 때부터 인체의 근육이 약해진다'라는 뜻이다. 여기에서 '위기衛氣'는 인체의 혈관 밖에서 운행되는 것을 의미한다. 즉 피부나 근육 사이에서 운행하는 기를 뜻하는 것이다.

그런가 하면 '위기'의 역할에 대해 『황제내경』「영추靈樞」 편에서는 '위기자衛氣者, 소이온분육所以溫分肉, 충피부充皮膚, 비주리肥腠理, 사개합자야司開闔者也'라고 보았다. '위기는 우리 몸을 따뜻하게 하고 피부를 충실하게 하며 땀구멍을 여닫는다'라는 뜻이다. 다시 말해 위기는 안팎으로 모든 장기의 근육조직을 따뜻하게 할 뿐만 아니라 피부와 피하 근육 사이의 틈에 영양분을 주입하고 땀구멍을 열고 닫으며 피부의 표면을 보호해 외부 요소의 침입을 막는 역할을 한다는 것이다.

이처럼 달의 모양이 인체에 영향을 미친다는 전통적인 관념은 사실 현대의학에서도 증명되었다. 또한 현대과학은 달의 인력작용과 지구 자장의 상호작용에서 착안하고 연구과정의 증명을 통해 달의 인력작용과 지구 자장의 상호작용이 인체의 호르몬, 체액, 전해질 등에 영향을 미친다고 보았다. 또한 이러한 영향은 생리와 심리에도 변화를 준다고 생각했다. 예를 들어 혈압이나 심장박동률의 변화 등이 그렇다. 심각한 상황에서는 질병을 유발할 수도 있고 심지어는 범죄의 동기를 촉발할 수도 있다.

바로 이런 점에서 전통문화에 대한 현대적이고 과학적인 연구가 얼마나 중요한지 알 수 있다. 전통문화 속으로 깊숙이 파고들어가 부단히 탐구하고 진실을 찾아내야 하는 것이다.

이어서 '월月'이 변으로 쓰였을 때 형태가 변하는 현상에 대해 간단히 이야기해보려고 한다.

상하구조로 이루어진 한자에서 아랫부분에 '월月'이 위치할 때 '월'의 첫 번째 '삐치는' 획은 대개 '수직으로 곧게 세우는' 모양으로 변한다. 예를 들어 '소宵'와 '신腎' 등이 있다. 미적 관점에서 봤을 때 한자의 글쓰기를 맺는 과정에서 반드시 따라야 하는 규칙 중 하나다. 비슷한 예로 '토土'가 있는데 이 한자는 다른 한자의 좌변에 올때 마지막 한 획인 '가로획'의 끝을 살짝 '끌어올려'야 한다('타坨')

그 밖에도 '오장五臟'과 '오관五官'의 대응관계에 따라 '신腎'이 '이耳'를 주관하게 된다. 따라서 오관 중의 '이耳'를 빠뜨려서는 안 될 것 같다.

耳
귀 이

'이耳'의 갑골문자 형태는 ◇ 이렇다. 사람의 겉귀의 귓바퀴 형상을 하고 있다. 그래서 사람의 귀를 의미하기도 하고 시간이 흐르면서 동물의 귀도 의미하게 됐다. 귀는 중요한 청각기관으로 말을 듣는 것이 주요한 기능이다. 그렇기 때문에 '이순耳順'은 처음에 다른 사람의 말을 들을 때 그중에 있는 미묘한 뜻을 듣고 알 수 있다는 뜻을 지니고 있었다. 한편 이런 능력은 하룻밤 사이에 길러지지 않는다. 일반적으로는 긴 시간의 경험과 축적이 필요하다. 그래서 이후에 '이순'이 '60세'라는 나이를 의미하게 된 것이다.『논어』「위정爲政」편에 따르면 '육십이이순六十而耳順'이라고 나와 있다. '예순에는 무슨 일이든 듣는 대로 순조롭게 이해를 하게 되다'라는 뜻이다. 또한 청나라 때 양소임梁紹壬의『양반추우암수필兩般秋雨庵隨筆』「불백不白」편에 '진태부구산선생陳太仆句山先生, 연유이순年逾耳順, 수상전흑須尚全黑'이라는 표현이 있다. '태복 진구산 선생은 나이 이순이 넘었는데도 수염이 아직 전부 검어지지 않았다'라는 뜻이다.

전통문화에서 경청 역시 사람의 내적인 수양을 가늠할 수 있는 중요한 요소다. 일례로 '성聖' 자의 과거 글자 형태에는 귀가 포함돼 있었다. '성'의 금문자 형태는 이렇다. 윗부분은 '이耳'와 '구口'이고 아랫부분의 사람의 형상인 것이다. 옛사람들이 생각하는 성인과 현인은 바로 잘 듣고 잘 말할 줄 아는 사람으로 이 두 가지가 반드시 필요했음을 알 수 있다. 바로 '겸청즉명兼聽則明, 편신즉암偏信則暗'에서 의미하는 바와 같다. 이 문구는 '여러 방면의 의견을 들으면 시비를 잘 구별할 수 있고, 한쪽의 말만 믿으면 사리에 어둡게 된다'는 뜻을 지니고 있다.

이처럼 고대의 성인과 현인들이 지녔던 지혜는 현대의 지혜와 비교하기 어렵다. 하지만 자기 자신에서부터 시작해 우수한 문화를 이해하고 뜨겁게 사랑하고 발전시키면 더욱 깊은 지혜를 가질 수 있다. 모든 현대인이 기꺼이 앞장서서 해야 할 일이다. 그렇게 하기 위해서는 자신의 귀와 입을 잘 이용해 우수한 문화를 경청하고 흡수해야 한다. 또한 전통문명을 연구하고 널리 알려야 한다. 이렇게 하면 더욱 깊은 지혜를 얻을 수 있고 그 지혜 앞에서 허리를 굽히게 될 것이다.

숫자 가족

제 1 장

수와 숫자의 내력

이번 장에서는 다음의 한자들에 대해 이야기를 나누려고 한다.

數	契	鍥	算	籌	一	四
셈 수	맺을 계	새길 계	셈할 산	산가지 주	한 일	넉 사

五	七	八	十	廿	卅	世
다섯 오	일곱 칠	여덟 팔	열 십	스물 입	서른 삽	인간 세

一. '수數'란 무엇일까?

'수'는 우리 삶의 언제 어디서든지 늘 존재한다. 어렸을 때 '수 세기'를 배우면서부터 초등학교, 중학교, 고등학교에서 수학을 필수과목으로 배우고 또 사회에 진출한 이후에 거의 모든 사람이 하는 업무에서도 적든 많든 숫자와 관계 맺고 있다. 그런가 하면 매일 매일의 삶은 더욱이나 여러 형태로 존재하는 '수'와 긴밀한 관계를 유지하고 있다. 시간을 계산할 때도 숫자가 필요하고 날씨의 온도를 판단할 때도 숫자가 필요하다. 외출해서 물건을 구입하고 소비를 할 때도 숫자가 필요하며 전화로 연락을 취할 때 역시 마찬가지다. 밥을 짓고 요리를 할 때도 '수'에 근거해 식자재와 양념의 배합 비율을 조절할 수 있다. 한마디로 '수'는 존재하지 않는 곳이 없다.

그렇다면 도대체 무엇이 '수數'일까? '수'라는 글자의 갑골문 형태는 현재 출토된 갑골문 잔여 조각에서 찾아볼 수가 없다. 혹자는 '수'의 기타 고문자 형태와 역사적 자료를 종합해 추론해보기도 했다. 형태로 봤을 때 '수'가 지닌 최초의 의미는 분명 '손으로(글자의 오른쪽 변) 새끼의 매듭을 묶다(글자의 왼쪽 변)'라는 의미를 지녔을 것이라고 추측했던 것이다. 옛사람들이 새끼로 매듭을 지어 숫자를 세었던 일종의 원시적 기록방식을 반영했다. 『주역』「계사」편에 '상고결승이치上古結繩而治'라는 문구가 나온다. '먼 옛날에는 새끼로 매듭을 묶어서 세상을 다스렸다'라는 의미다. 동한시대에 와서 허신은 『설문해자』에 '수數, 계야計也'라고 적었다. '수는 계다'라는 뜻이다. 그렇다면 무엇이 '계計'일까? 또 '계計, 회야會也. 산야筭也'라고 적

數
셈 수

었다. '계는 회이고 산이다'라는 뜻이다. 조금 더 나아간 고증에 따르면 '산筭'은 고대에 '산算'의 또 다른 표기 형태라고 한다. '산筭, 수야數也. 종죽종구從竹從具. 독약산讀若算'이라는 문구도 있다. '산筭은 수다. 죽竹과 구具가 합쳐져 산筭이라고 읽는다'라는 뜻이다. '수학數學'과 '산술算術' 간의 관계를 여기에서 알아볼 수 있다. 또한 이런 근거를 통해 소위 '수'는 계산이라는 점을 추론해볼 수 있다. 『좌전』「은공오년隱公五年」 편에는 '귀이음지歸而飮至, 이수군실以數軍實'이라는 문구가 있다. '종묘로 돌아와서 사실을 보고하고 연회를 베풀어 군수를 세다'라는 뜻이다. 즉 대략적인 의미는 '돌아온 뒤 제사를 올려 종묘에 보고를 마치고서 군대의 인원과 물자와 전리품의 수량을 철저히 점검한다'는 것이다. 『장자』「추수秋水」 편에 '분칙대자여주噴則大者如珠, 소자여무小者如霧, 잡이하자불가승수야雜而下者不可勝數也'라고 나와 있다. '그가 재채기를 하며 침을 뿜어내면 큰 것은 구슬과 같고, 작은 것은 안개와 같은데 크고 작은 것이 뒤섞여 떨어져 그 숫자를 이루 다 헤아릴 수 없다'라는 뜻이다. 앞에 든 두 가지 예에서 나온 '수'는 모두 계산을 의미하는 '수'였다. 따라서 이런 의미에서의 '수'는 '헤아릴 수'로 보는 게 맞다.

물론 '수'의 독음과 뜻은 하나만 있는 게 아니다. 중국의 한자 사전인 『사해辭海』 등 권위 있는 참고도서에 기록된 바에 따르면 '수'는 '헤아릴 수(중국어 병음 [shǔ])'뿐만 아니라 '숫자 수(중국어 병음으로 [shù])'와 '자주 삭(중국어 병음으로 [shuò])'의 독음에다 무려 10여 종의 의미도 갖고 있다. 일례로 '숫자 수'로 읽을 때의 '수[shù]'는 '숫자'를 의미한다. 『장자』「추수」 편에 '호물지수위지만號物指數謂之萬'이라고 나와 있는데, '사물의 수량을 이르기를 만萬이라 한다'라는 뜻이다. '자주 삭'이라고 읽을 때는 '여러 번, 다수'의 의미다. 『논어』「이인里 仁」편에 '붕우삭朋友數, 사소의斯疏矣'라는 문구가 있다. '만일 친구 사이에 너무 자주 만나면(친구에게 자주 솔직하게 충고를 한다는 해석도 있다) 금세 관계가 소원해지게 된다'라는 뜻이다. 그 외의 '수'의 의미 들은 '계산'의 의미를 기반으로 점차 발전해가면서 만들어진 것이다.

二. 옛사람들은 어떻게 수를 셌을까?

계산은 인류사회가 탄생한 바로 그날부터 맞닥뜨려야 할 문제였 다. 그렇다면 옛사람들은 이 문제를 어떻게 해결했을까? 새끼로 매 듭을 지어 계산한 것 이외에 그들은 어떤 계산의 수단과 방법을 활 용했을까? 익히 아는 바와 같이 세계에 대한 인간의 관찰과 생각과 인식은 늘 가까운 곳에서 먼 곳으로, 익숙한 것에서 생소한 것으로 의 보편적인 규칙을 따랐다. 인류의 사색의 발전 역시 단순함에서 복 잡함으로 나아가는 과정이었다. 이러한 사고의 맥락에 근거해 아득 한 옛날 선조들의 수에 대한 최초의 생각과 표현도 분명히 주변에 있 는 익숙한 사물과 쉽게 손에 넣을 수 있는 물건을 통해 발전했을 것 이다. 현대의 물질세계는 더할 나위 없이 풍부하다. 각양각색의 물품 이 도처에 가득 채워져 있다. 그런 이유로 간혹은 결정 장애를 겪기 도 한다. 하지만 원시사회에서 물질이 극도로 빈곤한 조건에 처했던 옛사람들의 입장에서는 이런 선택권은 거의 없었다. 이런 상황에서 자신의 신체 부위를 사물을 측량하는 척도로 활용했던 것처럼 수를 세는 데도 자신의 신체 부분을 이용했던 것이다. 예를 들어 열 개의 손가락으로 계산하는 것은 옛사람들에게 있어서 가장 자연스럽고 간단한 선택이었다. 고대 그리스의 위대한 철학자인 아리스토텔레스가 언급했던 바와 같이 현재 10진법의 광범위한 사용은 그저 절대 다수의 사람들이 열 개의 손가락이 있었기 때문이라는 해부학적 사실의 결과에서 비롯되었다. 수학의 등장은 처음부터 사람이 손가락을 이용해 계산을 했던 단순하고 소박한 표현방식과 관계가 있다.

하지만 손가락으로 계산을 하는 데는 뻔히 보이는 한계가 있다. 사람에게는 손가락이 열 개밖에 없기 때문에 만일 10 이상의 숫자를 표현하려면 어떻게 해야 했을까? 이때 주변에 자주 보이는 돌멩이들을 이용하는 것이 바로 고대인들의 또 다른 선택이었다. 돌멩이를 바닥에 늘어놓고 필요한 만큼 사용하는 것 역시 간단하고 직관적인 계산방식이었던 것이다. 문제점이라면 돌멩이 더미는 쉽게 훼손되고 보존도 여의치가 않았다는 것이다. 그래서 훨씬 실용적이고 효과적인 도구와 방법이 필요했다. 이런 환경에서 새끼로 매듭을 지어 계산하거나 나무 혹은 짐승의 뼈 등 물체의 표면에 흔적을 새겨 계산하는 방식은 경제활동의 보조수단으로서 문자 발명 이전에 옛사람들이 가장 많이 활용했던 두 가지 계산방식이 되었다.

말이 나왔으니 잠깐 언급하고 지나갈 내용이 있다. 기록이나 기재의 의미에서 '기記'와 '기紀'는 서로 통하는 데가 있다. 그래서 '기수記數'를 쓰는 사람도 있었고 '기수紀數'를 사용하는 사람도 있었다. 한편 '계수計數'의 '계計'는 통계와 계산의 의미를 지닌다. '계計'가 지닌 '계산'의 의미는 이 글 속에 상세히 서술하고자 하는 의미를 정확하게 반영하고 있다. 즉 옛사람들이 '수數'의 개념을 어떻게 표현했고 숫자를 계산했는지를 말이다. 그래서 여기에서는 '수를 계산하다'라는 의미의 '계수計數'라는 단어를 통일적으로 썼다. 하지만 다른 글자를 인용할 때는 본래의 표기법을 그대로 채용했다.

다시 본론으로 돌아가 새끼로 매듭을 지어 계산하고 흔적을 새겨 계산했던 두 가지 오래된 계산방식은 모두 긴 시간과 넓은 공간에서 광범위하게 응용됐다. 그렇게 송나라 이후까지 남방 지역에서는 새끼로 매듭을 지어 계산하는 방식이 쓰였다. 더욱 자세한 관찰로 얻은 정보에 따르면 새끼로 매듭을 지어 계산한 방식은 20세기 중반까지 중국 윈난雲南 성의 소수민족 지역에서 내내 지속되고 있었다. 게다가 중국에서뿐만 아니라 세계 각 지역의 여러 민족도 유사한 계산방법을 갖고 있었다. 고대 페루의 잉카족(인디언의 한 주류)이 매듭을 짓는 데 이용한 끈을 퀴푸스quipus라고 하는데 이를 통해 표시한 숫자가 매우 정확하고 완벽해 장부상의 계산 또는 인구수나 세수를 기록하는 데 쓰였다고 한다. 한편 오늘날에 들어서는 유럽, 아시아, 아프리카 대륙의 일부 지역에서 몇몇 목동이 막대기에 새기는 방식을 이용해 가축 수를 계산했다.

문자는 문화를 반영한다. 중화민족의 원시문명과 관련해 상고시대 선조들의 생활방식이나 사고방식 등은 한자의 고대 형태를 분석하면서 조금이나마 엿볼 수 있다. 앞에서 언급했듯이 '수數' 자의 고문 형태는 새끼를 묶어 계산한 고대문화 현상을 반영했다. '계契'를 비롯한 일부 글자도 고대인들이 흔적을 새겨 계산했던 습관을 반영

契
맺을 계

하고 있다. 고증에 따르면 '계契' 자의 갑골문 형태는 현재 윗부분만 남아 있는데 소전체 형태인 𡞻 이런 모습과 거의 흡사하다. 오른쪽 변은 칼 한 자루이고 왼쪽 변은 새겨 넣은 선을 의미한다. 따라서 '계'는 본래 '새기다'의 의미를 지니고 있다. 대부분 나무에 새기기 때문에 시간이 흘러 아랫부분에 '나무 목木'이 더해져 '새길 계栔'가 된 것이다. 다시 시간이 흘러 아랫변의 '목木'이 '큰 대大'로 잘못 표기되면서 비로소 현재의 '계契' 자 형태가 완성됐다. 한나라 유희의 『석명』「석서계釋書契」 편에 따르면 '계契, 각야刻也, 각식기수야刻識其數也'라고 나와 있다. '계는 각이다. 새겨서 숫자를 기억한다'는 뜻이다. '계'가 바로 '각'이며 계각, 즉 새기는 목적은 숫자를 기억하는 데 도움을 주기 위해서였음을 정확하게 설명하고 있다. 『시경』「면綿」 편에 따르면 '원계아구爰契我龜'라는 문구가 나오는데 '거북의 등딱지에 문자를 정확히 새긴다'라는 말이다. 이후에 '계契' 역시 짐승류의 갑골이나 죽목간竹木簡에 새긴 글자를 대신 지칭하는 데 쓰였다. 『주역』「계사」 편에 따르면 '상고결승이치上古結繩而治, 후세성인역지이서계後世聖人易之以書契'라고 나와 있다. '상고에는 노끈을 묶어 세상을 다스렸으나 뒷날 성인이 나타나 이를 서계書契로 바꾸었다'는 뜻이다. 다시 말해 후대에는 문자를 이용해 상고시대에 새끼를 묶어 기록한 것을 대체했다는 것이다. 여기에서 '서계書契'는 문자를 의미한다. 이처럼 문자를 새긴 죽목간은 계약을 맺는 관계의 증거로 종종 쓰였기 때문에 '계契'와 '서계書契' 역시 계약의 의미를 지녔다. 현재 자주 쓰이는 '지계地契(땅문서)'나 '방계房契(집문서)' 같은 단어의 의미도 바로 여기에서 기원했다. '계契' 자가 '묵계默契' 등의 단어에서 의기투합의 의미를 뜻하는 것은 이후에 발전되면서 생겼다.

현재 혹자는 '계契' 자를 쓸 때 오른쪽 상단의 '도刀' 옆에 점 하나를 더해 '칼날 인刃'으로 적는데, 이는 잘못된 것이다. '계' 자는 '새기다'라는 뜻이고 글자의 형태는 '도刀'에서 비롯됐음을 기억해야 한다.

그 밖에도 '새기다'라는 의미의 '계'는 이후에 쇠 금金 자 변이 더해져 '계鍥'로도 쓰였다. 금속 칼로 조각한다는 뜻이다. 고사성어 '계이불사鍥而不舍'의 본래 의미는 하나의 물건에 조각을 할 때 포기하지 않고 계속 새긴다는 것이다. 이 성어는 끝까지 일을 해내고 중도에 포기하지 않는 의지가 있으며 꾸준한 마음이 있음을 비유하는 데 쓰인다. 『순자荀子』「권학勸學」 편에 '계이사지鍥而舍之, 후목부절朽木不折. 계이불사鍥而不舍, 금석가루金石可鏤'라는 문구가 있다. '새기다가 그만두면 썩은 나무에도 새길 수 없다. 그러나 새기기를 그만두지 않는다면 쇠나 돌에도 새길 수 있다'라는 뜻이다. 본래의 의미에 근거해 이해해볼 수도 있고 다른 비유적 의미를 통해 이해해볼 수도 있는 문구다.

鍥 새길 계

새끼를 묶어 계산하고 흔적을 새겨 계산한 데 이어 현명했던 옛사람들은 더욱 효율이 높은 계산방식을 또다시 발명해냈다. 그들은 대나무, 나무, 짐승의 뼈 같은 재료를 이용해 길이나 굵기가 거의 비슷한 작은 막대기들을 만들어 숫자를 계산하는 데 활용했다. 사용하지 않을 때는 막대기들을 작은 주머니에 넣어 보관하거나 휴대했다. 이런 작은 막대기들을 '산주算籌(산가지)'라고 불렀다. 『설문해자』에 따르면 '주籌, 호시야壺矢也'라고 나와 있는데 '산가지는 투호의 화살이다'라는 뜻이다. 『한서』「오행지五行志」 편에 따르면 '주籌, 소

算 셈할 산

籌 산가지 주

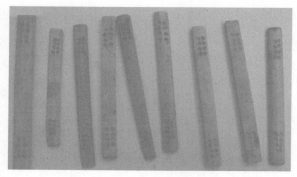

산주

이기수以紀數'라고 나와 있는데 '산가지로 수를 기록하다'라는 뜻
이다. '주籌'는 원래 계산에 이용하는 작은 막대기를 의미했다. 대부
분 대나무를 이용해 제작했기 때문에 글자 형태도 '죽竹'에서 비롯
됐다. 한편 '산算'은 원래 대나무로 제작한 도구를 이용해 계산한다
는 뜻이다. 이 두 글자를 한데 합쳐 만들어진 합성어가 바로 '주산
籌算'과 '산주算籌'다. 시간이 흐른 뒤 '주'와 '산' 각자 '계산'의 의미에
서 '계획'이라는 새로운 의미가 파생됐다. 현재 자주 쓰이는 주획籌
劃(기획하다), 주모籌謀(방법을 세우다), 타산打算(계획하다), 실산失算(잘
못 계산하다) 같은 단어의 의미도 모두 이렇게 생겨난 것들이다.

산가지는 중국 고대에 광범위하게 쓰였던 계산도구다. 산가지의
등장 연대는 현재 고증이 어렵지만 역사적 자료에 근거한 추측에 따
르면 늦어도 춘추 말기나 전국 초기에 출현했을 것이다. 산가지의
제작방법과 작은 크기와 휴대의 편리성과 정확한 계산 때문에 하나
의 계산방식으로 자리매김하게 됐다. 분명 새끼를 묶어 계산하거나
흔적을 새겨 계산하는 것보다 훨씬 안정적인 방법인 듯하다. 이처럼

명확한 현실적 편리 때문에 주판이 발명되고 확산되기 전까지 산가지는 중국 고대에 가장 중요한 계산도구였다. 산가지 계산법은 십진법을 기본으로 한다. 세계 수학사상 위대한 창조이자 세계사에서 다른 고대민족의 계산법과 비교했을 때 분명한 우월성을 지니고 있다.

여기까지 이야기하다 보니 중국 고대 수학에서의 위대한 성취는 '수'에 대한 옛사람들의 지대한 관심과 긴밀한 관계가 있음을 언급해볼 필요가 있다. 『후한서』 「장형전張衡傳」 편에 소위 '통오경관육례通五經貫六藝'라는 문구가 있다. '장형의 박학다식함이 고서에 정통해 여러 가지 재주를 갖추고 있다'라는 뜻이다. 여기에 나오는 '육례六藝'의 뜻에 대해 요즘에는 여러 해석이 있다. 그중 『주례周禮』 「보씨保氏」 편에 따르면 '양국자이도養國子以道, 내교지육례乃教之六藝. 일왈오례一曰五禮, 이왈육악二曰六樂, 삼왈오사三曰五射, 사왈오어四曰五馭, 오왈육서五曰六書, 육왈구수六曰九數'라고 나와 있다. '국자國子를 도道로 기르는데 먼저 육례六藝를 가르친다. 육례의 첫째는 오례五禮, 둘째는 육악六樂, 셋째는 오사五射, 넷째는 오어五馭, 다섯째는 육서六書, 여섯째는 구수九數이다'라는 뜻이다. '육례六藝'는 주나라 관학官學에서 학생들에게 갖추라고 요구한 여섯 가지 기본 재능으로 예禮(예용), 악樂(음악), 사射(궁술), 어御(마술馬術), 서書(서도), 수數(수학)를 이른다. 여기에서 알 수 있듯이 '수'에 대한 옛사람들의 학습과 교육의 욕구가 당시에 이미 정식으로 교육체계에 편입돼 있었다. 바로 이런 이유 때문에 이후의 산가지와 주판 등 계산도구의 발명이나 『주비산경周髀算經』, 『구장산술九章算術』, 『해도산경海島算經』, 『철술綴術』 같은 수학경전이 등장할 수 있었던 것이다.

三. 숫자는 어떻게 만들어졌을까?

동진東晉시대의 갈홍葛洪은 자신의 저서 『포박자抱樸子』 「균세鈞世」 편에 '약주차지대보섭若舟車之代步涉, 문묵지개결승文墨之改結繩, 제후작이선어전사諸後作而善於前事'라고 언급했다. '만일 배와 수레로 강을 건너고 길을 걷는다면, 글을 지어 새끼로 매듭 묶는 것을 대신한다면 앞으로는 일을 하는 데 이전보다 더 잘할 것이다'라는 뜻이다. 시간이 흐르면서 인류 문명의 수레바퀴가 힘차게 앞으로 나아갔다. 중국의 먼 옛날 선조들은 간단한 선을 이용해 자신들이 느꼈던 세상을 새기거나 그렸고 자신의 생각을 기록했다. 문자는 이렇게 점차 발생하게 된 것이다. 그런가 하면 숫자를 문자로 표현하면서 '일一, 이二, 삼三' 등이 생겨났다.

먼저 등장한 한자가 '일一'이라는 점은 어렵지 않게 추측해볼 수 있다. 가장 간단한 한자로 지극히 단순한 가로획 하나에는 무한한 가능성이 내포돼 있다. 모든 것은 '일一'에서부터 시작하기 때문이다. 『사기』 「율서律書」 편에 이르기를 '수시어일數始於一'이라고 했다. '수는 일에서 시작된다'는 뜻이다. 다시 말해 '일一'은 모든 자연수가 발생한 근원이라는 것이다. 한편 중국 고대철학은 '일一'을 최고로 높은 만물의 근원이라고 보고 있다. 노자는 『도덕경』에 '도생일道生一, 일생이一生二, 이생삼二生三, 삼생만물三生萬物'이라고 언급했다. '도는 하나를 낳고, 하나는 둘을 낳고, 둘은 셋을 낳고, 셋은 만물을 낳는다'라는 뜻이다. 다시 문자학 자체로 돌아와서 고대문자의 형태 분석을 통해 혹자는 '일一'에 대해 이런 해석을 내놓기도 했

一

한 일

다. 먼저 '일一'은 하늘을 대표한다. 예컨대 '우雨' 자의 전서篆書 형태는 　이렇다. 윗부분의 가로획이 바로 '일一'인데 비가 하늘에서 내리고 있음을 의미한다. 또한 땅을 의미하기도 하는데 '립立' 자의 경우 갑골문자 형태는 　이렇다. 아랫부분의 가로획 역시 '일一'로 땅 위에 서 있음을 의미하는 것이다.

'이二'와 '삼三'은 '일一'의 토대 위에서 생긴 것이다. 하지만 '사四'로 접어들면서 여러 개의 선을 중첩해놓은 방식은 번잡한 느낌을 주기 시작했다. 사실 숫자 '사四'는 분명 한자 속에서 네 개의 가로줄을 이용해 표현하는 표기법을 갖추고 있었다. '사四'의 갑골문자 형태는 　이렇다. 금문자에서 유사한 표기법이 보였으며 심지어 전서체에서도 나온 적이 있다. 하지만 현재의 '사四'는 한자의 발전과정에서 또 다른 경로를 통해 만들어졌다. 즉 기존의 글자 형태를 빌려서쓴 것이다. 현재 볼 수 있는 '사四'의 가장 최초의 표기법은 금문 형태인 　이런 모양이다. 혹자는 이 형태는 코로 숨을 내쉬는 모양을 의미한다고 말한다. 또 혹자는 코에서 물이 흐르는 것과 같다고 봤다. 즉 '콧물'의 의미라고 간주한 것이다. 이런저런 의견과 상관없이 숫자를 의미하는 '사四'는 독음의 관계로 말미암아 차용된 것이다. '사'가 지녔던 본래의 의미는 이제 남아 있지 않다.

'오五'의 갑골문자 형태는 　이렇다. 두 줄의 끈이 교차하는 모양과 같다. 이것에 대한 한 가지 해석은 옛날 새끼로 매듭을 지어 계산했던 데서 기인해 끈의 교차를 '오五'의 기록으로 보았다. 또 다른 해석은 '오五'는 본래 '엇갈림'을 의미했다가 시간이 흘러 숫자로 쓰였다고 보았다.

四
넉 사

五
다섯 오

七
일곱 칠

八
여덟 팔

十
열 십

廿
스물 입

卅
서른 삽

'칠七' 자는 꽤 재미있다. '칠'의 갑골문 형태는 十 이렇다. '십十'과 거의 유사하다. 가로획에 세로획 하나가 더해져 '절단'을 의미한다. 이 글자의 형태가 숫자 '칠'로 차용된 뒤 원래의 의미로 쓰일 때는 옆에 '도刀'의 형태가 더해져 '절切'이라는 글자를 형성하고 있다.

'팔八'의 갑골문 형태는)(이렇다. 서로 등을 보면서 약간 활처럼 구부러진 두 개의 필획으로 '헤어지다, 분리되다'의 의미를 지닌다. '팔'이 숫자로 쓰인 뒤에도 기존의 의미는 '팔'로 구성된 글자 속에 여전히 남아 있다. '분分'이나 '반半' 등이 그렇다.

'십十'의 갑골문 형태는 ┃ 이나 ┃ 이런 모양의 글자체와 같다. 이런 글자의 형태는 매우 단순해 보이지만 오히려 여러 가지 해석이 뒤따르고 있다. 누군가는 이 갑골문자 형태가 의미하는 바는 손바닥을 옆에서 바라본 형태라고 보고 있다. 중국 고대에는 종종 손바닥 하나로 '십十'을 표시했기 때문이다. 또 다른 누군가는 노끈에 매듭 한 개를 묶었음을 의미한다고 보고 있다. 옛사람들이 새끼를 묶는 방식으로 만들어낸 '십'의 기호라고 말이다.

'십' 위에 두 가지의 독특한 숫자를 표시한 한자가 있는데 바로 '입廿(20)'과 '삽卅(30)'이다. 이 한자에 대해 노끈을 묶어 계산한 논리로 바라보는 시각이 있다. '입'은 두 가닥의 노끈을 한데 묶었고 '삽'은 세 가닥의 노끈을 한데 묶어 '십'의 배수인 '이십'과 '삼십'을 의미하는 데 쓰였다는 주장이다. 그런가 하면 아예 '입'은 두 개의 '십'을 한꺼번에 썼고 '삽'은 세 개의 '십'을 한꺼번에 썼다는 주장도 있다. 결국 분명한 점은 '입'과 '삽'은 글자의 구성에 있어 '십'과 불가분의 관계에 있다는 것이다. 현재 이 두 글자는 책에 수없이 쓰이고 있다.

구식 달력에서 이 글자들을 자주 확인해볼 수 있다. 같은 의미를 지닌 '이십二十'이나 '삼십三十'과 비교해보면 '입'과 '삽'은 공간을 절약했을 뿐만 아니라 읽기에도 편리하다. 꽤 유용한 한자인 것이다. 중국의 고대에 '입사풍廿四風'이라는 말이 있었다. 고대인들은 소한에서 곡우에 이르는 8가지 절기의 각 절기를 3개의 후候로 나누어서 모두 24후가 되었다. 이 24후를 24가지의 개화기와 대응해 바람風이 개화기와 함께 온다고 보았다. '입사풍'으로 24차례의 꽃바람을 뜻한 것이다. 그야말로 깔끔하게 입에 착 감긴다. 청나라 양주팔괴揚州八怪(청나라 건륭제 때 양주에서 활약했던 여덟 명의 화가—옮긴이) 중 한 명인 저명한 화가 김농金農 역시 '입사교변입사풍廿四橋邊廿四風, 빙란유기구강동憑欄猶記舊江東'이라는 유명한 시구를 쓴 적이 있었다. '이십사교마다 바람이 부니 난간에 기대어 강동의 지난 일을 회상하네'라는 뜻이다. 이 구절은 고대 양주에 있던 이십사교橋(다리)의 아름다운 풍경을 묘사하고 있다.

이 시점에서 또 다른 숫자와 관련이 있는 듯한 한자인 '세世'에 대해 이야기를 해볼 필요가 있겠다. 지금 확인해볼 수 있는 가장 초기의 표기법은 '세'의 금문자 형태인 ↯ 이것이다. '삽卅'의 금문 형태 ↯와 매우 비슷하다. 사실 둘 다 '삼십'이라는 같은 의미를 지니고 있다. 중국 고대에는 30년을 '일세一世(일생)'로 보았다. 『논어』「자로」편에 '여유왕자如有王者, 필세이후인必世而後仁'이라고 기록돼 있다. '만약 왕자가 있더라도 30년 이후에야 어진 세상이 이루어질 것이다'라는 뜻이다. 이 문구를 요즘의 언어를 이용해 통속적으로 해석해보자면 '새로운 왕조가 세워지면 반드시 30년이 지난 후에야 비

世
인간 세

로소 제대로 된 발전 경로를 걸을 수 있다'라고 볼 수 있다. 시간이 흐르면서 이런 의미가 기반이 되어 '세'는 비로소 부모와 자식이 이어지는 '세대'와 일상적으로 말하는 '한평생'의 의미를 갖게 되었다.

'십' 이상의 숫자를 표시하는 한자로는 '백百, 천千, 만萬, 억億' 등이 있다. 여기에서는 이 한자들에 대해 상세히 설명하지는 않겠다. 다만 상商나라 갑골문에 대한 고고학적 발견을 통한 증명은 설명할 필요가 있다. 중국이 세계적으로 가장 일찍 십진제 계산법을 활용했던 국가라는 점을 말이다. '일, 이, 삼, 사, 오, 륙, 칠, 팔, 구, 십, 백, 천, 만, 억' 등 완결된 숫자체계가 있기 때문에 선조들은 자연수에서 나온 어떤 수라도 정확히 표시할 수가 있었다. 그러면서 동시대 세계사에 존재했던 다른 문명들을 앞서갈 수 있었다. 그리고 이런 계산방식은 지금까지 이어져 내려오고 있다.

숫자는 옛사람들이 세상을 인식하고 상세히 해석하는 방식이다. '수'에 대한 옛사람들의 표현을 통해 그들의 내면세계를 돌이켜볼 수 있다. '수'라는 글자 자체는 옛사람들이 과거에 어떻게 계산했는지 그 신비한 베일을 벗겨준다. 중국어 숫자의 체계인 일반 숫자와 갖은자 숫자로 미루어 '수'를 사용했던 옛사람들의 지혜를 엿볼 수 있다. 한편 이런 것들은 중화민족이 지닌 숫자문화의 웅대한 전당의 일면일 뿐이다. 이러한 '수'의 세계로 들어가 선조들이 창조해낸 찬란한 문화를 깊이 느끼고 '수'에 담긴 수없이 많은 신비를 탐색할 수 있다.

왜 획을 많고 적게 하여 숫자를 구분해 썼을까?

한자는 왜 획을 달리 해서 두 세트로 숫자를 표기했을까? 한자의 보통 숫자체만으로는 부족했을까? 갖은자 숫자인 '일壹, 이貳, 삼叄, 사肆, 오伍, 륙陸, 칠柒, 팔捌, 구玖, 십拾, 백佰, 천仟'은 어떻게 등장했을까?

명나라 말에서 청나라 초기의 유명한 사학자이며 사상가이자 언어학자였던 고염무顧炎武의 저서 『금석문자기金石文字記』「대악관조상기岱嶽觀造像記」 편에 따르면 당나라의 여황제 무측천武則天 시기에 세운 비석에 갖은자 숫자가 새겨져 있었다고 한다. 고염무는 '범수자작일이삼사오륙칠팔구등凡數字作壹貳三肆伍陸柒捌玖等, 개무후소개급자제자皆武後所改及自制字'라고 추측했다. '무릇 숫자 일壹, 이貳, 삼叄, 사肆, 오伍, 륙陸, 칠柒, 팔捌, 구玖 등은 모두 측천무후가 고쳐 스스로 만든 글자다'라고 말이다.

한편 동시대의 시문 중에도 갖은자 숫자의 흔적을 발견할 수 있다. 중국 송나라 때 송조체宋朝體로 간행된 백거이白居易의 시문집 『백씨장경집白氏長慶集』의 「논행영상청륵위박등사도병마각수본계사論行營狀請勒魏博等四道兵馬卻守本界事」 편에 이런 묘사가 있다. '황기군일월지비況其軍一月之費, 계실전이십칠팔만관計實錢貳拾漆(柒)捌萬貫'이라는 구절이다. '하물며 군의 한 달 비용 헤아리니 실제로 이십칠팔만 관이다'라는 뜻이다.

명나라 때 들어서서는 장부 계산에 기입하는 숫자가 일률적으로 갖은자 숫자로 바뀌었다. 왜 그랬을까? 유명한 공금횡령사건 때문이었다. 명나라 홍무洪武 18년에 당시 호부시랑을 지내던 곽환郭桓이라는 인물이 각 성의 관리들과 결탁해 부정을 저질렀다. 장부 계산상의 숫자를 의도적으로 고쳐 정부의 곡식을 훔쳐 팔았는데 연루된 금액이 어마어마했다. 사건이 발생한 뒤 명나라 태조 주원장朱元璋은 곽환 등 위아래 급 관리수만 명에게 벌을 내리라는 명령을 내렸다. 동시에 경제 사범들을 처벌하는 엄격한 법령을 제정했고 장부 계산상의 숫자를 일률적으로 쉽게 지우고 고칠 수 없는 갖은자 숫자를 쓰도록 정했다. 갖은자 숫자의 사용은 사실상 재무 관리상의 기술적 방비 수단이었던 것이다. 하지만 이것은 주원장이 발명한 것이 아니었다.

그 밖에 일부 고고학적 발견에 따르면 일찍이 서기 4세기경 사람들은 의식적으로 문서에 갖은자 숫자를 쓰기 시작했다고 한다.

이러한 논리를 종합해 혹자는 다음과 같은 결론을 내렸다.

'갖은자 숫자는 노동하는 백성이 오랜 기간 동안의 사회활동 속에서 발명하고 창조해낸 것이다. 무측천은 민간의 표기법을 답습해 갖은자 숫자를 대대적으로 장려했다. 그렇게 갖은자 숫자는 광범위하게 보급된 것이다. 주원장은 국가가 경제 분야를 정비해야겠다는 의지에서 출발해 전국적 범위에서 완결된 갖은자 숫자를 강제적으로 쓰도록 명령했다. 이로써 갖은자 숫자의 사용이 완비되고 규범화됐다.'

오늘날에 들어서는 보통 숫자체인 '일一, 이二, 삼三, 사四, 오五, 륙六, 칠七, 팔八, 구九, 십十, 백百, 천千'이 일상적인 상황에서 쓰이고 있다. 하지만 수표, 계약서, 장부 등 특수한 곳에 기입할 때는 '일壹, 이貳, 삼叁, 사肆, 오伍, 륙陸, 칠柒, 팔捌, 구玖, 십拾, 백佰, 천仟'을 쓴다.

제 2 장

가장 작은 수와
가장 큰 수

이번 장에서는 다음의 한자들에 대해 이야기를 나누려고 한다.

零	微	忽	絲	毫	毛	余
영 령	작을 미	소홀히 할 홀	실 사	가는 털 호	털 모	남을 여

餘	萬	億	兆
남을 여	일만 만	억 억	조짐 조

一. '영零'은 언제 등장했을까?

앞에서 자연수를 뜻하는 한자인 '일, 이, 삼, 사, 오, 륙, 칠, 팔, 구, 십, 백, 천, 만, 억'에 대해 이야기를 나누었다. 자세히 살펴봤다면 이처럼 죽 늘어선 순서에서 매우 중요한 요소 하나가 빠져 있다는 점을 발견했을 것이다. 바로 '영零'이다.

零
영 령

'영'은 최소의 자연수다. '모든 것은 영에서부터 시작된다'는 말을 종종 한다. 하지만 '수'에 대한 선조들의 인식은 '영'부터 시작한 것이 아니었다. 사실 다른 숫자들과 비교했을 때 '영'의 등장은 꽤 뒤늦었다. 미국의 저명한 과학 소설가인 아시모프는 저서『숫자에 대한 아시모프의 견해*Asimov on Numbers*』에 "첫 번째 숫자 부호가 계산을 시작하면서부터 무無를 표시하는 부호를 생각해내기까지 대략 5,000년이라는 시간이 필요했다"라고 언급한 바 있다.

'영'이라는 글자 자체가 매우 늦게 등장했다는 것이 아니다. '영'자는 일찍부터 존재했으나 숫자를 의미했던 것이 아니라 다른 의미를 가지고 있었던 것이다. '영'의 글자 형태는 '우雨'에서 비롯됐기 때문에 '영'의 의미가 분명히 '우'와 관련이 있을 것임은 쉽게 짐작할 수 있다.『설문해자』에 따르면 '영零, 여우야餘雨也'라고 했다. '영은 아직 남아 있는 비다'라는 뜻이다. '영'은 본래 동사로 쓰여 비가 내린다는 의미였다는 말이다.『시경』「동산東山」 편에 나오는 '영우기몽零雨其濛'은 보슬비가 내리는 정경을 묘사했다. 그중 '영우零雨'는 하늘에서 내려오는 보슬비를 뜻한다. '영'은 시간이 흐르면서 일반적으로 비, 서리, 이슬 등이 내리거나 심지어는 풀과 나무가 시들어

떨어진다는 의미를 갖게 됐다. 『초사楚辭』「원유遠遊」 편에 '도방초지
선령悼芳草之先零'이라는 문구가 나온다. '꽃다운 풀들이 먼저 시들
리라'라는 뜻이다. 또한 『유림외사儒林外史』에 따르면 '포류지자蒲柳
之姿, 망추선령望秋先零'이라고 나와 있다. '갈대와 버들의 자태는 가
을이 멀리에서 오는 것을 보고 잎이 먼저 떨어진다'라는 뜻이다. 여
기에서 '령零'은 풀과 나무가 시들어 떨어지는 형상을 의미한다. 이
런 의미에서 이후의 '영락零落(말라 떨어지다)'이나 '조령凋零(시들어 떨
어지다)'과 같은 단어가 생겼다. '낙하落下' 역시 의미가 더욱 확장돼
눈물이 아래로 흐르는 모양을 묘사했다. 『시경』「소명小明」 편에 '염
피공인念彼共人, 체령여우涕零如雨'라는 문구가 있다. '그곳에 있는 사
람을 생각하니 눈물이 비 오듯 하네'라는 뜻이다. 즉 그리움 때문에
눈물이 비가 내리듯 흐르는 상태를 묘사하고 있는 것이다. 요즘도
감격하여 눈물을 흘린다는 뜻의 '감격체령感激涕零'이라는 성어를
쓰는데 마찬가지의 용법이다.

한편 '영'이 '수'와 관련된 의미로 쓰일 때는 나머지나 자투리의 뜻
을 지닌다. 예를 들어 사람의 나이와 관련 있는 '삼십괘령三十掛零(삼
십이 좀 넘다)'이나 '팔십유령八十有零(팔십 정도다)'의 '령'의 의미가 바
로 그렇다. 또한 수의 빈자리를 표시하기도 한다. 예를 들어 '일백령
일一百零一(101)'이나 '삼천령이십三千零二十(3020)'에서 '숫자 0'을 의미
하는 것이다. 나머지의 용법이 '영' 본래의 의미와 약간의 관련이 있
는 반면 빈자리를 표시하는 용법은 원천적으로 관련성을 찾아보기
매우 힘들다. 아마도 분명 독음문제 때문에 쓰였을 가능성이 크다.
그렇다면 '영'은 언제부터 이렇게 쓰이기 시작했을까?

고증에 따르면 '영'이 수의 나머지를 의미하기 시작한 최초의 시기는 송나라의 문헌에 나와 있다. 북송北宋 때 포증包拯이 올린 주의奏議(임금께 올린 의견―옮긴이)인 「택관재거범상擇官再擧範祥」에 '감회범상신법勘會範祥新法…… 이년계증전오십일만육천관유령二年計增錢五十一萬六千貫有零'이라는 구절이 있다. '모여서 범상의 새로운 법을 조사해보니…… 2년 동안 셈을 해보니 51만 6,000관이 더 증가했다'라는 뜻이다. 또한 남송 때 주밀周密의 『제동야어齊東野語』에는 '중기여절기中氣與節氣, 단유반월격但有半月隔. 약요지자세若要知仔細, 양시령오각兩時零五刻'이라고 나와 있다. '중기와 절기는 다만 반개월 간격이다. 더 자세히 알려면 바로 15일 2시 5각이다'라는 뜻이다. 여기에서의 '령'은 모두 수의 나머지를 의미한다. '나머지'는 자질구레하거나 완전한 수가 되지 못한 것을 의미한다. 요즘 쓰이는 영활零活(잡일), 영전零錢(용돈), 영식零食(간식), 영수零售(소매), 영용零用(잡비) 등의 단어도 모두 여기에서 비롯됐다.

'영'의 빈자리 용법에 대해 중국의 저명한 언어학자 왕리王力의 고증에 따르면 최초로 명나라 때의 수학 저서에서 등장했으며 지면에서는 잘 쓰이지 않다가 청나라에 접어들어서야 입말로 쓰였다고 한다. 명나라 이전에는 숫자 속에 빈자리가 있을 때 그 부분은 뛰어넘고 말했다. 예컨대 '3,060,890'이라는 숫자의 경우에는 '삼백육만팔백구십三百六万八百九十'이라고 읽었다. 그러다 명청시대 이후에 들어서자 문헌 속에 '영'이 빈자리를 표시하는 용법으로 쓰였던 사실이 갈수록 많아졌다. 명나라 때의 『병과초출제본호부제위낭향고경목전난지등사兵科鈔出題本戶部題爲囊餉告罄目前難支等事』에는 '통공삼백령삼만

여량의 '通共三百零三萬餘兩矣'라는 문구가 나온다. '모두 합해 303만 량에 달한다'는 뜻이다. 여기에서 '령零'은 십만 자리의 빈자리를 의미한다. 『서유기』 98회에는 '오천령사십팔권경五千零四十八卷經'이라는 문구가 나온다. 삼장법사가 서천에서 가지고 온 불경의 권수를 뜻한 문구인데 5,048권이라는 것이다. 여기에서 '령' 역시 백의 자리의 빈자리를 의미한다. 또한 『홍루몽』 1회에는 '삼만육천오백령일괴三萬六千五百零一塊'라는 문구가 나온다. 여신 여와가 돌 3만 6,501개를 다듬는다는 데서 나온 숫자인데 여기에서의 '령'은 십의 자리의 빈자리를 뜻한다.

사실 숫자와 관련 있는 '영'의 용법이 등장하기 이전에 한자에는 '영' 이외에 또 다른 관련된 의미가 있었다. 일찍이 상주시대에 '우又'나 '유有' 등 정수나 나머지 관계를 의미하는 용례가 있었다. 은허殷墟(중국 허난河南 성의 안양安陽 현에 있는 은나라 때의 유적—옮긴이)의 복사葡辭(은나라 때 점을 본 시간, 원인, 결과 등을 짐승 뼈나 거북이 등딱지에 새겨놓은 기록—옮긴이)에 '개 15마리'를 뜻하는 '십견우오견十犬又五犬'이라는 문구가 자주 등장한다. 『논어』 「위정爲政」 편에는 '오십유오이지어학吾十有五而至於學'이라는 문구가 있다. '나는 열다섯 살에 학문에 뜻을 두었다'라는 뜻으로 여기에서는 '오십'을 뜻한다. 이후에는 '단丹', '단單', '령另' 등으로 빈자리 혹은 나머지를 뜻하는 용법이 등장했다. 『선화유사宣和遺事』에 '개일천단팔리변하開一千丹八里汴河'라는 문구가 나온다. '일천팔 리의 변하가 열리다'라는 뜻이다. 『수호전』에는 '일백단팔장一百單八將'이라는 문구가 나오는데 바로 '108명의 호걸'을 뜻한다. 『삼국지평화三國志平話』에는 '눈을 드니

이제 205년의 일이 보이는구나'라는 뜻의 '전개간지展開看之, 내이백
단오년사乃二百單五年事'와 '2시 05각'을 의미하는 '양시령오각兩時呁
五刻' 등의 문구가 있다. 남송 때 채원정蔡元定의 『율려신서律呂新書』
에는 11만 8,098을 '십일만팔천□□구십팔十一万八千□□九十八'이라는
문자로 표시했다. 여기에서 '□'는 분명 빈자리를 의미했을 것이고
고대에는 '□'에 대한 독음을 '위圍'로 읽었다. 심지어 혹자는 이후의
'○'는 '□'를 쓸 때 빠르게 쓰다가 네모난 틀이 동그라미로 변했다고
간주하기도 했다. 하지만 '우又', '유有', '단丹', '단單', '령呁', '□'의 용
법은 지리적으로나 시기적으로 제한적으로 쓰였다가 여러 가지 원
인으로 더는 쓰이지 않게 됐다.

二. '○'은 어디에서 왔을까?

숫자 0을 표시할 때 한자에는 특수한 구성원인 '○'이 있다. '○'이
특수하다고 말하는 이유는 형태가 다른 한자와 분명히 다르기 때
문이다. 한자는 네모난 글자라는 뜻의 '방괴자方塊字'라고들 한다. 그
리고 가로, 세로, 점, 삐침, 파임의 다섯 가지 기본 필획으로 구성돼
있다. 하지만 '○'은 전체 글자 형태로 보든 구성된 필획으로 보든 모
두 '한자와 동류가 아니다.' 그런데도 '○'은 한자들 틈바구니에 끼여
자주 사용된다. '2008년二○○八年'이나 '101방간一○一房間(101호)' 등
이 예다. 『현대한어사전現代漢語詞典』 등 일부 권위 있는 참고사전에
는 '○'을 중국어 발음 링[líng]으로 수록해놓았다. 이런 현상은 분명

히 'O'을 한자 대가족의 구성원의 신분으로 인정했음을 의미한다. 그러므로 'O'을 하나의 특수한 한자로 간주해도 무방하다.

'O'은 인도인들이 발명한 아라비아 숫자 '0'에서 기원했다는 게 공통적인 의견이다. 아라비아 숫자는 대략 13세기에 중국에 유입됐다. 그중의 '1, 2, 3, 4, 5, 6, 7, 8, 9'는 '일一, 이二, 삼三, 사四, 오五, 륙六, 칠七, 팔八, 구九'와 대응되지만 유독 '0'만은 외톨이였다. 물론 '영零'으로 표시할 수 있지만 획수가 많아 다른 숫자들과 어울리지 않았다. 가장 중요한 점은 한자의 수의 위치 표현과 아라비아 숫자 체계에서의 수 위치 표현 사이에 차이가 존재했다. 또한 중국어에서의 '영'은 '나머지, 끝수' 같은 의미를 지니고 있었다. 그래서 아무리 빈자리가 있다 해도 한 개의 '영'만으로도 충족시킬 수 있었다. 반면 아라비아 숫자로 수량을 표시할 때는 빈자리 개수에 맞게 '0'을 그만큼 채워 넣어야 했다. 즉 '일억령일一億零一(100,000,001)'과 '100,000,001'의 차이인 것이다. 그래서 사람들은 아라비아 숫자 '0'을 개조해 중국인들이 쉽게 받아들일 수 있는 'O'으로 만들었다는 것이다.

'0'에서 'O'에 이르기까지 형태상의 미묘한 변화만 있는 것처럼 보일 수 있다. 하지만 여기에는 외래문화에 대한 중국인들의 인식에서부터 수용까지의 일종의 독특한 현상이 드러나 있다. 더 나아가 기존의 존재에 대한 개조와 소멸에 대한 그들의 넓은 가슴과 무궁한 지혜를 엿볼 수 있다. 그뿐만 아니라 오리알 형태의 '0'은 중국 옛사람들의 '천원지방' 이념과 일치하지 않았기 때문에 둥근 모양인 'O'으로 변화시켰다. 한자에는 예로부터 '일一, 이二, 삼三, 사四, 오五,

륙六, 칠七, 팔八, 구九, 십十'이라는 한 세트의 숫자가 있는데 여기에 'O'이 더해지면서 '완벽'을 기할 수 있게 됐다. 한자의 발전사를 전체적으로 관찰해보면 외래문화의 흡수와 융합을 통해 만들어진 새로운 한자 가족 구성원이 무척 많다. 이런 새로운 구성원이 편입되었기 때문에 비로소 한자 대가족이 지금의 화려하고도 다채로운 모습을 보일 수 있는 것이다.

덧붙이는 이야기   '영零'과 'O'의 차이

'영零'과 'O'은 각각 한자 속에서 갖은자 숫자와 일반 숫자에 쓰이고 있다. 즉 '영'은 갖은자 숫자인 '일壹, 이貳, 삼叁, 사肆, 오伍, 륙陸, 칠柒, 팔捌, 구玖, 십拾, 백佰, 천仟'과 하나의 세트를 이룬다. 그런가 하면 'O'은 일반 숫자인 '일一, 이二, 삼三, 사四, 오五, 륙六, 칠七, 팔八, 구九, 십十, 백百, 천千'과도 세트를 이룬다. 수표나 장부상의 계산 등 갖은자 숫자를 써서 기입해야 하는 부분에 대해서는 '영'을 쓰지 'O'을 쓰지는 않는다. 그런가 하면 번호나 연도 등 숫자에서는 일반적으로 'O'을 쓰지 '영'을 쓰지는 않는다. 예컨대 '삼백이호三O二号'나 '이천년二OOO年' 등이 그렇다.

'O'은 분명 '정통'의 한자는 아니다. 용법도 꽤 단순하다. 오로지 숫자에서만 쓰이고 빈자리를 표시할 뿐이다. 반면 '영'은 의미 면에서든 용법 면에서든 매우 다양한 면모를 보인다. 앞에서 이미 언급했듯이 숫자와 관련된 의미를 표시할 때 '영'은 숫자의 나머지나 빈자리를 표시한다. 그뿐만 아니라 수량이 없거나 극소수이거나 굳이 계산하지 않아도 되는 정도를 의미하기도 한다. 이를테면 현대 중국어에서 영풍험零風險(무위험), 영거리

零距離(거리가 없다), 영증장零增長(제로성장) 등의 단어에 '영'이 쓰였다. 또한 어떤 측량의 계산 지점을 표시하기도 한다. 영점零點(0시), 영시零時(0시), 영도零度(영도), 영기점零起點(제로베이스) 등이 그렇다. 그 밖에도 '영'은 형용사로 쓰여 '자질구레하다'나 '정수를 이루지 못함'을 의미하기도 한다. 또한 동사로도 쓰여 '떨어지다' 등의 의미를 나타내기도 한다. 그렇기 때문에 현재 중국어에서 '남짓하다, 무위험, 영시, 전체를 소량으로 나누다, 소매, 떨어지다' 등의 의미를 지닌 숫자가 아닌 한자들의 조합 속에서는 '〇'이 아닌 오로지 '영'만 쓰일 뿐이다.

三. 가장 작은 '수'는 얼마나 작을까?

수학적 관점에서 봤을 때 '〇'은 표준에 부합하지도 않고 딱히 의미하는 바도 없는 중성적인 수다. 이처럼 미묘한 신분 때문에 '〇'은 무한히 작은 수를 의미할 수도 있고 또 무한히 큰 수를 의미할 수도 있다. 다만 차이는 소수점 뒤에 오는지 앞에 오는지에 따라서만 존재한다. 그렇다면 '〇'이 등장한 이후 옛사람들은 어떻게 무한히 작은 수와 무한히 큰 수를 표시했을까?

고증에 따르면 작은 수에 대한 현존하는 최초의 논술은 위진시대의 저명한 수학자 유휘劉徽의 저작인 『구장산술』에 나와 있다. 유휘는 '홀忽'을 최소

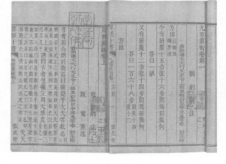

구장산술

微
작을 미

단위로 하고 '홀'에 이르지 못하는 수를 '미수微數'라고 통칭했다. 여기에서 '미수'의 '미'는 '극소'의 의미를 지니며 '미수'는 현재의 '소수'와 같다.

한편 '소小, 세細, 소少'는 '미' 자가 아주 일찍부터 가지고 있었던 가장 주요한 의미다. 『광아廣雅』「석고釋詁」 편에 '미微, 소야小也'라는 구절이 나온다. '미는 작다'의 뜻으로 이런 '미'로 구성된 단어가 꽤 많다. 현대 중국어 중 미풍微風(산들바람), 미양微恙(가벼운 병세), 미호기미微乎其微(매우 적다), 견미지저見微知著(미세한 조짐을 보고 본질을 파악하다), 구체이미具體而微(내용은 갖춰져 있으나 규모가 작다) 등의 단어가 그렇다. 여기에 사용된 '미'는 모두 같은 의미로 쓰였다. 한편 '미' 자의 다른 의미가 있는데 '식미式微(몰락하다)'나 '쇠미衰微(쇠락하다)'에서처럼 '쇠퇴하다'의 의미가 있다. 또한 '비미卑微(비천하다)'나 '인미언경人微言輕(사람이 지위가 낮으면 말발이 서지 않는다)'에서처럼 '비천하다'의 의미도 있다. '미묘微妙(미묘하다)'나 '미언대의微言大義(함축된 말 속에 담긴 심오한 뜻)'에서는 '정교, 심오' 등의 의미를 나타낸다. 모두 '작다'는 의미와 어느 정도 관계를 맺고 있다. 이런 이유로 '미수'를 이용해 소수점 이하의 극소의 수를 통칭하는 것은 매우 타당하다.

忽
소홀히 할 홀

그렇다면 '홀忽'은 또 무엇일까? '홀'은 중국 고대에 아주 작은 계량 단위로 길이를 의미하기도 하고 중량을 의미하기도 했다. 『손자산경孫子算經』에 '도지소기度之所起, 기어홀起於忽. 욕지기홀欲知其忽, 잠토사위홀蠶吐絲爲忽, 십홀위일사十忽爲一絲, 십사위일호十絲爲一毫, 십호위일리十毫爲一厘, 십리위일분十厘爲一分'이라고 나와 있다. '홀은 도량의 최소 단위다. 홀을 알고자 한다면 바로 누에가 토한 실이 홀이다. 10홀이 1사이고 10사는 1호이고 10호는 1리이며 10리는 1분이다'라는 뜻이다. 이 문구의 구체적 의미는 '홀'은 중량의 최소 단위이며 각각 사, 호, 리, 분으로 구분된다. 길이로 봤을 때 10홀은 1사와 같고, 중량으로 봤을 때도 그렇다. 한편 '홀'이라는 단위를 고치실과 비교하면 최소의 정도를 이해할 수 있게 된다. 그러므로 '홀'과 '미'는 모두 '작다'는 의미를 갖고 있으며 이들을 합하면 중국어로 '아주 미세하다'는 뜻의 '홀미忽微'가 된다. 송나라 구양수의 『신오대사新五代史』 「영관전伶官傳」 편에 '화환상적어홀미禍患常積於忽微, 지용다곤어소익智勇多困於所溺'이라는 유명한 문구가 있다. '재난과 근심은 언제나 작은 것에서부터 쌓이며, 대개 슬기와 용기는 무언가에 빠졌을 때 곤경에 처한다'라는 뜻이다. '홀미'를 써서 작은 부분이나 작은 일을 대신 가리킨 것이다. 혹자는 '홀'을 '무시한다'의 의미로 보고 있는데 이것은 정확하지 않은 해석이다.

한편 '사絲'와 '호毫'는 아주 작은 계량 단위로 쓰이며 글자 자체의 의미에서 단서를 찾아볼 수 있다. '사絲'의 갑골문자 형태는 𣏾 이렇다. 두 묶음의 실 같다. '사'의 원래 의미는 명주실이었다. 한편 '호毫'는 본래 조류의 '가늘고 뾰족한 털'을 의미했다. 명주실과 조류의 털은 모두 미세하고 작은 사물이다. 이 두 가지를 서로 비교하자면 명주실이 훨씬 가늘다. 옛사람들이 '사'와 '호'를 각각 '홀' 바로 윗단계의 계량 단위로 이용한 이유는 바로 이런 점에서 기인했다. 물론 '초秒'로 '사'를 대체하는 사람도 있다. '사' 역시 본래 곡식의 까끄라기와 같은 미세한 사물을 의미했기 때문이다.

絲
실 사

毫
가는 털 호

毛
털 모

　조금 더 설명을 이어가자면 '호'의 의미와 비슷한 것이 바로 '모毛'인데 역시 '미세하다'의 의미를 지니고 있다. 모모우毛毛雨(보슬비), 모해자毛孩子(갓난아기), 모적毛賊(좀도둑) 등이 그 예다. 또한 '모'를 이용해 '1위안의 10분의 1'을 표시하기도 한다. 모표毛票(10전·20전짜리의 지폐)나 일괴삼모륙一塊三毛六(1콰이 3마오 6편) 등이 그 예다.

　'분分, 리厘, 호毫, 사絲, 홀忽'이 애초에 갖고 있던 구체적인 계량 단위로서의 명칭은 시간이 흐르면서 소수점 이후 각 자릿수의 명칭을 가리키게 되었다. 이들은 10분의 1의 관계로 점차 감소한다. '분'은 소수 십분위 수로, 즉 소수점 다음의 첫 번째 자리다. '리'는 소수 백분위 수로, 즉 소수점 이하 두 번째 자리다. 이런 순서대로 다음 한자들도 유추해볼 수 있다.

　이보다 작은 자리의 수는 어떻게 표시할까? 후대의 누군가가 이 부분의 숫자에 이름을 붙였다. 남송 때의 저명한 수학자인 진구소秦九韶는 저서 『수서구장數書九章』에 '말후일월전末後一月錢, 이만사천칠백육관이백칠십구문二萬四千七百六貫二百七十九文, 삼분사리팔호사사육홀칠미(무진)칠사(무묘)삼망일경이청오연三分四厘八毫四絲六忽七微(無塵)七沙(無渺)三莽一輕二淸五煙'이라는 문구를 적었다. '마지막 한 달의 금액은 2만 4,706관279문에 3분4리8호4사6홀7미7사3망1경2청5연이었다'라는 뜻이다. 여기에서의 '무無'는 그 위치에 수량이 없음을 의미한다. 즉 'O'의 의미인 것이다. '미微, 진塵, 사沙, 묘渺, 망莽, 경輕, 청淸, 연煙'은 '홀' 이하의 훨씬 작은 단위임에 분명하다. 이런 숫자들을 만일 현재의 소수를 이용해 표시해본다면 2,470만 6,279.3484670703125문文일 것이다.

이 대목에서 한 가지 의문이 들 수도 있다. 소수점 이후 각 단위의 수에 모두 이름이 붙어 있는데 그렇다면 소수점은 어떻게 해야 할까? 옛사람들은 소수점에도 이름을 붙였을까? 중국 고대의 수학 전문서 중에 소수점은 '여徐' 자로 표시돼 있다. '여徐'는 곧 '여餘'인데 이 두 한자는 '남다, 나머지' 등의 의미를 뜻할 때 서로 일치한다. '여餘' 자는 본래 '만족하다, 배부르다'를 뜻했다. 『설문해자』에 '여餘, 요야饒也'라고 나왔고 또 '요饒, 포야飽也'라고도 했다. '여는 요다'라는 뜻이고 또 '요는 포다'라는 뜻이다. 한편 '포飽'는 음식이 충분해 만족스럽게 먹었다는 뜻이다. 이렇듯 '여餘'는 '나머지'나 '여분'의 의미도 지닌다. 『논어』「학이」편에 '행유여력行有余力, 칙이학문則以學文'이라고 나와 있다. '힘이 남으면 학문을 하라'는 뜻이다. 여기에서의 '여余'는 곧 '여餘'로 '나머지'의 뜻을 지닌다. 이런 기반 위에서 '여餘'와 '여余'는 '끝수, 나머지'의 의미로 발전했다. 당나라 때 백거이의 「매탄옹賣炭翁」에 '일거탄중천여근一車炭重千余斤'이라는 구절이 나온다. '수레 한 대에 실은 숯의 무게는 천근이 넘는다'라는 뜻이다. 여기에서 '여余'는 대수 뒤에 자투리가 있다는 뜻이다. '여余'로 소수점을 대체한다는 것은 그 뒤의 수가 모두 정수의 나머지라는 뜻이다. 본래 의미와 딱 들어맞는다.

중국 고대의 십진법 소수체계가 계량 단위의 지속적인 세분화와 발맞추어 형성되었음을 쉽게 짐작해볼 수 있다. 계량의 정확도에 대한 요구가 끊임없이 높아지면서 기본적인 단위에서 좀더 섬세한 구분이 필요했다. '촌寸'을 10분의 1, 100분의 1, 1,000분의 1 등으로 나눈 것과 같은 이치다. 이러한 요구를 기반으로 소수에 대한 고대

余
남을 여

餘
남을 여

인들의 연구는 매우 심도 있게 파고들어갔다.

서구의 소수 표현과는 다르게 중국의 선조들은 소수점 이후 각 자리의 수에 명칭을 부여했다. 직접적으로 숫자를 읽는 것이 아니었다. 이것은 중국 고대 수학의 '중국식 특색'이라고 할 수 있겠다.

그렇다면 이런 방식을 이용해 표시할 수 있는 숫자는 얼마가 가장 작을까? 청나라 때 강희제康熙帝가 어명을 내려 편찬한 『수리정온數理精蘊』에 1의 자릿수보다 작은 '수'가 모두 18개로 기록돼 있다. 즉 당시 소수에 대해 0.000000000000000001까지 정확히 표시할 수 있었다고 볼 수 있다. 감히 상상할 수조차 없는 작은 숫자다.

四. 가장 큰 '수'는 얼마나 클까?

무한히 많은 수량을 표시하려고 옛사람들은 어떤 방식을 활용했을까? 어떤 한자를 이용했을까?

중국어 간체자에서 '만万'이나 '억亿'은 모두 수량이 극도로 많은 수를 뜻한다.

萬
일만 만

'만'의 번체자 형태는 '만萬'이며 갑골문 형태는 🦂 이렇다. 마치 전갈의 형상 같다. 역시 본래의 의미는 '전갈'이었다. 그러다가 이후에 숫자를 뜻하게 됐다. 원래의 의미가 소실된 것이다. 중국인들에게는 이미 상나라 때부터 숫자 '만万'의 개념이 있었고 갑골문에서 발견된 최대의 수 역시 3만이라고 한다. 이 지점에서 설명이 필요한 부분이 있다. '만萬'을 간소화해 '만万'이라고 한 것은 현대에 들어 등장한 것이 아니라는 점이다. '만万'이라는 글자의 형태는 늦어도 전국시대에는 이미 등장했다. 그야말로 꽤 '오래된' 한자인 셈이다.

'억億' 또한 다른 용도로 쓰게 된 한자로 원래의 의미는 '평안, 안정'이었다. 『좌전』「소공이십일년昭公二十一年」편에 '심억칙악心億則樂'이라고 나와 있는데 '마음이 편안하면 즐겁다'라는 뜻이다. '심억心億'은 '마음속이 편안하다'는 의미다. 또한 『국어國語』「초어楚語」편에는 '억기상하億其上下'라고 나와 있는데 '마음이 온통 평안하다'라는 뜻이다. 여기에서 '억億'은 '사람이 평안하다'의 의미를 지닌다. 이후에 '억億'은 극대의 수를 의미하는 데 쓰였다. 도대체 얼마나 큰 수인지에 대해서는 여러 가지 해석이 있다. 현재 '억'이 의미하는 바와 같이 '1억'을 뜻하기도 하고 상대적으로 훨씬 작은 '10만'을 의미하기도 한다. 그런가 하면 '억'이 뜻하는 수의 용법도 아주 일찍부터 존재했다. 『시경』「벌단伐檀」편에는 '불가불색不稼不穡, 호취화삼백억혜胡取禾三百億兮'라고 나와 있다. '농사도 짓지 않고 어찌 무수한 벼를 거두겠는가'라는 뜻이다. 또한 『시경』「가악假樂」편에 보면 '천록백복千禄百福, 자손천억子孫千億'이라고 했다. '많고 많은 복록을 누리시고, 자손은 헤아릴 수 없이 번창하소서'라는 뜻이다. 『시경』「풍년豐年」편에는 '만억급자萬億及秭'라고 나오는데 '헤아릴 수 없이 많이 쌓여 있다'는 뜻이다. 당시에 이미 삼백억三百億, 천억千億, 만억萬億과 같은 큰 숫자가 등장했음을 알 수 있다. 물론 이런 숫자들은 구체적인 수량을 의미한 것이 아니라 아주 많거나 상상할 수 없을 정도로 많다는 의미를 묘사한다.

'만, 억'보다 더 큰 수가 바로 '조兆'다. 고대 중국어에서 '조'는 현재

億
억 억

兆

조짐 조

컴퓨터의 기억 용량 단위인 '메가'인 '조'와는 다르다. 이 점에 대해 절대 오해해서는 안 된다.

『설문해자』에서 '조兆, 작구탁야灼龜坼也'라고 했다. '조는 거북 껍질을 불에 구우면 터져서 금이 많이 간 모양을 따른 것이다'라는 뜻이다. 즉 '조'는 본래 고대에 점을 치는 행위에서 거북의 등껍질을 태울 때 생기는 갈라진 금을 의미했다. 현재 보편적으로 수용되는 해석이다. 이런 이유로 '조'는 '징조'나 '조짐'의 의미를 지녔다.『상군서商君書』「산지算地」 편에 따르면 '차망국지조야此亡國之兆也'라고 나와 있다. '이에 나라가 망할 조짐이다'라는 뜻이다. 요즘 많이 쓰는 '서설조풍년瑞雪兆豐年(상서로운 눈은 풍년의 징조다)'이나 '저시개호조두這是個好兆頭(좋은 징조다)'라는 말에서도 '조'는 '징조'의 의미로 쓰였다. '조'가 지닌 최초의 의미가 이어져 내려온 것이다. '조'는 이후에 극대의 수로 달리 쓰였는데 '억'과 마찬가지로 구체적으로 얼마만큼의 수량을 의미하는지에 대해서는 수많은 의견이 존재한다.

상대적으로 작은 수인 '100만'부터 큰 수인 '1억, 10억, 10,000억'에서 심지어 100,000,000억(1조)에 대한 기록도 존재한다.

극대의 수를 표시한 '조'는 '지극히 많다'는 의미도 지니고 있으며 이런 의미를 토대로 수많은 단어를 구성할 수 있다. 예컨대 '조물兆物'의 경우 수많은 사물을 뜻한다. 즉 세상 만물을 의미하는 것이다. '조고兆古'는 원고나 상고시대 등 매우 먼 고대를 뜻한다. '조민兆民'은 수많은 국민을 뜻한다. 즉 백성을 의미하는 것이다. 마오쩌둥은 「제황제릉祭黃帝陵」이라는 시에 '억조일심億兆一心, 전즉필승戰則必勝. 환아하산還我河山, 위아국권衛我國權'이라고 적었다. '세상 모든 사람이 한마음이 되니 싸우면 반드시 승리하게 된다. 조국의 강산을 되찾으니 내 나라의 권력을 지키게 됐다'라는 뜻이다. 여기에서 '억조일심億兆一心'은 바로 '전 국민의 한마음'을 의미한다.

'조'는 이제 아주 큰 수로 인식됐다. 하지만 더욱 놀라운 것은 중국 고대에 '조'의 위 단위에 훨씬 큰 '수'가 있었다는 점이다. 그런 숫자에 대한 기록은 여러 가지 문헌에 서로 다르게 존재한다. 종합해보자면 '경經, 해姟, 자秭, 선選, 재載, 극極, 양壤, 구溝, 간澗, 정正'이 있다. 그중 '경經'은 '경京'으로도 표시할 수 있다. '해姟'는 '해垓'로도 표시할 수 있다. 이런 '수'는 도대체 얼마나 큰 걸까? 한 가지 예를 들어보자면 '재載'는 10의 14승을 의미한다. 그야말로 천문학적인 숫자다.

하지만 '만'이나 '억'을 제외한 나머지 큰 '수'들은 일상생활에서 실용성이 낮기 때문에 현재는 거의 쓰이지 않는다.

어쨌든 '수'로만 봐서는 한자 대가족 중에 '본토에서 탄생'한 '영零'도 있고 외국 혈통에서 들여온 '○'도 있다. 또한 소수점 이후 수십 자리의 '미세한 소수'도 있고 10여 개의 '0'을 아우르는 '초대형 대수'도 있다. 한자의 넓고 크고 깊고 정교하며 포용적인 특징을 느낄 수밖에 없다.

제 3 장

숫자의 거짓과 진실

이번 장에서는 다음의 한자들에 대해 이야기를 나누려고 한다.

三　九　百　千　萬

석 삼　아홉 구　일백 백　일천 천　일만 만

一. '삼三'은 작은 숫자일까, 큰 숫자일까?

북송 때의 철학자 소옹邵雍은 유명한 계몽시 한 수를 지었다. '일거이삼리一去二三里, 연촌사오가煙村四五家. 정태륙칠좌亭台六七座, 팔구십지화八九十枝花'라고 했다. '한 걸음에 이삼 리 길 가니, 너덧 채 초가에 연기가 피어오르고, 예닐곱 채 정자에는 여덟 아홉 열 꽃이 활짝 피었네'라는 뜻이다. 물론 판본마다 단어 쓰임상의 차이가 미세하게 존재하기는 하지만 이 시는 숫자를 영리하게 이용한 걸작으로서 널리 전해졌다고 봐도 무방하다. 이 시는 능숙하게 '일'에서부터 '십'까지의 숫자를 활용했다. 이 시에 나오는 '수'는 정확한 수량을 의미한 것이 아니라 대략의 정도를 묘사했다. 하지만 이런 '허구'는 되레 확실한 수량보다 훨씬 사실적인 묘사의 역할을 해냈다. 한 폭의 수수하고도 고상한 수묵화처럼 몇 글자만으로 산골마을의 아름답고 평화로운 경치와 예술적 경지를 적절히 묘사해낸 것이다.

중국에서 이처럼 '수'에 대한 허구적 사용은 매우 많다. 일상생활 속에서 '2, 3위안'이라든가 '두서너 사람'이라든가 '칠팔 리 길' 등의 묘사를 종종 하는데 여기에 나오는 '수'는 모두 명확하게 가리키는 바가 없다. 대체적인 수량을 설명하고 있는 것이다.

또한 중국어에서 허구적으로 지시하는 데 자주 쓰이는 '수'는 뭐니 뭐니 해도 '삼三'이다. 『도덕경』에 '일생이一生二, 이생삼二生三, 삼생만물三生萬物'이라는 문구가 나온다. '하나가 둘을 낳고, 둘이 셋을 낳고, 셋이 만물을 낳는다'라는 뜻이다. 또한 『사기』 「율서」 편에는 '수시어일數始於一, 종어십終於十, 성어삼成於三'이라는 말이 있다.

三

석 삼

'수는 1에서부터 시작해 10에서 끝나며 3에서 완성된다'는 뜻이다. 숫자는 '삼'에 이르러 작은 완결을 이루기도 하고 새로운 시작을 하기도 한다는 점을 알 수 있다.

중국에는 예로부터 '인삼위중人三爲衆, 수삼위군獸三爲群'이라는 말이 있다. '사람이 셋이면 대중이라 하고, 짐승이 세 마리면 군群이라 한다'는 뜻이다. 옛사람들이 '삼'으로 많음을 표시하는 관점은 수많은 한자의 형태에서 충분히 검증된다. 세 가지 같은 형태를 한데 모아 만들어진 한자들이 꽤 있다. 이를테면 '삼森' 자의 갑골문 형태는 𣎵 이렇다. 마치 세 그루의 나무가 한곳에 배열된 것 같다. 그렇게 해서 '나무가 무성하다'의 의미를 지니게 된 것이다. 또 다른 예로 '정晶'과 '품品'이 있는데 '정晶'의 갑골문 형태는 🔆 이렇다. 세 개의 태양이 한데 모여 있는 모습으로 '매우 반짝거린다'는 의미다. '품品'의 갑골문 형태는 🗣 이렇다. 여기에 보이는 '구口'는 집기의 형상을 의미한다. 즉 세 개의 '구口'는 기물이 많다는 뜻이며 시간이 흐르면서 '품종, 등급, 품평' 등의 의미로 점차 발전해갔다. 이런 유형의 글자들로는 '뇌磊, 묘淼, 흠鑫, 취毳, 표猋' 등이 있다. 마치 하나의 한자가 서로 한 조를 이루어 형성된 것 같다. 하지만 일부 한자의 모습은 현재 없어져 더는 쓰이지 않기도 한다. 이런 글자들은 처음에는 모두 '아주 많다'는 의미를 지니고 있었다. 한자의 형태가 수천 년의 변화를 거치기는 했지만 '삼'을 통해 많음을 표현하는 방식은 현재의 글자 형태만 봐도 훤히 알 수 있다.

지금도 중국의 일부 식당에서는 '분전선犇羴鱻'이라는 세 글자로 상호 명칭을 짓기도 한다. 분전선의 분犇은 '달릴 분'이고, 전羴은

'누린내 전'이며, 선鱻은 '생선 선'이다. 세 글자 모두 같은 한자가 세 번 모여 구성된 한자다. 글자가 지닌 사전적 의미를 떠나 '분犇'의 '우牛'와 '전羴'의 '양羊'과 '선鱻'의 '어魚'가 세 번 모여 원래의 의미를 더욱 강화시키는 역할을 하고 있다. 물론 국가에서 정한 글자 사용 관련 규정에는 맞지 않지만 그 속에 내재돼 있는 한자의 재미와 문화적 특징이 이목을 집중시키고 있다.

'삼'의 허구적인 뜻과 많음을 뜻하는 용례는 고대문헌에서도 꽤 많이 발견된다. 만일 한자에 익숙한 편이라면 '삼'의 이런 특징에 대해 그다지 낯설지는 않을 것이다. 『시경』「석서碩鼠」편에 '삼세관여三歲貫汝, 막아긍고莫我肯顧'라는 문구가 있다. '삼 년 동안 너를 섬겼는데 나를 돌보지 않는다'는 뜻이다. 당나라 때 시인 두보의 시「모옥위추풍소파가茅屋爲秋風所破歌」에 '권아옥상삼중모卷我屋上三重茅'라는 구절이 있다. '우리 집 지붕 위에 세 겹으로 엮은 이엉을 말아 올리다'라는 뜻이다. 여기에서의 '삼'은 모두 대체로 '많다'는 뜻을 지닌다. 한편 『논어』「술이」편의 명구 '삼인행三人行, 필유아사언必有我師焉'이 있다. '세 명이 길을 가다 보면 그곳에는 반드시 나의 스승이 있다'는 뜻이다. 여기에서의 '삼인三人'은 반드시 세 명의 사람을 의미하는 것이 아니라 '몇 사람'의 의미를 지닌다.

'삼'은 그 자체로 허구적인 뜻과 많음을 의미한다. 또한 다른 숫자들과 조합되어 넓게는 다수를 의미하기도 한다. 예컨대 '삼천양두三天兩头'는 '하루가 멀다 하고'의 뜻이고, '삼번오차三番五次'는 '여러 번'의 의미이며, '조삼모사朝三暮四'는 '변덕이 심해 믿을 수 없다'는 뜻이고, '격삼차오隔三差五'는 '자주'의 의미를 지녔다. 이 한자에 나오는 숫자의 조합은 대개 '많다'의 의미를 함축적으로 드러낸다. 글자 '재삼再三'은 실제로 '이二'와 '삼三'의 조합이다. '재再'는 두 번을 뜻하고 '삼三'은 세 번을 뜻하는 데 이 두 한자가 한데 모여 여러 번의 의미를 갖게 된 것이다.

간혹은 '삼'도 적거나 작은 수량이나 정도를 의미하는 데 쓰이기도 한다. '전족을 한 여자의 발'이라는 뜻의 '삼촌금련三寸金蓮'은 옛날 부녀자가 발을 싸맨 뒤의 작은 발을 묘사한 말이다. 『사기』 「평원군우경열전平原君虞卿列傳」 편에는 '모선생이삼촌불란지설毛先生以三寸不爛之舌, 강어백만지사強於百萬之師'라는 표현이 있다. '모선생의 세 치 혀가 백만 명의 군사보다 더 강한 힘을 발휘했다'라는 뜻이다. '삼촌지설三寸之舌'과 '백만지사百萬之師'를 비교해 역으로 짧고 작은 혀를 부각시키고 있다. 분명 여기에서의 '삼'은 적은 수량을 나타낸다. 그 밖에도 당나라 때의 시인 백거이의 시 「비파행琵琶行」에 '전축발현삼량성轉軸撥弦三兩聲, 미성곡조선유정未成曲調先有情'이라는 표현이 있다. '축을 돌리고 현을 튕겨 두세 번 소리 내니, 곡조도 타기 전에 감정이 먼저 북받쳐 오르네'라는 뜻이다. 여기에서 나온 '삼량성三兩聲'은 '삼'이 '량'과 결합해 '적다'는 의미를 내포함을 설명하고 있다. '삼언량어三言兩語(몇 마디 말)' 혹은 '삼삼량량三三兩兩(삼삼오오)' 도 같은 이치를 드러낸다.

그렇다면 지금까지 설명하기를 '삼'이 많음을 의미하기도 하고 적음을 의미하기도 한다고 했기 때문에 아이러니한 느낌이 들 수도 있다. 만일 앞에서 언급했던 '셋은 만물을 낳는다三生萬物'와 '수는 삼에서 완성된다數成於三'는 고대의 관점을 돌이켜본다면 '삼'의 '많기도 하고 적기도 한' 용법을 이해하는 데 도움이 될 것이다. 정리하자면 훨씬 큰 숫자의 시작으로서 '삼'은 작음을 의미할 수도 있다. 한편 작은 숫자의 종결로서 '삼'은 자연히 넓은 의미에서 많음을 의미할 수도 있다. 하지만 비교해 말하자면 '삼'이 많음을 의미하는 상황을 훨씬 많이 목격할 수 있다.

물론 '이二'와 '사四' 사이의 확정된 자연수로서 '3'은 분명히 사실을 의미하는 기능도 갖고 있다. 『논어』 「학이」 편에 '오일삼성오신吾日三省吾身'이라는 문구가 있다. '나는 하루에 세 가지로 나 자신을 살핀다'라는 뜻이다. 여기에서의 '삼'은 말 그대로 '3'을 의미한다. '삼성오신三省吾身'이 세 가지 면에서 자신을 살핀다고 정확히 지칭했기 때문이다. 또 다른 예로 사람들이 '일문삼불지一問三不知(절대로 모르는 체하다)'의 '삼불지三不知'를 '모른다'라는 의미로 이해하는 경우가 허다하다. 그래서 '삼'이 허구를 의미하고 많음을 뜻한다고 생각했다. 하지만 이런 관점에는 문제가 있다. 사실 '삼'은 처음에도 실질적인 의미를 지녔다. 실제로 '일문삼불지一問三不知'는 『좌전』 「애공이십칠년哀公二十七年」 편의 '군자지모야君子之謀也, 시중종개거지始中終皆舉之, 이후입언而後入焉. 금아삼불지이입지今我三不知而入之, 불역난호不亦難乎'라는 구절에서 비롯됐다. '군자가 일을 계획하는 데는 처음에서 중간과 끝까지 생각을 한 뒤에야 들어가야 하는 법이다. 이제 나는 이 세 번 생각함을 알지 못하였으니 또한 어렵지 않겠습니까?'라는 뜻이다. 이 구절의 원래의 의미는 '일의 시작과 과정과 결과의 세 가지 면의 상황에 대해 잘 알지 못했다'는 것이다. 그러다가 시간이 흐르면서 '일문삼불지一問三不知'의 의미가 상황에 대해 '아무엇도 모른다'로 점차 변화돼버린 것이다. 그 밖에도 '삼교구류三教九流(온갖 직업)'나 '삼고육파三姑六婆(여러 가지 천한 직업에 종사하는 여자)' 역시 마찬가지다. 여기에 쓰인 '삼교三教'나 '삼고三姑'나 '구류九流'나 '육파六婆' 모두 다소나마 구체적으로 지시하는 바가 있다. '삼, 육, 구' 모두 허구를 뜻하는 게 아니었다.

二. 어떤 '수'가 많음을 뜻할까?

'십十' 이내에서 허구적 의미와 많음을 뜻하는 데 자주 쓰이는 '수'는 '삼' 이외에도 단연 '구九'를 꼽을 수 있다.

九
아홉 구

'구'의 갑골문 형태는 𞤏 이렇다. 이 형태가 대표하는 뜻에 대해 예로부터 여러 가지 해석이 있었다. 그 해석의 첫 번째는 팔이 굽은 것과 같은 형태라는 관점이다. 그래서 '구'는 최초에 '팔꿈치'를 의미했다. 두 번째는 용의 윤곽을 본떴다는 관점이다. 고로 '구'는 용과 관련이 있다. 세 번째는 벌레와 같은 모습이라는 관점이다. 이런 관점은 현재 증명하기 어렵다. 하지만 '구'가 넓게는 다수나 여러 차례를 의미하는 데 자주 쓰인다는 사실은 의심의 여지가 없다. 사마천의 『보임소경서報任少卿書』에 '약구우망일모若九牛亡一毛'라는 표현이 있다. '아홉 마리의 소 중에 하나의 털이 없어지는 것과 같다'는 뜻이다. 여기에서 '구우九牛'는 많은 수의 소를 의미한다. 단순히 아홉 마리를 의미하는 게 아니다. 현재 사람들은 '구우일모九牛一毛(아홉 마리의 소 가운데 박힌 하나의 털)'로 극대의 수량 중 극히 미미한 부분을 비유하곤 한다. 굴원屈原의 『이소離騷』에 '수구사미유미회雖九死其猶未悔'라는 문구가 있다. '아홉 번을 죽더라도 후회 없다'는 뜻이다. 여기에서 '구사九死'는 여러 차례 죽는다는 의미다. 마찬가지의 의미로 '구사일생九死一生'이라는 성어가 있는데 여기에서의 '구사'는 엄청난 위험을 겪으면서 생존했음을 묘사하고 있다. '황하구곡黃河九曲(황하의 아홉 굽이)'이나 '회장구전回腸九轉(매우 초조하고 애가 끓다)'은 모두 '구'를 써서 상당히 휘어져 있음을 뜻했다. 그 밖에도 중국어에는 '구' 자와 함께한 성어가 꽤 많다. 삼고구배三叩九拜(세 번 머리를 땅에 부딪치고 아홉 번 절하는 것), 구구귀일九九歸一(돌고 돌아서 원점으로 돌아가다), 십나구온十拿九穩(따놓은 당상이다), 십실구공十室九空(재난 때문에 집들이 텅 비다) 등이 바로 그렇다. 여기에서 '구'는 대부분 수량이 많거나 횟수가 잦음을 의미한다.

혹자는 '구'가 많음을 뜻하는 기능을 갖게 된 이유가 '삼'이나 '십'과의 관계에서 원인을 찾을 수 있다고 보고 있다. 십진법 계산에서 '구'는 한 자릿수 중 가장 크기 때문에 하나의 등급에서 '수'의 극한을 대표하고 있다는 논리다. 동시에 '구'는 '삼'과 배수관계여서 '삼'이 지닌 허위를 뜻하고 많음을 표시하는 특성을 증폭시켰다는 것이다.

하지만 주의해야 할 점이 있다. '구'가 허구적이거나 넓은 범위의 뜻을 표시하는 상황을 정확한 숫자를 지시하는 상황과 구분해야 한다는 것이다. '구주九州'의 경우를 예로 들어보자. 우임금이 하나라를 세운 뒤 중국 전역을 아홉 개 주로 나누어 다스렸는데 그 아홉 개 주가 바로 '구주九州'라고 전해 내려오고 있다. 그리고 '구주'는 이후에 고대 중국 영토의 다른 이름이 되었다. 여기에서의 '구'는 분명히 실수에 기인한 것이다. 한편 이후에 발전해오면서 생긴 구원九原, 구유九囿, 구위九圍 등 '구주'의 수많은 별칭은 '구'를 빌려 광활한 중국 영토를 뜻하고 있다. 여기에서의 '구'는 허구적이면서 넓은 범위의 뜻을 드러낸다.

'십' 이상의 숫자는 대부분 다수의 의미로 종종 쓰였다. '십팔, 삼십육, 칠십이' 등이 있다. 이런 숫자의 공통적인 특징은 모두 '구'의 배수다. 그렇기 때문에 많은 수를 뜻하는 이 숫자들의 기능이 '구'에서 비롯됐다고 생각하는 사람들도 있다. 즉 '구'를 이용해도 큰 수량을 표시하기에 부족할 때 '구'와 배수관계를 맺고 있는 숫자를 그 용도로 유용하게 썼던 것이다.

'여대십팔변女大十八變'은 여자가 성장하는 과정에서 외모나 성격 등이 수없이 많은 변화를 겪는다는 말이다. 또한 '십팔반무예十八般武藝'는 일반적으로 '여러 가지 재주'를 의미한다. 불교에서의 '십팔층지옥十八層地獄'은 본래 벌을 받는 시간의 길이나 형벌 등급의 경중에 따라 지옥을 십팔 '층'으로 나눠 한 층 한 층 내려갈수록 훨씬 고통스럽다는 뜻이다. 하지만 현재 사람들은 이 문구를 '가장 고통스러운 최하층 지옥'이나 '엄청난 고통'을 묘사하는 데 주로 쓴다. 글자 그대로 지옥 한 층 한 층을 지나 십팔 층에 이르렀음을 강조한 것이 아니다.

'삼십육계三十六計'는 최초로 『남사南史』「왕경칙전王敬則傳」 편의 '단공삼십육책檀公三十六策, 주시상계走是上計'라는 구절에서 유래를 찾아볼 수 있다. '단공이 말한 서른여섯 가지 계책 중 달아나는 게 가장 좋은 계책이다'라는 뜻이다. 이 구절은 시간이 흐르면서 '삼십육계주위상계三十六計走爲上計'로 발전했다. 이렇듯 애초에 소위 '삼십육계三十六計'에는 구체적인 내용이 없었는데 후대인들이 이 문구에 구체적인 의미를 더했다. '삼십육'이라는 숫자에 사실적 의미를 부여한 것이다. '삼십육행三十六行' 역시 마찬가지로 여러 가지 업종을 두루 이르는 말이다. 또한 여기에서 '갖가지 직업'을 의미하는 '삼백육십행三百六十行'이 파생되었다.

『서유기』에서 손오공의 '칠십이변七十二變'은 그의 능력이 몹시 뛰어나 수없이 변신할 수 있음을 묘사한 말이다.

'십팔, 삼십육, 칠십이'와 같은 숫자들은 예로부터 지금까지 애용하고 상용하는 것들이다. 또한 이것들로 정확한 숫자를 표기할 때도 있고, 허구의 수나 약속한 수를 의미하는 데 쓰이기도 한다. 심지어는 동일한 숫자의 사용에 대해서도 허구와 실재의 변화가 일어나기도 한다. 앞에서 언급했던 '삼십육계三十六計'가 그 예다. 수에 대해 허구적인 사용과 실재적인 사용이 반영된 한자의 '수 문화'는 실로 탐색해볼 필요가 있다.

중국의 수많은 지역에 있는 저명한 곳들은 '구'나 '구'의 배수로 이름을 지었다. '구곡九曲, 십팔만十八彎, 삼십육봉三十六峰, 칠십이동七十二洞, 일백령팔묘一百零八廟'라는 명칭 등은 중국에서 그리 낯설지 않다. 이런 숫자들이 구체적으로 어떤 의미를 지니는지 생각해보는 계기가 되기를 바란다.

三. '백발白髮'은 정말 삼천 장丈일까?

당나라 때 시인 이백의 시조 「추포가秋浦歌」에 '백발삼천장白髮三千丈, 연수사개장緣愁似個長'이라는 유명한 구절이 나온다. '흰 머리카락이 삼천 장이나 긴 것은 이 모두가 시름 때문이리라'라는 뜻이다. 모두에게 꽤 익숙한 내용일 것이다. 그렇다면 시에 나온 대로 '백발白髮'이 정말 '삼천장三千丈'만큼 길었을까? 물론 아닐 것이다. 시인이 표현한 과장된 수사법이다.

'백百, 천千, 만萬'은 모두 큰 숫자를 의미하고 한자에서는 수량이 매우 많음을 의미한다.

'백百'의 갑골문 형태는 🔯 이렇다. 아랫부분은 '백白'이며 그 위에 가로획 하나가 더해져 '백白'과는 구별됨을 나타내고 있다. 『설문해자』에 '백百, 십십야十十也'라는 표현이 있다. 즉 백은 십이 열 개라는 의미다. 이후에 구체적인 숫자 '백百'에서 '아주 많다'는 의미로 발전하게 됐다. 또한 『상서』「요전堯典」편에는 '파시백곡播時百穀'이라는 표현이 있다. '때에 맞춰 백곡을 파종하라'라는 뜻이다. 여기에서 '백곡百穀'은 수많은 곡물을 뜻한다. 고대에 '백百'으로 구성된 수많은 단어나 어구들은 모두 이런 의미를 갖는다. 백공百工(각종 기술자), 백관百官(모든 관리), 백성百姓(평민) 등이 그 예다.

'백성百姓'과 관련해 몇 마디 더 덧붙일 필요가 있다. '백성'은 처음에 수많은 관리의 성씨를 의미했다. 귀족과 관련된 호칭이었던 것이다. 『시경』「천보」편에 '군려백성群黎百姓, 편위이덕遍爲爾德'이라는 표현이 있다. '여러 백성과 관원 모두가 당신의 덕분이라 한다'라는

百
일백 백

뜻이다. 즉 수많은 평민과 귀족이 당신의 미덕에 모두 감화를 받았다는 말이다.

'백百'을 포함한 명사가 대신 지칭하는 사물이라고 해서 사물의 숫자가 반드시 딱 떨어지는 100인 것은 아니다. 어떤 것은 100이 채 안 될 수도 있고 또 어떤 것은 100을 초과할 수도 있다. 예를 들어 중국 고대의 중원中原 사람들은 남방의 수많은 부족을 '백월百越'이나 '백월百粵'이라고 합쳐서 불렀다. 사실 이런 부족의 수는 100의 숫자만큼 많지는 않았다. 한편 중국 최초의 성씨 조사 기록서로 북송 때 발표된 『백가성百家姓』에 수록된 성씨의 수는 100개를 훨씬 넘는다. 이처럼 단어 앞에 모두 '백百'이 붙어 있는 데서 '백' 역시 같은 부류의 사물들 중에서 모든 것 혹은 모든 종류의 의미를 지니고 있음을 알 수 있다.

고대와 현대 모두 한자에는 '백百'으로 구성된 단어나 어구가 실제로 헤아릴 수 없을 정도로 무척 많다. 또한 '백百'은 단어나 어구 속에서 대개 많음을 의미한다. 백화百貨(여러 가지 상품), 백보상百寶箱(보석 상자), 백일해百日咳, 백엽창百葉窗(블라인드), 백습군百褶裙(주름치마)에서 백년대계百年大計, 백폐대흥百廢待興(방치되거나 지체된 일들이 모두 시행되기를 기다리다), 백화제방百花齊放(예술작품이 자연스럽게 발전하다), 백련성강百煉成鋼(오랜 단련으로 매우 강해지다), 백전불태百戰不殆(백 번 싸워도 위태롭지 않다), 백절불뇨百折不撓(수많은 좌절에도 꺾이지 않다), 해납백천海納百川(마음이 넓다) 등에 이르기까지 이처럼 수없이 '백百'이 쓰이고 있지만 아무리 봐도 싫증나지 않는다.

한편 '천千'의 갑골문 형태는 $\nmid$ 이렇다. 혹자는 이 형태가 한 사람

千
일천 천

의 형상을 의미하는데 아랫부분에 짧은 가로획 하나가 더해져 '사람'과는 구별됨을 표시한다고 보고 있다. 『설문해자』에 '천千, 십백야十百也'라고 나와 있다. '천은 백이 열 개다'라는 뜻이다. '천' 역시 일반적으로 여러 가지 의미를 가리킨다. 예컨대 돈이 많음을 묘사할 때 '천금千金'이라고 하고, 매우 무겁다는 뜻을 지시할 때 '천균千鈞'이라고 한다. 또한 시간이 오래됐음을 묘사할 때 '천고千古'나 '천추千秋'라고 하고, 아주 먼 길을 표현할 때 '천리千里'라고 한다.

'천금千金'은 본래 돈이 많거나 중요하다는 뜻을 지녔고 다른 사람의 딸에 대한 존칭으로도 쓰였다. 이런 의미는 현재까지도 여전히 이어지고 있다. 하지만 이 글자가 처음에 사람을 의미할 때는 여자아이를 뜻한 것이 아니었다. 당나라 때 이연수李延壽가 편찬한 『남사』「사비전謝朏傳」 편에 따르면 남조 때 사람인 사비가 어린 시절 총명하고 슬기로워 아버지가 사비를 자랑스럽게 생각하면서 칭찬했다고 나온다. 그것을 바로 '진오가천금야眞吾家千金也'라고 표현했다. '진실로 우리 집안의 천금이구나'라는 뜻이다. 이처럼 고증에 따르면 '천금'이 사람을 지칭했던 첫 번째 용례는 사비라는 분명한 남자아이였다. 그 뒤로 역사적으로 한때 이 두 글자를 이용해 무리 가운데서 특별히 뛰어난 남자아이를 지칭했다. 그렇게 시간이 흘러 '천금'은 비로소 딸네 집에서 주로 쓰게 되었다.

앞에서 언급했던 예 이외에도 한자에는 '천'을 이용해 많음을 표시했던 용례가 무척 많다. 천장千張(얇게 가공한 마른 두부), 천층저千層底(여러 겹의 천을 굵은 삼실로 박아서 만든 신창), 천근정千斤頂(자동차잭), 천부소지千夫所指(많은 사람의 손가락질을 받다), 천재난봉千載難逢

(좀처럼 만나기 어려운 기회) 등이 그렇다.

'만萬'은 '백'이나 '천'과 마찬가지로 큰 수로서 다수의 의미를 뜻 하는 기능을 갖고 있다. 예를 들어 만화통萬花筒(만화경), 만년력萬年 曆(만세력), 만고장청萬古長靑(영원토록 변하지 않다), 만겁불복萬劫不複 (영원히 회복될 수 없다), 만뢰구적萬籟俱寂(주위가 매우 조용하다), 만마 분등萬馬奔騰(기세가 드높고 웅장하다), 일리만기日理萬機(정무에 몹시 바 쁘다) 등이 있다.

萬
일만 만

'백', '천', '만'은 각자 단독으로 쓰이면서 많은 수량을 의미하기도 하고 또 결합해 한자 특유의 사자성어를 형성하기도 한다. 그렇게 해서 숫자가 많거나 정도가 심함을 강조한다. 이를테면 천창백공千 瘡百孔(만신창이), 천추백련千錘百煉(수많은 단련과 시험을 거치다), 천방백 계千方百計(갖은 방법을 다 써보다), 천자백태千姿百態(모양이 제각각이고 서로 다르다), 천변만화千變萬化(끊임없이 변화하다), 천군만마千軍萬馬(대 규모 병력), 천두만서千頭萬緖(심하게 뒤얽혀 있다), 천언만어千言萬語(할 말이 매우 많다), 만수천산萬水千山(노정이 멀고 험난하다) 등이 그렇다.

'백, 천, 만'이라는 큰 수를 '일一'과 같은 작은 숫자와 비교해 거 론하면 많음을 이용해 적음을 부각시키면서 수량이나 정도의 현격 한 차이를 강조하게 된다. 예를 들어 백무일시百無一是(하나도 옳은 것 이 없다), 백문불여일견百聞不如一見(백 번 듣는 것이 한 번 보는 것만 못하 다), 천균일발千鈞一髮(매우 위태롭다), 천편일률千篇一律(조금도 변화가 없다), 만무일실萬無一失(한 치의 착오도 없다), 만중일심萬眾一心(만민이 한마음으로 일치단결하다) 등이 그렇다. 이런 표현은 한문에서 어느덧 '백…… 일……' 등의 고정된 형식으로 형성되어 최고의 경지나 절대적인 정도를 묘사하는 데 쓰인다.

　이처럼 크고 작은 두 가지 수를 병렬시켜 차이가 뚜렷하고 대비가 선명한 효과를 보인다. 더 나아가 문인들이 상투적으로 쓰는 예술적 수법에도 활용되는데 고대의 시문에서 그 예를 심심찮게 찾아볼 수 있다. 『사기』「회음후열전淮陰侯列傳」 편에 '지자천려智者千慮, 필유일실必有一失. 우자천려愚者千慮, 필유일득必有一得'이라는 표현이 나온다. '지혜로운 사람이라도 천 번의 생각 중에 반드시 한 번쯤은 실수가 있고, 어리석은 사람이라도 생각을 거듭하면 좋은 수를 생각해낼 수 있다'라는 뜻이다. 당나라 때 왕지환王之渙의 『등관작루登鸛雀樓』에는 '욕궁천리목欲窮千里目, 경상일층루更上一層樓'라는 문구가 있다. '천 리를 내다보려면 누각 한 층을 더 올라야 한다'는 뜻이다. 또한 이백의 시 「촉도난蜀道難」에는 '일부당관一夫當關, 만부막개萬夫莫開'라는 표현이 있다. '한 병사가 관문을 지키고 있으면 천군만마로도 공략할 수 없다'는 뜻이다.

　'백, 천, 만' 자체는 큰 수다. 그런데 여기에 많음을 뜻하는 '삼'이나 '구'와 결합해 수량 면에서 '매우 많다'는 의미의 과장된 용법으로 빈번히 쓰였다. 그리고 이런 특징은 고대의 시문 속에서 두드러지게 나타났다. 앞에서 언급했던 '백발삼천장白髮三千丈'이 바로 전형적인 예다. 또 다른 예로 북송 때 시인 소식의 시 「식여지食荔枝」에 '일담여지삼백과日啖荔枝三百顆'라는 문구가 있다. '날마다 여지(과일 리치)를 삼백 개씩 먹다'라는 뜻이다. 또한 이백의 시 「망여산폭포望廬山瀑布」에 '비류직하삼천척飛流直下三千尺'이라는 표현이 있다. '물줄기가 날아 흘러 곧장 삼천 척을 떨어지다'라는 뜻이다. 『장자』「소요

유」편에는 '붕지도어남명야鵬之徙於南冥也, 수격삼천리水擊三千里, 박부요이상자구만리搏扶搖而上者九萬里'라는 표현이 나온다. '붕새가 남쪽 바다로 날아갈 때 날갯짓 한 번에 물이 삼천 리나 솟구치고 회오리바람을 타고 위로 구만 리나 올라간다'라는 뜻이다. 『시경』「벌단伐檀」편에는 '불가불색不稼不穡, 호취화삼백억혜胡取禾三百億兮'라는 문구가 있다. '심지 않고 거두지 않으면서 어찌 벼 삼백 억을 취하겠는가'라는 뜻이다. 이처럼 과장된 큰 수에 대해 숫자 그대로 믿어버리는 사람은 없다. 하지만 이들이 갖고 있는 강력한 예술적 감화력에 대해서는 꽤 진한 여운이 남을 것이다.

'삼'이나 '구'에서부터 '십팔, 삼십육, 칠십이' 그리고 다시 '백, 천, 만' 등에 이르기까지 숫자 자체가 클수록 일반적으로 의미하는 수량 역시 많아진다. 이렇게 풍부한 용례에서 언어의 표현은 항상 '1은 1이고, 2는 2'를 그대로 표현하지 않는다는 점을 알 수 있었다.

동시에 '수'의 이런 복잡성은 언어를 이해할 때 주관적으로만 추측해서는 안 되고 글자 하나 단어 하나의 정확한 의미를 분명히 따져봐야 한다는 점을 알려준다. 간혹은 의미를 끝까지 밝히고 근본을 파헤치며 많은 고민을 할 필요도 있다. 이렇게 해서 알게 된 내용은 무한한 재미와 학문을 얻는 만족감을 느끼게 해줄 것이다.

제 4 장

숫자 속의 길흉화복

이번 장에서는 다음의 한자들에 대해 이야기를 나누려고 한다.

雙	對	偶	耦	二	六	十
쌍 쌍	대답할 대	짝 우	짝 우	두 이	여섯 륙	열 십

奇	欹	五	九	八	四
홀수 기	기울 기	다섯 오	아홉 구	여덟 팔	넉 사

一. 중국인은 왜 짝수를 좋아할까?

숫자는 만들어질 때부터 신비한 색채를 지니고 있었다. 노자가 말하기를 '일은 이를 낳고 이는 삼을 낳고 삼은 만물을 낳았다'라고 했다. 고대 그리스의 철학자인 프로클로스Proclos는 '수가 있는 곳에 아름다움이 있다'는 말을 남겼다. 또한 고대 그리스의 피타고라스학 파는 '만물의 근원은 수'라고 생각했다. 이러한 논리에서 과학적인 부분은 제쳐두고라도 수의 중요성에 대한 고대 선현들의 인식은 충분히 짐작할 수 있다. 숫자에 부여된 풍부한 함축적 의미는 '수' 자체의 의미를 훨씬 넘어서고 있다. 본래 이성적인 숫자에 신비한 베일이 한 꺼풀 덧씌워지면서 단순한 숫자 자체에도 좋고 나쁨의 구분이 생기고 길함과 흉함의 차이가 생기게 됐다. 그러면서 좋고 길한 숫자들은 다들 좋아하고, 나쁘고 불길한 숫자들은 기피하게 됐다.

그렇다면 어떤 숫자가 '좋고' 어떤 숫자가 '나쁠'까? 아마도 개인적인 호불호의 요인이 있겠지만 대개는 민족문화와 관련이 있다.

중국의 전통문화 중에는 대구나 대칭을 숭상하는 사상이 사람들의 생활 면면에 영향을 주고 있다. 건축이나 도시구조 등 대칭미의 심미적 경향성을 드러낼 때도 그렇고 언어 사용에서도 마찬가지다. 고대의 시가 역시 예외가 아니었다. '대구'를 중요시했던 것이다. 즉 상하 두 구句의 글자 수를 같게 하고, 구조와 형식을 일치시키며, 의미를 대칭시켰다. 당나라 때 시인 왕발王勃의 시 「송두소부지임촉주送杜少府之任蜀州」에 '해내존지기海內存知己, 천애약비린天涯若比鄰'이라는 유명한 구절이 나온다. '이 세상에 나를 알아주는 이 있으니, 하늘 끝 멀리 떨어져 있어도 이웃에 있는 듯하네'라는 뜻이다. 전형적인 대구의 방법을 썼다. 대구 문장은 단정하면서도 세밀해 보이는데다 낭랑하게 잘 읽혀 내려간다. 박자나 운율 면에서 언어의 아름다운 느낌을 고스란히 담아낸 것이다.

중국 사람들의 사상의식 속에는 둘씩 짝을 이룬 사물이 늘 아름다웠다. 이처럼 대구나 대칭을 숭상하는 사상은 숫자에 반영되었고 쌍을 이룬 수인 짝수에 대한 중국인들의 편애는 숫자 속에 고스란히 드러났다. 결국 '쌍雙'과 '대對'와 '우偶'라는 글자들 자체에도 아름다움의 의미가 들어 있는 것이다.

'쌍' 자의 전서 형태는 ��� 이렇다. '쌍'의 번체자 형태와 비슷하다. 윗부분은 두 마리 새를 의미하고 아랫부분은 손을 의미한다. '쌍'은 본래 손에 잡은 새 두 마리를 의미했다. 다시 말해 '한 쌍'의 의미를 지닌 것이다. 『옥대신영玉台新詠』 「공작동남비孔雀東南飛」 편에 '중유쌍비조中有雙飛鳥, 자명위원앙自名爲鴛鴦'이라는 표현이 나온다. '그 안에 한 쌍의 새 날아드니 사람들이 원앙이라 불렀다'라는 뜻이다. 여기에서 '쌍비조雙飛鳥'는 한 쌍의 새다. 새뿐만 아니라 둘씩 짝을 이루는 사물들 모두 '쌍雙'으로 표시했다. 예를 들어 일쌍안정一雙眼睛(두 눈), 일쌍혜一雙鞋(신 한 켤레), 일쌍말자一雙襪子(양말 한 켤레), 일쌍쾌자一雙筷子(젓가락 한 모) 등이 그렇다. 짝을 이룬 사물에서 만일 하나를 떼어내면 부조화의 의미를 갖게 된다. '석저析箸'의 경우 '석析'은 '분리되다'의 의미이고, '저箸'는 '젓가락'을 의미한다. 이 두 글자가 모이니 '젓가락 한 모가 분리되면서' 결국 '분가하다'라는 의미가 만들어졌다. 여기에는 가정이 화목하지 못하고 생활이 순조롭

雙
쌍 쌍

지 못하다는 의미가 내포돼 있다. 청나라 때 시인 방문方文의 시 「기회제방호寄懷齊方壺」에 '가련반재상이친可憐半載喪二親, 제형석저가혹빈弟兄析箸家酷貧'이라는 표현이 나온다. '불쌍하게도 반년 만에 부모 두 분 모두 돌아가시고 형제가 서로 헤어져 집안 형편이 몹시 빈궁해졌다'라는 뜻이다.

對
대답할 대

'대對'는 본래 '대답하다'의 뜻을 지녔다. 『논어』 「술이」 편에 '섭공문공자어자로葉公問孔子於子路, 자로부대子路不對'라는 구절이 있다. '섭공이 자로에게 공자의 인물됨을 묻자 자로가 대답하지 않았다'라는 뜻이다. '부대不對'는 대답하지 않았다는 의미다. 일문일답은 쌍방이 있어야 가능하다. 그래서 '대' 역시 '마주 대하다, 상대하다'의 의미도 갖고 있다. '대'로 구성된 많은 단어가 이런 의미를 지니고 있다. 예를 들어 '대치對峙'는 '서로 마주하고 서다', '대작對酌'은 '마주하고 술을 마시다'를 뜻한다. 당나라 때 시인 이백의 시 「월하독작月下獨酌」에 '거배요명월擧杯邀明月, 대영성삼인對影成三人'이라는 명구가 나온다. '잔 들어 밝은 달 맞이하니, 그림자와 마주하여 셋이 되었다'라는 뜻이다. '대영對影'은 '자신의 그림자와 마주하다'라는 뜻이다. 한편 '대'가 수량 형용사로 쓰일 때에도 '둘씩 짝을 이룬다'는 뜻이 된다. 일대정려一對情侶(한 쌍의 연인), 일대원앙一對鴛鴦(원앙 한 쌍) 등이 그 예다.

偶
짝 우

耦
짝 우

'우偶'와 '우耦'는 고대에 서로 긴밀한 관계를 맺고 있었다. 반면 '기奇'와는 대립했던 글자들이다. 『설문해자』에 따르면 '이벌위우二伐爲耦'라고 나와 있다. '두 벌을 우라고 한다'는 뜻이다. 여기에서 '두 벌'은 10치를 의미한다. 주나라 때 쟁기의 넓이가 5치였다는 점을 감안하면 두 사람이 나란히 쟁기질을 할 때 10치가 된다는 점을 알 수 있다. 다시 말해 '우耦'는 '두 사람이 어깨를 나란히 하고 논밭을 갈다'라는 의미였던 것이다. '우경耦耕'은 고대에 쟁기로 논밭을 가는 방식으로 두 사람이 힘을 합해 땅을 갈고 파종함을 의미한다. 그러다 시간이 흘러 넓은 의미에서 농업에 종사함을 뜻하게 됐다. 동진 때 시인 도연명陶淵明의 시 「신축세칠월부가환강릉야행도구辛醜歲七月赴假還江陵夜行塗口」에 '상가비오사商歌非吾事, 의의재우경依依在耦耕'이라는 표현이 있다. '벼슬길은 나의 일이 아니니 짝지어 밭가는 일이 그립다'는 뜻이다. 자연으로 돌아간 전원생활에 대한 시인의 깊은 마음을 나타낸다. 그러다가 이후에 '우耦'는 두 사람이 나란히 논밭을 간다는 의미에서 2인 1조의 의미로 발전해가면서 '우偶'라고 적기도 한다. 이렇듯 '우偶'와 '우耦'는 모두 '짝수' 혹은 '짝을 이루다'의 의미를 갖는다. 이런 의미에서 한 걸음 더 나아가 두 한자 모두 '화합'의 의미도 갖는다. 무릇 화합이란 분명 아름다운 일이다. 송나라 때 문사 손광헌孫光憲은 시 「주천자酒泉子」에 '연성쌍燕成雙, 난대영앵對影, 우신지耦新知'라고 표현했다. '제비가 쌍을 이루고, 난 새 그림자를 마주하며, 벗이 짝을 이루다'라는 뜻이다. 한마디마다 '쌍雙, 대對, 우耦'를 써서 화합이 이뤄낸 아름다운 장면을 묘사하고 있다.

여기에서 '쌍雙, 대對, 우耦'는 모두 숫자 '이二'와 직접적 관련을 맺고 있음을 알 수 있다.

'이二'는 최소의 짝수이자 둘씩 짝을 이뤘음을 의미한다. 우리 주변의 수많은 사물이 두 개로 구성돼 있는데 사람도 두 눈, 두 귀, 두 손, 두 발이 있다. 대립하고 있는 수많은 대상도 하나가 둘로 나뉘어 있다. 상하, 좌우, 동서, 전후, 음양, 정부正否 등이 그렇다. 그래서

二

두 이

사람들은 아주 자연스럽게 하나로 된 사물을 불완전하게 인식하고 두 개가 하나로 조합이 돼야 완벽하고 조화롭다고 생각하게 된 것이다. 중국인들은 선물을 보낼 때도 '쌍'으로 보내지 '하나'로는 보내지 않는다. 떡이나 과자 같은 선물을 할 때도 두 상자로 보내고 술도 두 병을 보낸다. 둘씩 짝을 이루면서 길하고 상서로운 뜻을 담아 보내는 것이다. 특히 결혼식에서는 많은 물건이 짝을 이룬다. 식장의 문에도 크고 붉은 '희囍' 자를 붙이는데 기쁨에 기쁨을 더하고 경사가 겹치라는 함축적 의미를 담고 있다.

六
여섯 륙

　'이二' 이외에 '육六'도 중국인들이 아주 좋아하는 짝수다. 옛사람들은 '육'과 '순順'에 분명한 뿌리관계가 있다고 믿었다. 『주역』에서 '순順'한 성정을 대표하는 곤괘坤卦는 숫자로 '육륙륙六六六'으로 표시된다. 따라서 민간에서 쓰이는 '육륙대순六六大順'이라는 말은 곧 '모든 일이 순조롭게 잘된다'는 뜻이다. '육'은 또한 운수가 좋다는 뉘앙스를 강하게 띠는 숫자이기도 하다.

　지금까지도 중국인들은 '육'을 여러 분야에서 쓰고 있다. 예를 들어 고대 전통교육 관념에서는 예禮, 악樂, 사射, 어御, 서書, 수數의 '육례六藝'를 배우고 『역경易經』, 『서경書經』, 『시경』, 『춘추春秋』, 『악기樂記』, 『예기』의 '육경六經'을 숙독하고 지知, 인仁, 성聖, 의義, 충忠, 화和의 '육덕六德'을 갖추며 부父, 모母, 형兄, 제弟, 처妻, 자子의 '육친六亲'을 맺으라고 했다.

十
열 십

　또한 '십十'에 대한 중국인들의 애정도 각별했다. 『설문해자』에 따르면 '십十, 수지구야數之具也'라고 나와 있다. '십은 모든 숫자를 갖춘 것이다'라는 뜻이다. 그뿐만 아니라 『좌전』 「희공사년僖公四年」 편에서는 '십시수지소성十是數之小成'이라고 기록돼 있다. '십은 수의 작은 완성이다'라는 뜻이다. 즉 '십'은 아주 완벽한 수라는 말이다. 때문에 '십' 역시 '완벽히 갖추다'라는 의미를 지닌다. 십분十分(대단히), 십족十足(충분한), 십전십미十全十美(완전무결해 나무랄 데가 없다) 등이 그 예다.

'완전무결해 나무랄 데가 없는' 상태를 추구하는 문화적 심리 때문에 중국인들은 '십'을 완벽하고 원만하며 운이 좋은 상징으로 여겼다. 어르신의 생신을 축하하거나 경축하는 의식도 매번 '십' 년마다 횟수가 돌아온다. 또한 모든 일에 '십'이라는 수를 모아 표준 수치로 정하곤 한다. 예컨대 10대 뉴스사건, 10대 고전 레퍼토리, 10대 건축물, 10대 브랜드, 10대 우수 사원, 10대 우수 상품 등이 그렇다.

덧붙이는 이야기 '이二'와 '량兩' 혹은 '량倆'의 차이

'이二'와 '량兩'은 숫자로서 의미는 같으나 용법상의 차이가 있다.

그런가 하면 '량倆'은 '두 개'를 뜻하지만 '량兩'과는 용법이 다르다.

이 세 가지 글자들은 외국인들이 중국어를 배울 때 꽤 어려워하는 글자들이다. 또한 중국인들 스스로도 간혹은 자칫 잘못 쓸 때가 있다. 특히 '량兩'과 '량倆'은 반드시 구분해서 써야 한다.

'량倆'과 '량兩'의 가장 큰 차이점은 바로 '량倆' 뒤에는 '개個' 혹은 다른 양사量詞(사람이나 사물 혹은 동작의 단위를 나타내는 품사—옮긴이)가 올 수 없다는 것이다. 그런가 하면 '량兩'의 뒤에는 양사를 대동할 수 있다. 그러므로 '우리 둘'이라는 의미의 '찰문량咱們倆'과 '찰문량개咱們兩個'는 같은 의미로 쓸 수 있다. 하지만 '두 사람'을 의미하는 '양구인兩口人'에서 '량兩'은 가능하지만 그 자리에 '량倆'은 올 수 없다. 현대 중국어에서 '량倆'과 용법이 같은 글자로는 '삼仨'이 있다. 이를테면 '일공오개一共五個, 아흘료량我吃了倆, 타흘료삼他吃了仨'이라는 문장은 '모두 다섯 개에서 나는 두 개를 먹고 그는 세 개를 먹었다'라는 뜻이다. 여기에서 '량倆'과 '삼仨'이 같은 용법으로 쓰였다는 점을 알 수 있다.

그 밖에도 '량兩'은 숫자를 의미하면서 또 양사로 쓰이기도 한다. 중국식 도량형 단위인 '근斤'의 아랫단계의 단위다. 하지만 고대에 '량兩'이라는 양사의 용도는 매우 광범위했다. 중량의 단위였을 뿐만 아니라 수레나 천이나 신발 등에도 쓰였다. 『좌전』「민공이년閔公二年」 편에 '귀부인어헌歸夫人魚軒, 중금삼십량重錦三十兩'이라는 문구가 나온다. '부인에게는 물고기 가죽으로 장식한 부인용 수레와 고운 비단 삼십 필을 보냈다'는 뜻이다. 여기에서 '삼십량三十兩'은 삼십 필의 직물을 의미한다. 또한 당나라 때 대숙륜戴叔倫의 시 「억원상인憶原上人」에 '일량종혜팔척등一兩棕鞋八尺藤, 광릉행편우금릉廣陵行遍又金陵'이라는 표현이 있다. '수레 한 대와 풀신으로 팔 척 넝쿨을 헤치고 광릉을 두루 돌아다니다 보니 또 금릉에 와 있네'라는 뜻이다. 여기에서 '일량一兩'은 '한 쌍'의 의미를 지니고 있다. 고대의 마차는 일반적으로 바퀴가 두 개여서 '일량'은 '수레 한 대'를 의미한다. 『시경』「작소鵲巢」 편에 '지자어귀之子於歸, 백량어지百兩禦之'라는 문구가 있다. '그 여자가 시집을 가니 백 대의 꽃수레가 그 여자를 맞이하네'라는 뜻이다. 여기에서 '백량'은 백 대의 수레를 의미한다. 시간이 흘러 '량兩'의 왼편에 '차車' 하나가 더해져 수레의 숫자를 세는 양사인 '량輛'이 되었다.

二. 홀수는 정말 '불길'한 숫자일까?

짝수가 안정되고 화목하며 아름다운 의미를 지닌 반면 홀수는 중국인들의 심리 속에 불안정하고 기울어지기 쉽다는 의미로 각인돼 있다.

'기奇' 자를 '홀수 기'라고 읽을 때는 그대로 홀수의 의미를 지닌다. 『설문해자』에서 '기奇, 일왈불우一曰不耦'라고 했다. '기는 하나이기에 홀수라고 한다'라는 뜻이다. 앞에서 언급한 바 있는데 '우耦'는 짝수이니 '불우不耦'는 홀수라는 뜻이 된다. 그런가 하면 고대에 홀수이거나 한 개인, 사물도 수없이 많았는데 모두 '편향되다'라든지 '좋지 않다'는 의미를 갖고 있었다. 예를 들어 '기좌奇左'는 왼쪽 팔만 있다는 뜻이다. '기편奇偏'은 한쪽으로 치우쳐 편파적이라는 뜻이 된다. '기거奇車'는 규정에 맞지 않는 수레를 의미한다. '기'는 기울어졌기 때문에 '순조롭지 않다'는 의미도 갖고 있다. '기인奇人'은 인생이 순탄치 못하고 불우한 사람이라는 뜻이다. '수기數奇'는 팔자가 사납거나 일이 대부분 잘 풀리지 않는다는 뜻이다. 당나라 때 왕유는 시 「노장행老將行」에 '위청불패유천행衛靑不敗由天幸, 이광무공연수기李廣無功緣數奇'라고 표현했다. '위청이 패하지 않은 것은 천행 때문이고, 이광에게 공이 없었던 것은 불우했기 때문이다'라는 뜻이다. 이광이 공을 세웠는데도 벼슬을 얻지 못한 것은 운이 따르지 않았기 때문이라고 여겼던 것이다. 그야말로 개인의 주관을 담은 의견이다.

'기'와 관련이 있는 글자로는 '기攲'가 있다. 역시 기울거나 바르지 않다는 의미를 지니고 있다. '기攲'와 '측側'이라는 두 개의 비슷한

奇
홀수 기

攲
기울 기

의미를 지닌 글자가 조합해 '기측敧側'이라는 단어가 만들어져 마찬가지로 '기울다, 바르지 않다'를 뜻한다. 북위北魏 때 양현지楊炫之는 『낙양가람기洛陽伽藍記』「문의리聞義里」편에 '자차이서自此以西, 산로기측山路敧側, 장판천리長阪千里, 현애만인懸崖萬仞'이라고 적었다. '여기서부터 서쪽으로 향하니 산길이 기울어 경사진 산비탈이 천 리나 되고 절벽이 만 인이나 된다'라는 뜻이다. 한편 '기울어진' 글씨체를 쓰기도 하는데 그것은 좋지 않다는 의미를 표시하기 위함이 아니다. 글자 형태를 더욱 생동감 넘치고 활기 있기 묘사하기 위해서다.

중국인들이 짝수를 숭상한다고 해서 홀수를 완벽하게 배척한다는 뜻은 아니다. 사실 몇 가지 홀수는 중국의 전통문화 속에서 깊은 사랑을 받고 있기도 하다. 대표적인 숫자가 바로 '오五'와 '구九'다.

五
다섯 오

사람의 한 손은 다섯 개의 손가락으로 이루어져 있고 숫자 '오'는 손가락을 꼽아 계산하는 옛사람들에게 매우 친근했다. 그런가 하면 십진법에서도 '오'로 올림하는 관점이 담겨 있다. 예컨대 이오십二五十, 삼오십오三五十五, 사오이십四五二十 등이 그렇다. 그래서 '십'과 마찬가지로 '오' 역시 상대적으로 완벽하고 원만한 숫자로 간주된 것이다. '오'에 대한 중국인들의 애정은 중국어에서 '오'로 구성된 수많은 단어 속에서 확인할 수 있다. 오복임문五福臨門(오복이 찾아오다), 오곡풍등五穀豐登(오곡이 풍성하다), 학부오거學富五車(책을 많이 읽어 학식이 풍부하다), 오채빈분五彩繽紛(오색찬란하다) 등이 그 예다.

九
아홉 구

'구九'는 아마도 가장 인기 있는 홀수일 것이다. 최대의 한 자리수로서 '구'는 '꼭대기' 수이자 '성스러운' 수이고 '운이 좋은' 수다. 그런 의미에서 '구오지존九五之尊'은 권세나 지위 등이 최고봉에 이른 제왕을 의미한다. 숫자 '구'는 바로 제왕의 상징인 것이다. 중국 고대에 황제와 관련된 수많은 사물에는 모두 앞에 '구'라는 숫자가 붙어 있었다. 청동기 중 '구정九鼎'은 최고 권력을 지닌 왕권을 상징했다. 그러므로 '일언구정一言九鼎'이라는 성어는 말에 무게가 있어 엄청난 영향력을 미칠 수 있음을 의미한다. 그 밖에도 황제의 주변에는 '구경九卿'을 두었고 수도에는 '구문九門'이 설치돼 있었다. 현재 베이징에 있는 구궁故宮(고궁)과 톈탄天壇(천단)의 건축물들은 모두 숫자 '구'를 체현해놓았다. 예를 들어 구궁의 3대 전각의 높이는 9장 9척이고 각 대전의 계단 수는 아홉 계단이거나 그 배수로 이루어져 있다. 한편 쯔진청紫禁城(자금성)의 방 개수는 9,999칸 반이라고 한다.

지금까지도 변함없는 '구'에 대한 중국인들의 애정은 음력 9월 9일 중양제重陽節(중양절)에 핵심적으로 드러난다. '중양重陽'이라는 말은 『주역』의 '이양효위구以陽爻爲九'에서 비롯됐다. '양효를 일러 구라고 한다'는 뜻이다. 구는 양수陽數, 즉 홀수의 최대 수이고 9월 9일은 마침 두 개의 최대 홀수가 중첩되어 '중양重陽'이라고 한 것이다. 중국에서 중양제의 역사는 매우 오래됐다. 그날 산에 오르거나 수유나무를 머리에 꽂는 것은 천년 동안 이어 내려온 전통풍속이다. 남북조 때 사람인 종름宗懍은 『형초세시기荊楚歲時記』에 '구월구일연회九月九日宴會, 미지기어하대未知起於何代. 연자한지송미개연自漢至宋未改. 금북인역중차절今北人亦重此節. 패수유佩茱萸, 식이食餌, 음국화주飮菊花酒, 운령인장수雲令人長壽'라고 기록했다. '구월 구일의 연회는 어느 시대부터 기원했는지 모른다. 하지만 한나라부터 송나라까지 변치 않았다. 이제 북방 사람들도 이 절기를 중시한다. 수유나무를 달고 국화떡을 먹고 국화주를 마시니 사람들을 장수케 한다'는 뜻이다. 예로부터 중양제는 장수가 주제였음을 짐작할 수 있다. 현재 중국에서는 중양제 당일을 '경로일敬老日(노인의 날)'로도 정했는데 이것은 바로 앞에 설명했던 전통을 계승한 데서 비롯됐다.

반면 서양 사람들은 홀수에 대한 정반대의 생각을 갖고 있다. 그들은 짝수를 불길하게 여기고 분열의 의미로 본다. 러시아 사람들은 홀수와 짝수의 개념에 대해 매우 맹목적인 경향이 있다고 한다. 그래서 살아 있는 사람에게 꽃을 보낼 때는 반드시 홀수로 보내야 하고 죽은 사람에게 헌화할 때에만 짝수로 준비한다. 그렇지 않으면 금기를 위반한 것으로 본다고 한다. 한편 이웃인 일본 사람들 역시나 삼, 오, 칠 등 홀수를 편애하고 그중에서도 특히 '삼'에 대한 애정이 각별하다. 결혼식에서 축의금을 전달할 때 '3만 엔'이나 '5만 엔' 등을 붉은 종이봉투에 넣는 게 관례라고 한다. 짝수는 둘로 나뉠 수 있기 때문에 일본 사람들은 두 사람의 이별 같은 좋지 않은 이미지를 갖게 된다고 생각하는 것이다.

三. 중국인은 왜 그렇게 '8八'을 좋아할까?

'일一'에서 '십十'까지 중 중국인들이 가장 좋아하는 숫자를 대보자면 단연 '팔八'이다. 전화번호든 차량번호든 숫자 '팔'이라면 두 말 않고 대환영이다. 만일 연달아 '팔'이 몇 개가 나오면 사람들 대다수가 거금도 아까워하지 않고 떼 지어 몰려든다. 이전에 한동안 뉴스에는 중국의 모 지역에서 '팔'이 연달아 나열돼 있는 차량번호판이 최고가에 팔렸다는 보도가 심심찮게 나왔다. 이처럼 '팔'은 수많은 중국인의 마음속에 귀한 몸값을 자랑하고 있음을 알 수 있다.

중국인들이 숫자 '팔'을 이처럼 각별하게 대하는 이유는 '해음諧音(발음은 같지만 철자가 다른 동음이철어−옮긴이)' 현상과 관련이 있다. 소위 '해음諧音'이란 글자와 글자 사이 혹은 단어와 단어 사이의 독음이 같거나 비슷한 것을 말한다. 중국어에서는 해음 현상이 꽤 많다. 그래서 중요한 문화적 현상을 만들어내기도 한다. 전형적인 예 하나를 들자면 '송종送鍾(시계를 선물하다)'과 '송종送終(장례를 치르다)'이 있다. 이 두 단어의 발음이 같아서 중국인들은 시계 선물을 꺼리는 경향이 있다. 외국인들은 이런 금기를 잘 모르기 때문에 간혹은 꽤 난처한 상황을 자아내기도 한다.

그런가 하면 숫자 '팔'은 광둥어의 '발發'과 해음 관계여서 이 숫자는 중국 광둥 지역과 홍콩 등지에서 '번영, 부, 사회적 지위'를 의미한다. 광둥성에 위치한 주삼각珠三角 지역의 경제가 근 수십 년 동안 비약적인 발전을 이루면서 이 지역의 방언이나 문화도 중국의 다른 지역에까지 영향을 미치고 있다. '팔'을 아끼는 지역적 문화가 전국적 범위의 보편적 현상이 된 것이다. 베이징 올림픽 개막 시간을 2008년 8월 8일 밤 8시로 정한 것 역시 중국인들이 숫자 '팔'에 부여한 운수대통이라는 신분적 특징에 대한 인식을 충분히 대변해 준다.

하지만 역사적으로 봤을 때 숫자 '팔'에 대한 중국인들의 태도는

八
여덟 팔

꽤 복잡한 면을 갖고 있다. 앞에서 언급했던 바와 같이 '팔'은 본래 '분리'의 의미였다. 『설문해자』에 따르면 '팔八, 별야別也, 상분별상배지형像分別相背之形'이라고 나와 있다. '팔은 나눈다는 것으로 나뉘어 서로 등지고 있는 모습을 본뜬 것이다'라는 뜻이다. 청나라 때의 저명한 훈고학자 단옥재는 그에 대한 해석으로 '금강절속어今江浙俗語, 이물여인위지팔以物與人謂之八, 여인칙분별의與人則分別矣'라고 했다. '지금의 절강 지방의 속어에서는 다른 이에게 물건을 주는 것을 팔이라고 하며, 사람과 헤어져도 팔이라고 한다'라는 뜻이다. 이런 각도에서 봤을 때 '팔'은 돈을 버는 것과 관계도 없고 되레 정반대의 의미를 지녔다. 그래서 중국의 일부 지역에서는 지금까지도 '팔'이라는 숫자를 금기시하고 있다.

설사 광둥어에서는 좋은 의미가 있다 하더라도 '팔'에는 좋지 않은 의미도 포함돼 있는 것이다. 함부로 지껄이거나 뒷말하기를 좋아하는 여자들을 일컬어 '팔파八婆'라고 한다거나 험담을 늘어놓는 것을 보고 '팔괘八卦'라고도 하니 말이다.

하지만 다른 면에서 봤을 때 '팔'은 중국의 전통문화 속에서 무시할 수 없는 숫자임에는 확실하다. 불교의 시조 석가모니의 탄생일로 알려진 날은 음력 사월 초파일이고 음력 십이월 초파일은 성불한 날이다. 그렇기 때문에 '팔'은 중국 불교문화에서 특히 중요하게 생각하고 있다. 마찬가지로 도교에서 모든 사람이 알고 있는 '팔선八仙'이나 『주역』의 '팔괘八卦' 모두 '팔'로 명명돼 있다. 이렇게 해서 '팔'에는 또한 수많은 신비한 색채가 가미된 것이다.

해음으로 다시 보게 된 숫자가 바로 '구九'다. '구九'는 '구久'와 해

음 관계를 맺고 있다. 그래서 장수와 관련이 있음과 동시에 현대인들은 사랑이 '영원히 변치 않는다天長地久(천장지구)'는 아름다운 뜻을 부여해주었다. 한때 유행했던 가요인 〈구백구십구 송이 장미꽃 九百九十九朵玫瑰〉은 장미꽃을 찬미함과 동시에 숫자 '구'를 찬미하고 있다. 요즘 청년들은 애인에게 장미꽃을 선물할 때 '99'송이를 맞추지 못하면 사랑하는 마음을 표현하지 못하는 것처럼 느낀다. 그래서 심지어 꽃집에서는 아예 특정한 규격처럼 99송이 장미꽃다발을 제작해놓기도 한다.

상서로운 해음이 있다면 당연히 불길한 해음도 있게 마련이다. 숫자 중에서 해음의 영향을 받아 사람들이 싫어하는 숫자가 바로 '사四'다. '사四'는 '죽을 사死'와 발음이 비슷해 많은 사람이 싫어하는 숫자다. 가능하다면 최대한 '사四'를 피하려고 하는 것이다.

四
넉 사

'사'를 불길함의 상징으로 간주하는 것은 비단 중국에만 있는 독특한 현상이 아니다. 같은 한자문화권에 있는 한국이나 일본 역시 '사'를 불길한 숫자로 간주하고 있다. 한국어나 일본어에서도 '사'의 발음 역시 '사死'와 비슷하기 때문이다. 특히 한국 사람들은 건물의 층을 표시할 때 '사'를 쓰기를 꺼린다고 한다.

　사실 '사'는 전통적으로 상서로운 '좋은' 수였다. 중국어에서는 공간이나 방향의 개념을 표시할 때 '사'가 많이 쓰였다. 사방四方, 사면四面, 사해四海 등이 그렇다. 여기에서 알 수 있듯이 '사'는 우리가 지내고 있는 주변 세상과 관련을 맺으면서 완전하고 완벽한 개념을 뜻한다. 사통팔달四通八達(사방으로 통하다), 사해승평四海升平(천하가 태평하다), 사평팔온四平八穩(매사에 믿음직하다) 등의 단어는 모두 완전하고 안정된 긍정적 의미를 갖고 있다. 중국인들은 설이나 명절이 되면 사희환자四喜丸子(돼지고기 완자를 한 그릇에 네 개씩 놓은 것―옮긴이)를 즐겨 먹는다. 또한 중국의 일부 지역은 결혼식 때 '사양례四樣禮(신부를 맞이할 때 보내는 예물의 종류―옮긴이)'를 보내는 데 꽤 신경을 쓰는 풍속이 있다. 이 모든 현상은 중국인들이 전통적으로 '사'를 배척하지도 않았고 심지어는 좋아한다는 점을 설명해주고 있다.

　숫자 중에 해음과 관련이 있는 또 다른 현상으로 '이백오二百五(멍청이)'를 설명할 필요가 있다. '이백오'는 중국어에서 별로 좋지 않은 글자다. 멍청해 보이거나 일처리가 경솔하고 분수를 모르는 사람에 대한 비웃음의 말이다. 하지만 하나의 숫자가 어떻게 이런 좋지 않은 의미와 관련을 맺게 됐을까? '이백오'의 유래와 관련해 여러 가지 의견이 있다. 그중 하나는 중국 고대에는 은 오백 냥을 '1봉封'으로 했고 따라서 이백오십 냥은 '반봉'이 되었다. 한편 '반봉'이 '반풍半瘋(반미치광이)'과 해음 관계여서 '이백오' 또한 간접적으로 사람을 조롱하는 단어가 된 것이다.

말 속의 해음 현상은 다채로운 이미지를 선사하기도 한다. 중국에서는 최근 몇 년간 '520'이 '사랑해我愛你'를 대신 의미하고 '521'이 '난 원해我願意'를 의미하며 '1314'가 '평생一生一世'을 의미하는 등 숫자와 관련된 해음 현상이 대대적으로 유행했다. 중국어로 숫자의 발음에 상응하는 단어를 대응시켜 편리하고 재미있게 활용한 것이다. 해음을 통해 숫자는 모습을 바꿔 대인관계 속에서 굳이 말을 하지 않아도 마음으로 깨닫고 이해할 수 있는 '암호'가 되었다. 불가사의하고도 신비한 마력을 갖춘 것이다.

예로부터 지금까지 중국인들의 생활은 여러 방식을 통해 숫자와 관계를 맺어왔다. 좋기도 하고 나쁘기도 하며 또 길하기도 하고 불길하기도 한 숫자는 예술이나 문학이나 언어 등 여러 부분으로 침투해 사람들의 생활 면면에 영향을 미치고 있다. 옛사람들은 군대를 일으켜 전쟁을 치르거나 관혼상제 등 큰일이 있거나 이사를 하거나 먼 거리를 갈 때 책력을 들춰보거나 날짜를 따졌다. 한편 현대인들은 번호를 고르거나 건물의 층을 선택하거나 선물을 보내는 등 무슨 일이 생기면 숫자가 지닌 '길함과 흉함'을 따졌다. 사실 전통문화의 요소도 그렇고 해음이나 유추나 연상도 그렇고 숫자들이 의미하는 길흉화복은 결국 아무런 과학적 근거가 없는 미신일 뿐이다. 믿고 안 믿고는 전적으로 개인의 선택에 달려 있다.

'73세'와 '84세'는 왜 불길할까?

　중국 민간에는 '칠십삼 세와 팔십사 세에는 염라대왕이 데리러 오지 않아도 스스로 간다'는 속담이 전해 내려온다. 즉 73세와 84세는 두 번의 불길한 '고비'라는 뜻이다. 이 말은 도대체 어디에서 유래했을까?

　거기에는 중국 고대의 두 성현인 공자와 맹자가 관련이 있다. 전해지기를 공자는 칠십삼 세에 세상을 떠났고 맹자는 팔십사 세에 세상을 떠났다고 한다. 사람들은 이 두 나이를 모든 사람에게 해당하는 범주로 확대시켜 성인도 내딛지 못한 '고비'이니 보통 사람이야 더 말할 게 없다고 생각했던 것이다. 그래서 일반 노인들은 이 나이가 되면 특별히 주의를 기울이고 가족들도 이때가 되면 노인들에게 생신 축하를 하지 않는다. 이는 사람들이 전혀 상관이 없는 상황을 주관적으로 한데 결합시킨 것으로 사실 전혀 과학적 근거가 없음을 알 수 있다.

제5장

숫자의 풍부한 '표정'

이번 장에서는 다음의 한자들에 대해 이야기를 나누려고 한다.

壹 貳 參 叁 肆 伍 什

한 일　두 이　별 이름 삼　석 삼　방자할 사　대오 오　열 사람 십

佰 仟 駟

일백 백　일천 천　사마 사

一. 숫자에도 표정이 있을까?

　중국어에 나오는 숫자는 계산의 기능 이외에도 실재이거나 허구의 뜻도 있고 비하하거나 칭찬의 의미도 있으며 길하거나 흉한 의미도 있다. 거기에 내포된 의미는 '수' 자체가 지닌 기능을 훨씬 뛰어넘는다.

　수많은 숫자 중 일반 숫자도 그렇고 갖은자 숫자도 그렇고 숫자로 사용하기 이전에 그 자체로 모두 풍부한 함축적 의미를 지니고 있어 흡사 생동감 있고 다채로운 '표정'을 갖고 있다고 해도 무방할 정도다. 이런 함축적 의미 중 어떤 것은 고대 중국어에만 머물러 있기도 하고 또 어떤 것은 각종 방식으로 전승되어 현재도 쓰이고 있다.

壹
한 일

　갖은자 숫자 '일壹'은 본래 '한결같다'는 의미를 지녔다. 『설문해자』에 '일壹, 전일야專一也'라고 나와 있다. '일은 한결같다'라는 뜻이다. 『순자』 「대략大略」 편에 따르면 '군자일교君子壹教, 제자일학弟子壹學, 극성亟成'이라는 표현이 있다. '군자는 가르치기를 전일하게 하고, 제자는 배우기를 전일하게 해야 빨리 성취하게 된다'는 뜻이다. 가르치든 배우든 전심전력으로 몰두해야 신속하게 성취를 이룰 수 있다는 말이다. 또한 『좌전』 「문공삼년文公三年」 편에는 '여인지일야與人之壹也'라고 나와 있다. '그 사람에게 신임을 두는 것이 한결같았다'라는 뜻이다. 여기에서 '일'은 '한결같다, 다른 마음을 품지 않는다'의 의미다. 이런 의미에서 등장한 '일심壹心'이나 '일덕壹德'과 같은 단어는 모두 '마음을 합치다, 전심전력하다, 일념'의 의미를 지닌다. '전일專一'이라는 단어는 원래 '전일專壹'로 쓰였다. 예를 들어 『좌전』

「소공이십년」 편에 '약금슬지전일若琴瑟之專壹, 수능청지誰能聽之'라는 표현이 나온다. '만약 작은 거문고와 큰 거문고가 한 음만 연주한다면, 누가 그걸 즐겨 듣겠습니까?'라는 뜻이다. '일壹'은 '전일'의 의미에서 또다시 '통일, 일치'의 의미를 갖게 됐다. 또 다른 예로 『상군서商君書』 「상형賞刑」 편에 '성인지위국야聖人之爲國也, 일상壹賞, 일형壹刑, 일교壹教'라는 표현이 나온다. '성인이 나라를 다스리는 데는 일상과 일형과 일교가 있다'라는 뜻이다. 다시 말해 성인이 국가를 다스리는 방법은 '통일된 상과 통일된 벌과 통일된 교화'에 있다는 것이다. 또한 최초에 '일동壹同, 일통壹統, 일체壹體' 등 '통일'의 의미를 가지고 있는 단어 중에도 '일一'이 아닌 '일壹'을 썼다. 시간이 흘러 '일壹'은 숫자 '일一'의 갖은자로 쓰였다. 한편 '일壹'이 기존에 지니고 있던 의미 역시 '일一'로 표시하게 됐다. 현재 '일壹'은 갖은자 숫자로서의 용법만 남고 다른 의미는 '일一'로 전이되었다.

'이貳'와 '일壹'은 사실 반대말이다. 갖은자 숫자 '이貳'는 본래 '부수적인'의 의미로 '정正'과 상반된다. 『주례』 「천관天官」 편에 '내시법어관부乃施法於官府, 이건기정而建其正, 입기이立其貳'라는 문구가 있다. '관청에서 팔법을 시행하고 각 관청에 관리를 배치하고 관리에게는 조수를 둔다'라는 뜻이다. 여기에서 '이貳'는 부직(조수)을 의미한다. 『주례』 「추관秋官」 편에는 '개수기이이장지皆受其貳而藏之'라고 나와 있다. '모두 서약의 복제본을 받아 숨겼다'라는 뜻이다. 여기에서 '이貳'는 복제본의 의미다. 그리고 '부수적인'의 의미에서 '보조와 협조'의 의미로 발전했다. 『후한서』 「중장통렬전仲長統列傳」 편에는 '진겸천하秦兼天下, 칙치승상則置丞相, 이이지이어사대부而貳之以禦史

貳
두 이

大夫'라는 문구가 나온다. '진나라가 천하를 아우르고 승상을 두어 이로써 어사대부가 돕게 했다'라는 뜻이다. 여기에서 '이'는 또 '보조하다, 협조하다'의 의미에서 한 층 더 발전해 '두 주인에게 종속되다'의 의미를 지니게 됐다. '두 주인에게 종속되다' 역시 '한결같지 않다'는 뜻을 지닌다. 그래서 '이'는 '일壹'이 지닌 '한결같다'의 의미와 반대되어 '한결같지 않다'거나 '딴마음을 품다'라는 뜻을 드러낸다. 『국어』「주어周語」 편에는 '기형교무其刑矯誣, 백성휴이百姓攜貳'라는 표현이 있다. 즉 형벌이 공정하지 못해 백성들이 딴마음을 품게 된다는 뜻이다. '이심貳心(두 마음)'이나 '이신貳臣(반역자, 두 임금을 섬기는 신하)' 등의 단어는 이렇게 유래된 것이다. 하지만 '이심' 속의 '이' 역시나 '이二'로 쓸 수 있는데 '이신'의 '이'는 '이二'로 쓸 수 없다.

참 갖은자 숫자 '삼叁'은 고대에 '삼參'과 서로 긴밀한 관계를 맺고 있

별 이름 삼

었다. '삼叁'은 조금 더 이후에 등장한 글자 형태다. '삼參'은 처음에 별자리 이름이자 28성수 중 하나로 '별 이름 삼'이라고 읽는다. 『시경』「소성小星」 편에 '유삼여묘維參與昴'라는 표현이 있다. '삼성과 묘성이다'라는 뜻이다. 이처럼 '삼參'과 '묘昴'는 별자리 이름이다. 또한 『설문해자』에 '삼상參商, 성야星也'라고 돼 있다. '삼성과 상성은 별자리다'라는 뜻이다. '삼상'은 삼성과 상성을 의미한다. 이 두 별자리는 다른 시기에 하늘에 나온다. 즉 삼성과 상성은 서로 만나지 못하는 것이다. 그렇기 때문에 사람들은 '삼상'을 써서 친척이나 친구가 두 지역으로 갈라져 만나지 못하거나 사람과 사람의 사이가 좋지 못함을 비유한다. 당나라 때 시인 두보의 시 「증위팔처사贈衛八處士」에 '인생불상견人生不相見, 동여삼여상動如參與商'이라는 표현이 나온

다. '살다 보면 서로 만나기가 삼성과 상성처럼 어렵다'는 뜻이다. 삼국시대에 조식曹植이 오질에게 보낸 편지인 「여오계중서與吳季重書」에는 '면유일경지속面有逸景之速, 별유삼상지활別有參商之闊'이라는 문구가 있다. '만남은 마치 나는 듯이 달리는 세월처럼 빨리 지나가고, 이별은 마치 삼성과 상성처럼 멀리 떨어져 있다'는 뜻이다.

'삼參'은 여러 가지 독음과 의미를 지니고 있다. '석 삼'이라고 읽을 때는 '삼三'을 의미한다. 하지만 주로는 '셋으로 나눔'을 의미한다. '삼三'의 자연수로서의 용법과는 차이가 있다. 『좌전』「은공원년」 편에 '대도불과삼국지일大都不過參國之一'이라고 나와 있다. '대도시의 성벽은 수도 성벽의 삼분의 일을 넘어서는 안 된다'라는 뜻이다. 『좌전』「소공삼년」 편에는 '민삼기력民參其力, 이입어공二入於公, 이의식기일而衣食其一'이라는 표현이 있다. '백성의 수입을 삼등분하여 삼분의 이는 국가에 바치고 삼분의 일만을 입고 먹는 데 쓰게 한다'라는 뜻이다. 여기에서 '민삼기력民參其力'은 백성의 능력을 셋으로 나누었다는 의미다. 이후에 '삼參'의 독음과 뜻도 '삼叁'으로 고스란히 전이되어 쓰였다. 다시 시간이 흘러 '삼叁'은 숫자 '삼三'의 갖은자 숫자의 형식으로 특별히 쓰였다. 이제 '삼參'은 '별 이름 삼'이나 '참가할 참'이나 '가지런하지 않을 참'이라는 독음과 의미로 쓰이지만 이제 '석 삼'의 의미로는 쓰이지 않는다. 이것은 한자가 분화되면서 생긴 필연적 결과다.

갖은자 숫자 '사肆'는 본래 '진열품, 진열하다'의 의미를 가지고 있었다. 『광운廣韻』에 '사肆, 진야陳也'라는 표현이 나온다. '사는 진이다'라는 뜻이다. 『시경』「행위行葦」 편에 '사연설석肆筵設席'이라고 했

叁
석 삼

肆
방자할 사

다. '술자리를 차려놓다'라는 뜻이다. '진열陳列'의 의미가 사람에게
쓰이면 힘과 재능과 지혜가 충분히 발휘된다는 뜻이 된다. 『후한서』
「승궁전承宮傳」 편에는 '후여처자지몽음산後與妻子之蒙陰山, 사력경종
肆力耕種'이라는 문구가 있다. '승궁이 이후에 부인과 몽음산으로 들
어가 온힘을 다해 밭을 갈았다'라는 뜻이다. 여기에서 '사력肆力'은
'온힘을 다하다'라는 뜻이다. 진晉나라 때 갈홍葛洪은 『포박자』 「숭교
崇教」 편에 '사심어세무자肆心於細務者, 불각유도지홍원不覺儒道之弘遠'
이라고 적었다. '애를 써서 꼼꼼히 일하는 사람은 유가의 도와 원대
한 뜻을 깨닫지 못한다'는 뜻이다. 여기에서 '사심肆心'은 '애쓰다, 마
음을 다하다'의 뜻이다. 이 구절은 잘하지 못하는 분야의 일을 하는
데 있어서 무턱대고 닥치는 대로 행동한다는 의미를 내포하고 있다.
또한 『좌전』 「소공이십년」 편에는 '석(주)목왕욕사기심昔(周)穆王欲肆
其心, 주행천하周行天下'라고 기록돼 있다. '옛날 주나라 목왕이 자신
의 뜻한 바를 펼치고자 천하를 두루 돌아다녔다'라는 뜻이다. 다시
말해 주나라 목왕이 자기 뜻대로 거리낌 없이 행동했다는 것이다.
현재까지도 여전히 자주 쓰이는 사학肆虐(위력을 떨치다), 사무기탄肆
無忌憚(제멋대로 굴다), 사의肆意(마음대로), 방사放肆(버릇없이 굴다), 자
사恣肆(방종하다) 등의 단어는 '사'의 이런 의미를 기반으로 생긴 것
들이다.

  '사'에는 또 한 가지 의미가 더 있는데 바로 '수공업 공장' 혹은 '상
점'이다. 『논어』 「자장子張」 편에 '백공거사이성기사百工居肆以成其事'
라는 표현이 있다. '모든 일꾼은 작업장에서 일을 이룬다'라는 뜻이
다. 다시 말해 각종 직업에 종사하는 장인들은 수공업 작업장에

서 자신의 일을 완성한다는 것이다. 『후한서』「왕충전王充傳」편에는 '왕충가빈무서王充家貧無書, 상유낙양시사常遊洛陽市肆, 열소매서閱所賣書'라고 나와 있다. '왕충은 집이 가난해 책이 없어서 항상 낙양 시장의 상점을 돌아다니며 팔려고 내놓은 책을 보았다'라는 뜻이다. 여기에서 '시市'와 '사肆'가 나란히 있는데 '시'는 재래시장을 의미하고 '사'는 상점을 의미한다. 사자성어인 '포어지사鮑魚之肆'는 소금에 절인 생선을 파는 상점이라는 뜻이다. 생선은 잘 부패하기 때문에 악인이나 소인들이 모이는 곳을 비유적으로 말할 때 쓴다. 북제北齊 때 안지추顔之推는 『안씨가훈顔氏家訓』「모현慕賢」편에 '여선인거與善人居, 여입지란지실如入芝蘭之室, 구이자방야久而自芳也. 여악인거與惡人居, 여입포어지사如入鮑魚之肆, 구이자취야久而自臭也'라고 적었다. '착한 사람과 같이 살면 향기로운 지초와 난초가 있는 방 안에 들어간 것과 같아서 저절로 그 향기가 몸에 밴다. 착하지 못한 사람과 같이 있으면 생선가게에 들어간 것과 같아서 오래도록 저절로 나쁜 냄새가 난다'의 뜻이다. 이 글에서 안 씨는 향기의 '향초로 가득한 방'과 썩은 냄새의 '어물전'을 대조해 좋은 사람을 가까이 하면 좋게 변하고 나쁜 사람과 가까이 하면 나쁘게 변한다는 관점을 서술했다.

二. '수'가 숨어 있는 한자들

숫자는 그 자체로 풍부한 의미를 내포하고 있을 뿐만 아니라 한자를 구성하는 데도 참여해 '수'의 '표정'을 다른 한자에 이입시키고 있다. '오伍', '십什', '백佰', '천仟', '사駟' 등의 글자들 중에도 이런 숫자의 그림자를 엿볼 수 있다.

伍
대오 오

갖은자 숫자 '오伍'는 처음에 '다섯 사람'을 뜻했다. 『관자』 「소광小匡」 편에 '오인위오五人爲伍'라고 나와 있다. '다섯 사람을 오라고 한다'는 뜻이다. 고대 군대의 편제는 다섯 명을 하나의 기본 단위로 해서 '오伍'라고 불렀다. 그래서 오伍가 '항行'이 되어 '항오行伍' 역시 군대를 뜻하게 됐다. 『사기』 「진섭세가陳涉世家」 편에 '섭족항오지간躡足行伍之間'이라는 표현이 있다. '군대의 행렬에 끼어 있다'는 뜻이다. 즉 '진섭陳涉'은 군대의 사병 출신이라는 뜻이다. 또한 고대의 호적에서는 다섯 집을 한 단위로 '오伍'라고도 했다. 『일주서逸周書』 「대취大聚」 편에 '오호위오五戶爲伍'라고 나와 있다. '다섯 집을 오라고 한다'라는 뜻이다. 또한 '오'는 이런 의미를 기반으로 '한 패거리, 일당'의 의미를 갖는다. 『사기』 「회음후열전」 편에 '생내여쾌등위오生乃與噲等爲伍'라는 표현이 있다. '내가 결국 번쾌와 같은 사람이 되고 말았구나'라는 뜻이다. 여기에서 '음陰'은 서한西漢의 개국 공신인 번쾌樊噲를 뜻한다. 이와 관련해 유명한 역사적 고사가 있다. 유방이 서한 정권을 수립한 뒤 번쾌를 무양후舞陽侯에 책봉했다. 하지만 대장군 한신韓信이 군대를 보유하고 자신의 지위를 강화할까 걱정돼 한신을 회음후淮陰侯로 강등시켰다. 한번은 한신이 번쾌의 집을 방문했는데 개고기 장사치 출신의 번쾌가 무릎을 꿇고 엎드려 절하면서 한신을 맞이했다. 그 일이 있은 뒤 한신은 자신이 번쾌 같은 인간과 동렬이 돼버렸다는 후회와 함께 수치심을 느꼈다. 시간이 흘러 사람들은 '수여쾌오羞與噲伍(용렬한 사람과 어울리는 것을 수치로 생각하다)'

나 '치여쾌오恥與噲伍(비루하고 범속한 사람과 동료가 되기를 원치 않다)'로 누군가와 동료가 되는 것을 경시하는 마음을 비유하고 있다.

한편 『예기』 「제의祭義」 편에 '군려십오軍旅什伍'라고 나와 있다. 당나라 때 경학자인 공영달孔穎達이 이 구절에 대해 주석을 해놓았다. '다섯 사람이 오伍이고 2오가 십什이다'라고 해석했던 것이다. 여기에서 알 수 있듯이 '십'은 '오'와 마찬가지로 집단 개념을 뜻하고 있다. 즉 열 사람인 것이다. 따라서 '십오什伍'라는 단어 역시 넓은 의미에서 군대의 기층 편제를 뜻하는 데 쓰인다. 호적에서도 마찬가지다. 열 가구를 '십什'이라고 했다. 『관자』 「입정立政」 편에 '십가위십十家爲什, 오가위오五家爲伍, 십오개유장언什伍皆有長焉'이라고 했다. '열 가구를 십이라 하고 다섯 가구를 오라고 하니 십과 오 모두에 십장과 오장을 두었다'라는 뜻이다. 다시 말해 고대의 호적 관리 제도에서 '오伍'와 '십什'을 단위로 전담자를 두어 관리했다. 『시경』에서의 '아雅'와 '송頌'은 모두 10편을 1십什으로 삼았다. 그래서 후대인들은 '편십篇什'이라는 단어로 시詩를 대신 지칭했다. 송나라 때 소식은 『애자잡설艾子雜說』에 '문족하편십심다聞足下篇什甚多, 감걸일람敢乞一覽'이라고 썼다. '당신의 시작품이 대단히 많다고 하니 제가 읽어보도록 허락해주십시오'라는 뜻이다. 또 다른 예로 중국 현대작가인 정전둬鄭振鐸는 『중국속문학사中國俗文學史』에 "『서조고아천西調鼓兒天』은 남편을 그리워하는 아낙네를 노래한 가장 훌륭한 시집이다"라고 썼다. 여기에서도 '편십篇什'이라는 글자를 써서 '시'를 지칭했다. 이처럼 '편십篇什'이라는 단어는 지금까지도 문학 연구 영역에서 여전히 활기를 띠고 있다.

什
열 사람 십

숫자를 의미할 때 '십什'은 '십十'과 같은 의미를 지닌다. 하지만 분수와 배수 영역에서 더 많이 쓰인다. 『사기』「고조본기高祖本紀」편에 '회천한會天寒, 사졸타지자십이삼士卒墮指者什二三'이라는 문구가 있다. '때마침 크게 추워 사졸 중 손가락이 떨어져 나간 사람이 열에 두셋이었다'라는 뜻이다. '십이삼什二三'은 바로 '십분의 이, 십분의 삼'의 의미다. 중국 역대 왕조에서는 공히 농민에게 조세를 징수하는 제도가 있었다. 맹자는 '십일이세什一而稅, 왕자지정王者之政'의 사상을 언급한 적이 있었다. '십분의 일로 세금을 매기는 것이 왕의 정치다'라는 의미다. 즉 백성이 수확한 십분의 일을 조세로 상납하는 것이 현명한 군주의 방법이라는 것이다. 동한의 순열苟悅은 『한기漢紀』에 '고자십일이세古者什一而稅, 이위천하지중정야以爲天下之中正也'라고 언급했다. '옛적에는 십분의 일의 납세를 천하의 중정이라고 여겼다'라는 뜻이다. 여기에서 옛사람들이 공인했던 합리적인 납세가 바로 십분의 일이었음을 알 수 있다. '십什'은 '십분의 몇'을 의미할 수 있을 뿐만 아니라 '열 배'를 의미하기도 한다. 예를 들어 『맹자』「등문공滕文公」편에 '혹상배사或相倍蓰, 혹상십백或相什百'이라는 표현이 있다. '혹 가치가 배가 되기도 하고 다섯 배가 되기도 하며 혹은 열 배 백 배가 되기도 한다'는 뜻이다. 여기에서의 '배倍', '사蓰', '십什', '백百'은 각각 한 배, 다섯 배, 열 배, 백 배를 의미한다.

또한 '십什'과 '십十'의 의미는 '여러 종류, 잡다한'의 의미로 발전해 갔다. '십물什物'은 가정에서 일상적으로 쓰는 의복이나 일용품이나 각종 용품을 의미한다. 루쉰은 『남강북조집南腔北調集』, 「망각을 위한 기념爲了忘卻的紀念(위료망각적기념)」편에 "깊은 밤에 나는 여인숙의 정원에 서 있었다. 주변에는 낡아빠진 잡동사니들이 쌓여 있었다在一個深夜裏(재일개심야리), 我站在客棧的院子中(아참재객잔적원자중), 周圍是堆著的破爛的什物(주위시퇴저적파란적십물)"라고 적었다. 여기에 나오는 '잡동사니' 역시 '십물什物'로 표현돼 있다. '십물'이나 '가십家什(가재도구)' 등의 단어 모두 이런 의미에서 비롯된 것이다.

'오'나 '십'과 유사한 것으로는 '백佰'과 '천仟' 등의 글자가 있다. '백'과 '천' 역시 집단을 의미하는 명사로 고대 군대의 편제에서 유래했다. 각각 500명과 1,000명을 뜻한다. 『사기』「진섭세가陳涉世家」편에 따르면 '부앙천백지중俯仰仟佰之中'이라는 구절이 나온다. '진섭이 군대의 천 명, 백 명의 지도자를 지냈다'는 뜻이다. 하지만 '백'과 '천'의 이런 의미는 현대 중국어에서는 이제 쓰이지 않는다.

佰
일백 백

仟
일천 천

숫자는 사람에게 쓰이기도 하고 동물에 쓰이기도 한다. '사駟'가 그 예다. 『설문해자』에 '사駟, 일승야一乘也'라고 나와 있다. '사는 일승이다'라는 뜻이다. 중국 고대에는 수레 한 대를 네 필의 말이 끌었다. 즉 '사'는 수레 한 대를 끄는 말 네 필을 의미했고 또 네 필의 말이 이끄는 수레를 의미할 수도 있다. 고대에 네 필의 말이 이끄는 수레 한 대를 '승乘'이라고 했다. 그리고 승은 한 국가의 실력을 상징하기도 했다. 그렇기 때문에 '천승지국千乘之國(천 승의 병거를 소유한 제후국)'이나 '만승지국万乘之国(만 량의 병거를 보유한 대국)'이라는 말도 있다. 예를 들어 『장자』「인간세人間世」 편에는 '결사천승結駟千乘'이라는 표현이 있다. '말 네 필이 끄는 수레 천 대'라는 뜻이다. 네 필의 말이 이끄는 수천 대의 수레가 있다는 것에서 위엄과 기세가 높고 세력이 강함을 알 수 있다. 이후에 '사駟' 역시 넓은 의미에서 말

駟
사마 사

네 필의 말이 끄는 마차

을 지칭하기도 했다. 『순자』「예론禮論」편에는 '약사지과극若駟之過
隙, 연이수지然而遂之, 칙시무궁야則是無窮也'라는 표현이 있다. '달리
는 말이 좁은 틈새를 지나는 것처럼 빠르다. 그러나 이대로 하자면
끝도 없을 것이다'라는 뜻이다. 여기에서의 '사'는 '말'을 의미한다.
'약사지과若駟之過'는 '백구과극白駒過隙(시간이 나는 듯 빨리 흐른다)'
의 뜻과 대충 비슷하다. 시간이 나는 것처럼 빨리 흐르고 눈 깜짝
할 사이에 지나가버린다는 뜻이다. 그런가 하면 『사기』「손자오기열
전孫子吳起列傳」편에 '전기새마田忌賽馬'라는 고사가 기록돼 있다. 상
대의 약점을 자신의 강점으로 맞서게 한다는 사자성어다. 전기田忌
의 계략은 자신의 하품 말로 제왕의 상품 말을 상대하고, 다시 자신
의 상품 말로 제왕의 중품 말을 상대하고, 마지막으로 자신의 중품
말로 제왕의 하품 말을 상대한 것이었다. 여기에서의 '상품 말, 중품

말, 하품 말'은 각각 상급, 중급, 하급 말을 뜻한다. 하지만 '사마駟馬' 라는 단어는 어떤 특정한 종류의 말을 의미하는 것이 아니라 수레 한 대를 끄는 네 필의 말을 뜻한다. 고대에 네 필의 말이 이끄는 호 화로운 수레를 탈 수 있는 대상은 직위가 높고 명성과 위세가 대단 한 사람들이었다. 그래서 '사마' 역시 지위가 대단하다는 뜻을 지니 고 있다. 당나라 때 시인 허혼許渾은 『장부경사將赴京師, 유제손처사 산거留題孫處士山居(장차 경사로 가려 하는데 산에 거하니 손 처사에게 이 시 를 남긴다)』에 '응학상여지應學相如志, 종수사마회終須駟馬回'라고 적었 다. '사마상여처럼 해야 호화로운 수레를 타고 금의환향하게 된다' 는 뜻이다. 고대 학자들의 포부를 대변하고 있다. 네 필의 말이 이끄 는 수레는 또한 포부가 아주 크다는 것을 의미한다. 그래서 사람들 은 '사마난추駟馬難追'로 뱉어낸 말은 다시 거두기 어렵고 기정사실 은 만회하기 어려움을 비유하는 데 쓴다. 송나라 때 구양수의 『육일 본기六一筆記』에는 '속운俗云, 일언기출一言出口, 사마난추駟馬難追'라 는 표현이 있다. '사람들이 말하기를 한번 나간 말은 사마로도 따라 잡기 어렵다고 한다'는 뜻이다. 이 문구는 요즘 사람들이 자주 말하 는 '일언기출一言既出, 사마난추駟馬難追'의 유래이고 뜻도 같다.

'사駟'처럼 '사四'에서 유래된 글자로는 네 살 난 소 '사牭'가 있다. 네 살짜리 소를 의미한다. 하지만 이 글자는 현재 거의 쓰이지 않는다.

중국 고대에 소위 '차車'는 일반적으로 마차를 의미한다. 말과 마 차는 모두 중요한 교통수단이었다. 사람들은 신분 지위 등급의 높 고 낮음에 따라 다른 종류의 마차를 탔다. 마차에는 네 필의 말이 이끄는 것이 있고 또 세 필의 말이 이끄는 것도 있었다. 마차 한 대를 이끄는 네 필의 말을 일컬어 '사駟'라고 했고 마차 한 대를 이끄는 세 필의 말을 일컬어 '참驂'이라고 했다. 『설문해자』에 '참驂, 가삼마야駕三馬也'라고 나와 있다. '말 세 마리가 이끌면 참이라고 한다'는 뜻이다. 『시경』「채숙采菽」편에는 '재참재사載驂載駟, 군자소계君子所屆'라는 표현이 있다. 제후가 세 필 혹은 네 필의 말이 이끄는 큰 마차를 타고 천자를 알현하는 장관을 묘사하고 있다. 세 필의 말이 이끄는 마차의 중간에 있는 말을 '원마轅馬(끌채를 메운 말)'라고 하고 그 양쪽에 있는 말을 '참驂'이라고 한다. 『시경』「대숙어전大叔於田」편에 '양참여무兩驂如舞'라는 표현이 있다. '양편의 참마가 춤추듯 달린다'는 뜻이다. 즉 참마가 나는 듯 달리는 광경을 묘사하고 있다. 진의陳毅의 유명한 시구 '정참문아의여하停驂問我意如何'가 있다. '참마를 멈춰 내 의견이 어떠한지 물었다'는 뜻이다. 여기에서 '정참停驂' 역시 고삐를 당겨 참마를 멈추게 한다는 의미다.

겉으로는 특이한 점 없이 평범한 구절인 것 같지만 그 이면에는 생동감 넘치고 재미있는 문화적 현상이 내재해 있는 것이 바로 언어의 기묘한 매력이다. 한자의 '수'만 봐도 얼마든지 훌륭한 글을 지어낼 수 있다. 하지만 몇 마디 말로 그 모든 매력을 정확히 설명할 수는 없다. 사실 여기에서도 단편적인 부분만 예로 들었을 뿐이다. 단어의 심층적 의미와 내재돼 있는 문화를 이해해야 제대로 매력을 파악할 수 있고 더 나아가 자유롭게 응용할 수 있다. 그때가 되면 '판에 박은 듯한' 숫자도 생동감 넘칠 수 있음을 발견하게 될 것이다. 희로애락의 표정을 지닌 모습으로 말이다.

단어 속의 '수'

오복五服

일부 외진 농촌에서 적령기 남녀의 혼담이 오갈 때 집안의 노인들은 늘 족보를 보고 싶어한다. 쌍방 사이의 관계가 혹시 가까운지 먼지를 확인하려는 것이다. 약혼을 할 때 주연을 베풀어 손님과 친구를 대접하는 데에도 오복(다섯 가지 상례 복제―옮긴이) 안의 친척에게까지 알려야 한다. 그렇다면 '오복'은 무슨 뜻일까? 이 문제에 대해 정확히 설명하려면 중국 고대의 상례제도부터 짚고 넘어가야 한다.

중국의 예법에는 돌아가신 친척을 위해 상복을 입는 제도가 있다. 『의례』「상복喪服」편에 따르면 상복은 상을 당해 상복을 입는 기한과 천의 굵기에 따라 다섯 가지로 분류된다고 기록돼 있다. 친척관계의 가깝고 소원했던 정도와 복상의 경중에 따라서도 옷차림이 달라졌다. 부친이 돌아가셨을 때 자녀의 상복이나 남편이 죽었을 때 부인의 상복이 가장 중시된다. 외손자나 생질이 죽었을 경우 남자의 복장 등은 별로 중요치 않다. 친척관계에서는 이런 상복의 범주를 벗어나 '출복出服' 혹은 '출오복出五服'이라고 불렀다. 상복이 필요 없었던 것이다. 물론 역사적으로 각 왕조의 상복제도에 다소간의 변화가 있기는 했지만 '오복'이 혈연적으로 가깝고 먼 관계를 구분했던 역할은 변하지 않았다. 관습적으로 오복 이내를 친하다고 여기고 오복 이외를 멀게 생각했다. 오복을 벗어났다는 것은 친척관계가 비교적 소원하다는 뜻이다. 비록 성이 같더라도 혼인관계를 맺을 수 있었다. 속담에 '먼 친척보다 가까운 이웃이 더 낫다'는 말이 있다. 소위 '먼 친척'이란 거리상 멀리 산다는 의미가 아니라 오복에서 벗어났다는 말이다. 그런가 하면 '집안의 허물은 밖으로 드러내서는 안 된다'는 말이 있다. 즉 떳떳치 못한 일이 확산되는 범위를 자신의 종족 안으로 제한한 것이다.

삼장양단三長兩短

이 단어는 재난이나 사고나 사망을 당했음을 뜻하는 데 자주 쓰인다. 관과 관련이 있다고 생각하는 의견도 있다. 고대의 관은 못을 이용하지 않고 가죽 끈을 써서 관의 밑바닥과 뚜껑을 한데 묶었다. 가로 방향으로 세 번 묶고 세로 방향으로 두 번 묶었다. 그리고 가로 방향의 나무판은 길고 세로 방향의 나무판은 짧아서 '삼장양단'이라는 말이 유래하게 된 것이다. 관은 시체를 넣는 용도이기 때문에 '삼장양단' 역시 자연스럽게 재난이나 사망 등 불길한 의미와 관련을 맺게 됐다. 이후에 사람들은 못을 이용해 관을 붙였고 관을 묶는 가죽 끈도 점차 사라져갔다. 하지만 이 단어는 계속해서 전해져 내려왔을 뿐 아니라 현대 중국어에서도 자주 쓰인다.

'삼장양단'이 춘추시대 월나라의 주검대사鑄劍大師인 구야자歐冶子가 주조한 다섯 자루의 보검에서 유래했다고 보는 의견도 있다. 보검의 이름은 '순균純鈞, 승사勝邪, 담로湛盧, 거궐巨闕, 어장魚腸'이다. 그중 순균, 거궐, 담로는 장검이고 승사와 어장은 단검이다. 이 다섯 자루의 신검은 매우 날카로워 당해낼 수가 없고 힘이 아주 세서 사람의 목숨을 거두는 데도 전혀 문제될 것이 없었다. 그런 이유로 '삼장양단'은 재난이나 사망의 대명사가 된 것이다.

제6장

숨어 있는 숫자

이번 장에서는 다음의 한자들에 대해 이야기를 나누려고 한다.

子	孩	繦	褓	髫	齠	齔
아들 자	어린아이 해	포대기 강	포대기 보	다박머리 초	이 갈 초	이 갈 츤

冠	筓	長	壽	老	考	耄
갓 관	비녀 계	길 장	목숨 수	늙을 로	늙을 고	늙은이 모

耋	期	頤
늙은이 질	기약할 기	턱 이

一. 옛사람들은 아이를 뭐라고 불렀을까?

물론 '수數'는 어디에든 존재하지만 '수'가 의미하는 개념이 반드시 숫자에만 한정된 것은 아니었다. 한자의 수많은 글자나 단어 중에는 '수'가 숨어 있는데 그중 가장 전형적인 것이 나이를 뜻하는 단어다. 공자가 말하기를 '삼십이립三十而立, 사십이불혹四十而不惑, 오십이지천명五十而知天命'이라고 했다. '서른에 뜻이 확고하게 섰고, 마흔에는 모든 일에 미혹됨이 없어졌으며, 쉰에는 천명을 깨닫게 되었다'라는 뜻이다. '이립', '불혹', '지천명'은 각각 '삼십 세', '사십 세', '오십 세'의 대명사가 되었다. 이런 단어들은 직접적으로 숫자를 사용하지 않고 '수'의 개념을 그 이면에 숨겨놓았다.

사람의 연령 단계에 대해 옛사람들은 풍부하고도 다양한 표현방식을 선보였다.

子
아들 자

'해자孩子'라는 단어는 일찌감치 쓰이기 시작했다. '자子'의 갑골문 형태는 [♀] 이렇다. 어린아이의 형상으로 '자'는 본래 갓난아기를 의미했다. 『순자』 「권학」 편에 '간월이맥지자幹越夷貉之子, 생이동성生而同聲, 장이이속長而異俗, 교사지연야教使之然也'라고 나와 있다. '간나라, 월나라, 이나라, 맥나라 등 민족의 갓난아기들은 갓 태어났을 때 울음소리가 같지만 성장한 뒤 풍속과 습관이 다른 것은 후천적으로 교화되었기 때문이다'라는 뜻이다. '자'는 '갓난아기, 유아'의 의미에서 '자녀'의 의미로 발전했다. 그래서 남자아이를 의미하기도 하고 여자아이를 의미하기도 한다. 『열자』 「탕문湯問」 편에 '자우생손자又生孫, 손우생자孫又生子'라는 표현이 있다. '자식이 또 손자를 낳고 손자는 또 아들을 낳는다'는 뜻이다. 여기에서 '자'는 아들을 의미한다. 또한『한비자』「설림說林」편에 '위인가기자衛人嫁其子'라는 문구가 있다. '위나라 사람이 딸을 시집보내다'라는 뜻이다. 여기에서 '자'는 딸을 뜻한다. '자'가 특히 아들을 뜻하는 데 쓰였다가 이후에 변화된 모습이다. '자'로 구성된 한자는 꽤 많다. '잉孕, 손孫, 효孝, 학學, 자字' 등이 있는데 이들의 의미는 대체로 아이와 관련이 있다.

'자'는 고대에 남자에 대한 좋은 평판이나 존칭으로 자주 쓰였다. 모두에게 익숙한 공자, 노자, 맹자 등이 대표적인 예다. 옛사람들은 이야기를 나눌 때에도 상대방에 대한 존칭으로 '자'를 썼다.『좌전』「희공삼십년僖公三十年」편에 '오불능조용자吾不能早用子, 금급이구자今急而求子, 시과인지과야是寡人之過也'라는 말이 있다. '내가 일찍이 그대를 등용하지 못하고 지금처럼 급할 때나 그대를 찾으니 이는 과인의 잘못이다'라는 뜻이다. 여기에서의 '자'는 요즘의 용법처럼 남에 대한 존칭으로 '그대'의 의미다.

'해孩'는 본래 '아이의 웃음'을 의미했다. 이를 기반으로 '유아'라는 의미로 발전하게 됐다.『맹자』「진심」편에 '해제지동孩提之童'이라는 논리가 나온다. '나이가 적은 아이'라는 뜻이다. 동한시대의 경학자 조기趙岐는 '해제孩提, 이삼세지간二三歲之間, 재강보지해소在繈褓知孩笑, 가제포자야可提抱者也'라고 해석했다. '해제孩提는 2세에서 3세 사이의 유아로 포대기에서 웃을 줄 알고 품에 안을 수 있을 만하다'의 뜻이다. '해제'라는 단어는 이렇게 비롯됐다. '해'와 '자'는 모두 '유아'의 의미를 갖고 있다. '해자'라는 단어는 두 가지 의미가 거의 비슷한 글자들이 조합돼 구성된 것이라는 점을 알 수 있다.

孩
어린아이 해

한편 '해자'는 넓은 의미에서 어린이를 뜻한다. 갓 태어난 아기는 현재 '영아'라고 부르고 옛사람들 역시 그렇게 불렀다. '해자'와 마찬가지로 '영아'라는 단어 역시 두 가지 의미가 비슷한 글자가 모여 만들어졌다. 「창힐편倉頡篇」에는 '남왈아男曰兒, 여왈영女曰嬰'이라는 기록이 나온다. 즉 고대에는 남자아이를 '아兒'라고 하고 여자아이를 '영嬰'이라고 했다는 것이다. '영아'는 1세가 채 안 된 어린아이를 뜻했다. 『도덕경』에 따르면 '여영아지미해如嬰兒之未孩'라고 나와 있다. '아직 웃을 줄도 모르는 갓난아이 같다'는 뜻이다. 하지만 『강희자전康熙字典』에서 재인용한 『석명』의 내용에 따르면 역시 '여왈영女曰嬰, 남왈해男曰孩'라는 논리가 나온다. '여자아이를 영嬰이라고 하고 남자아이를 해孩라고 했다'라는 뜻이다.

繦
포대기 강

褓
포대기 보

'영아'와 같은 의미를 지닌 단어로 '강보繦褓'와 '적자赤子' 등이 있다. 『설문해자』에 따르면 '강繦'과 '보褓'는 본래 의미가 매우 비슷했다. 둘 다 갓난아기를 싸는 이불이나 천 종류의 물품을 의미했다. 이 두 글자가 모여 갓난아기를 등에 업는 데 쓰는 넓은 띠나 갓난아기를 싸는 이불을 뜻한다. 넓게는 아기포대기를 의미한다. 예를 들어 『사기』「몽념열전蒙恬列傳」 편에 '석주성왕초립昔周成王初立, 미리강보未離繦褓'라는 문구가 나온다. '옛날 주나라 성왕이 처음 즉위했을 때는 어려서 포대기를 벗어나지 못했다'라는 뜻이다. 시간이 흘러 '강보'는 영아와 유아를 의미하게 되었다. 송나라 때 황정견黃庭堅은 시 「기경령기부과신당읍작내기부구치지지寄耿令幾父過新堂邑作乃幾父舊治之地」에 '백두안기반白頭晏起飯, 강보어구아繦褓語嘔啞'라고 표현했다. 여기에서 '백두'와 '강보'는 상대적인 의미로 노인과 유아를 뜻한다. '노인은 아주 늦게 일어나 밥을 먹고 아기는 옹알옹알댄다'라는 뜻이다.

'적자赤子' 역시 갓난아기를 뜻한다. 『상서』「강고康誥」편에 '약보적자若保赤子, 유민기강예惟民其康乂'라는 구절이 나온다. '적자를 보살피면 백성들이 모두 편안할 것이다'라는 뜻이다. 이에 대해 공영달孔穎達은 '자생적색子生赤色, 고언적자故言赤子'라고 해석했다. 여기에서 '적색赤色'은 붉은색과 유사하다. 즉 아기가 막 태어났을 때의 몸 색깔이 붉은색을 띠기 때문에 '적자'라고 했다는 것이다. 그래서 '적자지심赤子之心'이라는 단어는 갓 태어난 아기처럼 순수한 마음을 비유한다. 『맹자』「이루離婁」편에 '대인자大人者, 부실기적자지심자야不失其赤子之心者也'라는 표현이 있다. '덕이 있고 재주가 있는 사람은 모두 어린아이처럼 천진하고 순수한 마음을 지니고 있다'라는 뜻이다. 현재 '적자'는 고향에 대해 순수한 감정을 품은 사람을 비유하는 데 쓰이기도 한다. 즉 '해외적자海外赤子'라는 단어가 있는데 '고국을 애틋하게 생각하는 해외동포'를 뜻한다.

또 한 가지 단어가 있는데 색깔로 어린이를 묘사한 것으로 '황구黃口'가 그것이다. '황구'는 본래 갓 부화한 새끼 새의 노란색 부리를 의미했다가 어린아이를 묘사하는 데 쓰였다. 간혹은 '황구아黃口兒'나 '황구소아黃口小兒'라고 말하기도 한다. 예를 들어 당나라 때 허작許碏의 『제남악초선관벽상題南嶽招仙觀壁上』에 '황구소아초학행黃口小兒初學行, 유지일월동서생唯知日月東西生'이라는 문구가 나온다. '적자'가 좋은 의미를 내포하고 있는 것과는 달리 '황구'는 부정적인 의미를 드러내고 있다. '황구소아黃口小兒'는 아이처럼 어리고 무지함을 묘사하는 데 쓰인다. 그래서 풍자적 의미를 지닌다. '어린아이가 처음의 학문과 덕행으로 유일하게 아는 것은 생일이다'라는 뜻이다.

두발 역시 아이와 성인이 구별되는 중요한 특징이다. 그 때문에 옛사람들 역시 두발의 특징을 의미하는 단어를 써서 아이를 지칭하기도 했다. 예를 들면 수초垂髫, 총각總角 등이 그렇다.

髫
다박머리 초

동진 때 도연명의 『도화원기桃花源記』에 '황발수초黃髮垂髫'라는 표현이 나온다. 여기에서 '황발'과 '수초'는 각각 노인과 어린이를 의미한다. 『설문해자』에 따르면 '초髫, 소아수결야小兒垂結也'라고 나와 있다. '초'는 고대에 아이들이 아래로 늘어뜨린 머리카락을 의미한 것이다. 그래서 '수초'는 아이들을 대신 지칭하게 됐다. 이런 내용과 관련해서 '초령髫齡'과 '초년髫年'은 모두 어린 시절을 의미한다.

『시경』「맹氓」 편에 '총각지연總角之宴, 언소안안言笑晏晏'이라는 표현이 실려 있다. '어린 시절 즐거울 때는 웃음꽃이 피었다'라는 뜻이다. 어린아이들이 재미있게 이야기를 나누는 유쾌한 정경을 묘사하고 있다. 옛날 아이의 두발을 양 갈래로 묶어 올린 모습이 마치 뿔과 같아서 '총각總角'이라고 이름을 붙였다. 『홍루몽』에도 관련이 있는 대목이 나온다. "마당 대문에도 네다섯 명이 있는데 총각의 시동으로 다들 두 손을 드리우고 공손히 시립하고 있다." 여기에서의 '총각' 역시 아이의 다른 이름으로 쓰인 것이다. 도연명은 「영목榮木」이라는 시의 서문에 '총각문도總角聞道, 백수무성白首無成'이라고 적었다. '나는 어려서부터 성현의 도를 경청했는데 이제 늙어서도 아무것도 이룬 게 없다'라는 뜻이다.

또한 사람과 동물 모두 치아나 이빨을 통해 나이의 많고 적음을 알아볼 수 있었다. 연령年齡의 '령齡' 자 형태는 '치齒'에서 비롯돼 '나이'를 뜻한다. 치아의 상태가 나이를 판단하는 중요한 근거임을 설명하고 있는 것이다. 한편 아이의 입장에서 이갈이는 매우 중요한 시기다. 각자의 생리적 조건에 따라 대략 여자아이는 일곱 살 때, 남자아이는 여덟 살 때 젖니가 빠지고 영구치가 나온다. 이를 일컬어 '초齠' 혹은 '츤齔'이라고 했다. 『한시외전韓詩外傳』에 '남팔월생치男八月生齒, 팔세이초치八歲而齠齒'라는 문구가 나온다. '남아는 태어나 팔 개월이면 이가 나고 팔 세가 되면 젖니가 빠진다'라는 뜻이다. 또한 '여칠월생치女七月生齒, 칠세이츤치七歲而齔齒'라는 문구도 있다. '여아는 태어나 칠 개월에 이가 나고 칠 세에 젖니가 빠진다'라는 뜻이다. 여기에서 '초'와 '츤' 모두 '아이의 이갈이'를 뜻한다. 그렇기 때문에 '초츤齠齔'이라는 단어가 이갈이를 의미하면서 곧 아이의 의미를 갖게 되는 것이다. 『동관한기東觀漢記』「복담전伏湛傳」편에 '초츤여지齠齔勵志, 백수불쇠白首不衰'라는 표현이 나온다. '어려서부터 뜻을 세워 한 가지 일을 하면 늙어서도 열정을 잃지 않을 수 있다'라는 뜻이다. 『수호전』에 '천병일지天兵一至, 초츤불류齠齔不留'라는 표현이 있다. '황제의 군대가 일어나니 아이가 남아나지 않는다'라는 뜻이다. 한자 중에 '츤동齔童'이라는 단어가 있는데 일고여덟 살 정도 이갈이를 할 즈음의 아이를 의미한다. 그런 뜻에 알맞게 '초년齠年, 츤년齔年, 츤세齔歲' 등의 단어 역시 '아이'의 의미를 지니고 있다.

이처럼 아이를 의미하는 단어가 꽤 많다. 나이에 따라 단어를 배열해보자면 다음과 같다.

齠
이 갈 초

齔
이 갈 츤

- 만 한 살이 되지 않은 아이: 영아嬰兒, 강보襁褓, 적자赤子
- 이삼 세: 해제孩提
- 칠팔 세 정도: 초츤齠齔, 츤동齔童
- 열 살 이하: 황구黃口
- 해자孩子, 수초垂髫, 총각總角은 넓은 의미에서 아이를 지칭한다.

二. 옛사람들은 몇 살부터 성인이라고 생각했을까?

앞에서 언급한 바와 같이 두발의 모양은 아이와 성인을 가르는 중요한 차이점이었다. 이런 차이는 고대에 특히 명확했다. 남자아이든 여자아이든 성인이 되면 특수한 예식을 치러야 했다. 두발의 모양을 바꿔 남자는 갓을 쓰고 여자는 쪽을 찌어 올리고 비녀를 꽂았다. 이를 일컬어 각각 '관례冠禮'와 '계례笄禮'라고 했다.

冠
갓 관

'관冠' 자는 고대문자 형태로 봤을 때 처음에는 '손으로 모자를 쓰다'라는 의미를 지녔다가 거기에서 다시 모자라는 의미로 변화됐다. 하지만 고대의 모자는 지금의 형태와 달랐다. 머리에 쓰는 일종의 장식물처럼 생겼고 또한 신분이 있는 사람만 쓸 수 있었다.

관례는 고대에 귀족 남자들에게 거행됐던 가관加冠 의식으로 성인이 됐음을 의미했다. 구체적으로 설명하자면 종묘에서 관례를 받은 사람의 머리를 틀어 올려 예모를 씌운 것이다.

『예기』「곡례曲禮」 편에 '남자이십관이자男子二十冠而字'라고 나와 있다. '남자가 이십 세가 되었을 때 관을 쓰고 자를 짓는다'는 뜻이

다. '관이자冠而字(관을 쓰고 자를 짓다)'를 한 남자만이 배우자를 택해
결혼할 수 있는 자격이 주어졌다.

또한 '이십왈약관二十日弱冠'이라는 표현도 있다. '스무 살을 약관
이라고 한다'는 뜻이다. 다시 말해 스무 살은 신체가 아직 건장하지
못하지만 관례를 거행해야 한다는 말이다. 이런 이유로 '약관'이라
는 단어는 남자 이십 세 전후를 지칭했다. 청나라 때 원매袁枚는 『제
매문祭妹文』에 '여약관월행予弱冠粤行, 여기상비통汝掎裳悲慟'이라고
적었다. '내가 이십 세쯤에 광서를 가니 당신이 내 옷을 잡아끌고는
슬퍼하며 크게 울었다'는 뜻이다.

중국은 고대에 관을 매우 중요하게 생각했다. 남자가 성인이 되면
관을 써야 했고 일단 관을 쓰면 쉽게 벗을 수 없었다. 『좌전』「애공
십오년」편에 '군자사君子死, 이관불면而冠不免'이라는 자로의 일화가
기록돼 있다. '군자는 죽는 순간에도 관을 벗지 않는다'라는 뜻이다.
즉 공자의 애제자인 자로는 나라를 보위하는 기간에 정변을 당해

격렬한 전투 중에 공격을 받아 갓끈이 끊어져버렸다. 그때 자로는 침착하게 갓끈을 고쳐 매고 죽었다. 이런 일 때문에 자로는 후대인들이 보기에 예의와 위엄을 지키다 죽은 최초의 인물이었다.

　고대에 갓을 썼던 일은 지위의 높고 낮음에 따라 구분이 되었고 남녀에 따라서도 차이가 있었다. 당나라 이전에 부녀자는 관을 쓰지 못했다. 그러다가 당나라 이후에 귀족 여자들만이 관을 쓸 수 있었다. 소위 '봉관하피鳳冠霞帔'는 귀족 여자들만 착용할 수 있는 장식이었다. '봉관하피'는 봉황 장식을 한 관에 아름다운 수를 놓은 옷을 의미한다.

笄
비녀 계

　남자의 관례와 다르게 여자의 성년 의례는 '계례'라고 불렸다. 『설문해자』에 '계笄, 잠야簪也'라고 했다. '계는 비녀다'라는 뜻이다. '계'는 옛사람들이 머리카락을 틀어 올리거나 모자를 고정할 때 이용했던 비녀다. 고대에는 여자가 십오 세가 되면 비녀를 틀기 시작했다. 가장이 여자를 대신해 머리를 틀어 올려 비녀 하나를 꽂아주었던 것이다. 두발 형태의 변화는 바로 그 순간부터 소녀의 시대가 끝나고 성인이 되어 출가할 수 있음을 의미했다. 『예기』「내칙內則」 편에 '십유오년이계十有五年而笄, 이십이가二十而嫁'라는 문구가 나온다. '여자는 열다섯 살이 되면 계례를 올리고 스무 살이 되면 시집을 간다'라는 뜻이다. 한나라 때 경학자인 정현鄭玄은 이에 대해 '여자가 열다섯 살이 되면 혼인을 허락하고 그때 머리를 묶고 비녀를 꽂는다. 아직 혼약하지 않았다면 스무 살에 머리를 묶고 비녀를 꽂는다'라고 해석했다. 이후에 사람들은 '급계及笄'라는 단어를 이용해 '여자 나이 꽉 찬 열다섯 살'을 의미했다. 『유림외사』에 '노선생유개령

애로노선생유개영애愛魯老先生有個令愛, 연방급계年方及笄'라는 표현이 있다. '노 씨 어른에게 영애가 하나 있으니 바야흐로 열다섯 살이다'라는 뜻이다. 한편 '계년笄年'은 여자가 처음으로 비녀를 꽂은 나이를 의미한다. 즉 열다섯 살을 말하는 것이다. 예를 들어 백거이의 『대주시행간對酒示行簡』에 '복유쌍유매複有雙幼妹, 계년미결리笄年未結縭'라는 구절이 나온다. '내게 어린 두 누이동생이 있고 열다섯 살이 되었는데 아직 출가하지 않았다'라는 뜻이다.

고대의 문학작품 중에 여자를 묘사할 때 특히 젊은 여자의 나이를 묘사하는 단어에는 아름다운 말이 무척 많다. 예를 들어 소녀의 꽃다운 나이를 의미하는 '두구연화豆蔲年華'라는 단어가 있다. '두구豆蔲'는 형태가 기이하면서도 고운 꽃으로 옛사람들은 이 단어를 이용해 자주 소녀를 비유했다. 당나라 때 시인 두목杜牧은 시 「증별贈別」에 '빙빙뇨뇨십삼여娉娉嫋嫋十三餘, 두구초두이월초豆蔲梢頭二月初'라고 묘사했다. '아리땁고 가녀린 열서너 살 아가씨는 이월 초순에 가지 뻗은 두구화 같다'라는 뜻이다. 이 문구는 열서너 살 여자의 가녀리고 아름다운 자태를 묘사했는데 마치 갓 피어난 육두구 꽃의 모습과 같다는 것이다. 그래서 사람들은 여자아이 열서너 살을 '두구연화'라고 불렀다.

한편 여자 나이 열여섯 살을 '벽옥연화碧玉年華'라고 하고, 스무 살을 '도리연화桃李年華'라고 하며, 스물네 살을 '화신연화花信年華'라고 한다. 모두 아름다운 사물을 들어 비유하면서 여자가 맞이한 청춘의 꽃다운 시절을 묘사하고 있다.

三. 몇 살까지 살아야 장수한 것일까?

장수長壽는 예로부터 오늘날까지 인류의 꿈이었다. 그러면서 한자의 글자나 단어에 그들의 이런 아름다운 소망을 담아냈다.

長
길 장

'장長'의 갑골문 형태는 **{** 이렇다. 마치 긴 머리카락을 하고 손으로 지팡이를 짚은 형상인 듯하다. 하지만 '장長'이 처음에 담고 있던 의미에 대해서는 학술계에 여러 가지 의견이 있다.

그중 '장長'은 처음에 구체적인 형상을 가지고 추상적인 의미를 표현했다는 관점이 있다. 즉 시간이나 공간적으로 거리가 멀다는 의미로 '단短'과 상대적인 뜻을 지녔다는 것이다. 『좌전』「문공십삼년」 편에 '사지단장死之短長, 시야時也'라는 표현이 있다. '생사의 길고 짧음은 시에 따른다'는 의미다. 여기에서의 '장'은 시간이 길다는 의미다. 또 다른 예로 『시경』「겸가兼葭」 편에 '도조차장道阻且長'이라는 문구가 있다. '길이 험하고도 멀다'는 뜻이다. 여기에서의 '장'은 거리가 멀다는 뜻이다. 이런 의미에서 '천장擅長(뛰어나다)'과 '경상經常(자주)' 등의 의미로 발전해갔다. 『맹자』「공손추公孫醜」 편에 '감문부자악호장敢問夫子惡乎長'이라는 구절이 나온다. '감히 스승님께 묻습니다. 어느 것에 뛰어나십니까?'라는 의미다. 『논어』「술이」 편에는 '군자탄탕탕君子坦蕩蕩, 소인장척척小人長戚戚'이라는 표현이 나온다. '군자의 마음은 평탄하지만 소인의 마음은 항상 개인의 이해득실만 따진다'라는 뜻이다.

한편 '장'은 본래 노인을 의미했기 때문에 '나이가 많다, 연로하다'의 의미를 갖게 됐다고 보는 관점도 있다. 『논어』「미자微子」 편에

'장유지절長幼之節, 불가폐야不可廢也'라는 구절이 나온다. '어른과 아이 사이의 예절은 폐할 수 없다'라는 뜻이다. 연장자의 생명은 다른 사람보다 길어서 '장'은 또 '시간이나 공간적인 거리가 멀다'는 의미를 나타내기도 한다. 즉 '장구長久'의 '장'과 '장단長短'의 '장'이 바로 그렇다. '장'의 다른 의미 역시 '노인'의 의미에서 직간접적으로 발전한 것이다.

『설문해자』에 '수壽, 구야久也'라는 내용이 나온다. '수는 오래됨이다'라는 뜻이다. '수'는 본래 장수를 의미했다. 『시경』 「천보天保」 편에 '여남산지수如南山之壽'라는 구절이 있다. '수명이 남산처럼 매우 길고 오래되다'라는 뜻이다. 장수하기를 기원하는 '남산수南山壽'와 '수비남산壽比南山' 등 장수와 관련된 아름다운 축사는 모두 여기에서 기원했다.

壽
목숨 수

사실 한자에 '장수'와 관련된 글자는 '장'과 '수'뿐만 아니라 '로老'와 '고考' 등도 있다.

'로老' 자의 갑골문 형태는 𣄰 이렇다. 손으로 지팡이를 짚은 노인의 형상이다. 처음에는 '나이가 많다, 연로하다'를 의미했다. 『송서宋書』 「식화지食貨志」 편에 '육십위로六十爲老'라고 나와 있다. '육십 세가 되면 로라고 한다'는 뜻이다. 또한 『설문해자』에는 '칠십왈로七十曰老'라고 나와 있다. '칠십 세가 되면 로라고 한다'는 뜻이다. 『관자』 「해왕海王」 편에는 '육십이상위로남六十以上爲老男, 오십이상위로녀五十以上爲老女'라는 주석이 달려 있다. '육십 세 이상을 늙은 남자라고 하고 오십 세 이상을 늙은 여자라고 한다'는 뜻이다. 여기에서 어느 정도 나이가 되면 '늙었다'라고 하는지 알 수 있다. 물론 사람마

老
늙을 로

다 각자의 기준이 있다. 종합해서 보면 고대의 '로'는 대체로 쉰 살에서 일흔 살까지의 나이를 일컬었다.

考
늙을 고

한편 『설문해자』에 '고考, 로야老也'라는 표현이 있다. '고는 로다'라는 뜻이다. '고'의 고문 형태는 노인의 형상을 하고 있다. 처음에는 '로'와 마찬가지로 '나이가 많음'을 의미했다. 『신당서新唐書』「곽자의전郭子儀傳」 편에 '부귀수고富貴壽考'라는 문구가 있다. '부귀와 장수'를 뜻한다. 즉 여기에서의 '수고'는 '장수'를 뜻하며 '로老'의 의미에서 '사死'의 의미로 발전해갔다. 과거에는 이미 돌아가신 아버지를 두고 '고'라고 했다. 『예기』「곡례」 편에 '생왈부生曰父, 왈모曰母, 왈처曰妻. 사왈고死曰考, 왈비曰妣, 왈빈曰嬪'이라는 내용이 나온다. '생전에 아버지는 부父, 어머니는 모母, 아내는 처妻라 부르지만 사후에 아버지는 고考, 어머니는 비妣, 아내는 빈嬪이라 부른다'는 뜻이다. '여상고비如喪考妣'는 마치 부모가 돌아가신 듯이 슬퍼하고 안타까워함을 묘사하는 말이다. 하지만 이 성어는 현재 수많은 풍자적 의미를 내포하고 있다.

'장'과 '로'와 '고'는 고문의 형태가 매우 비슷하고 의미 또한 비슷하다. 그러다가 점차 시간이 흐르면서 각자 다른 의미로 분화되었다. 그래서 점점 이들 사이의 관계를 찾아내는 게 쉽지 않은 일이 돼버렸다.

그렇다면 나이가 얼마쯤 들어야 '장수'라고 할 수 있을까? 이 역시 분명히 시대적 특징을 안고 있다. 의학이 발전하고 삶의 질이 부단히 높아지면서 인류의 평균수명 역시 갈수록 길어지고 있다. 그러면서 '장수'의 기준도 필연적으로 변화를 맞고 있는 것이다. 하지만 옛사람들이 생각한 '장수'의 표준을 현재 중국어의 글자나 단어 속에서 조금이나마 엿볼 수 있다.

당나라 시인 두보는 일찍이 시에 '인생칠십고래희人生七十古來稀'라고 탄식하며 적었다. '인생이란 예로부터 칠십 살기도 어렵다'라는 뜻이다. 후대인들은 이 구절을 계기로 '고희古稀'로 칠십 세를 대신 지칭했다. 명나라 때 이지李贄는 시「관음각觀音閣」에 '여하고희인如何古稀人, 불식삼복고不識三伏苦'라고 표현했다. '어찌하면 칠십 세 노인이 삼복 더위를 모를 수 있을까'라는 뜻이다. '칠십 세 노인'은 이미 나이가 적지 않으니 인생의 단맛과 쓴맛을 겪을 대로 겪은 나이임을 뜻한 표현이다. 현재는 '연근고희年近古稀'와 '고희고령古稀高齡' 등으로 나이가 많음을 의미하고 있다.

'고희'보다 높은 연령으로 '모질耄耋'이 있다.『설문해자』에 '연팔십왈질年八十曰耋'이라는 표현이 있다. '나이 팔십 세를 질이라고 한다'는 뜻이다.『유학경림幼學瓊林』「노유수탄老幼壽誕」편에도 '팔십왈질八十曰耋, 구십왈모九十曰耄'라는 문구가 나온다. '팔십 세를 질이라 하고, 구십 세를 모라고 한다'는 뜻이다. 그래서 '모질'이라는 두 글자가 연달아 쓰여 팔구십 세의 노인을 뜻한다. 삼국시대 조조曹操는「대주가對酒歌」에 '인모질人耄耋, 개득이수종皆得以壽終'이라고 했다. '고령의 노인들이 천수를 다하다'라는 뜻이다.『요재지이聊齋志異』「종생鍾生」편에는 '군무대귀君無大貴, 단득모질족의但得耄耋足矣'라는 내용이 나온다. '왕 중에 장수하는 분이 없어 다만 칠팔십 세까지면 족하겠다'라는 뜻이다. 칠팔십 세의 고령은 옛사람들이 추구하는 장수의 목표라는 점을 설명하고 있다.

耄
늙은이 모

耋
늙은이 질

期
기약할 기

頤
턱 이

　그런가 하면 '모질'보다 높은 연령에는 '기이期頤'가 있다.『예기』 「곡례」편에 '백년왈기이百年曰期頤'라는 구절이 나온다. '나이 백 세를 기이라고 한다'는 뜻이다. '기'는 '필요'의 의미이고 '이'는 '부양'의 의미다. 사람의 나이가 백 세가 되면 생활을 꾸려가기가 힘들어 만사에 부양을 받고 자녀가 극진한 효도를 해야 한다. 그래서 백 세를 '기이'라고 한 것이다. 송나라 때 시인 육유陸遊는『초하유거初夏幽居』에 '여생이과족餘生已過足, 불필도기이不必到期頤'라고 적었다. '남은 생을 충분히 만족하니 기이까지 갈 필요가 없다'는 뜻이다. 도량이 넓고 초탈한 마음을 지닌 시인의 품성을 충분히 엿볼 수 있다.

　'고희'와 '모질'과 '기이' 이외에도 민간에는 수명과 관련된 많은 표현방식이 있다. 예를 들어 칠십칠 세를 '희수喜壽'라고 한다. '희' 자의 초서 형태가 세로로 쓴 '칠십칠'과 매우 유사하기 때문이다. 또한 팔십팔 세를 '미수米壽'라고 하는데 '미' 자를 떼어내면 '팔십팔'과 비슷하기 때문이다. 구십구 세를 '백수白壽'라고 하는데 한 살이 부족한 백 세이기 때문이다. 한편 '백百' 자의 윗부분에 있는 '일一'을 없애면 '백白'이 된다. 백팔 세를 '다수茶壽'라고 하는데 '다' 자의 초草 두변 번체자 형태가 두 개의 '십十'이라는 점에 이유가 있고, 또 하단에서 획을 각각 떼어내면 팔십팔의 모양이 된다는 데에 또 이유가 있다. 이것을 한데 모으니 딱 백팔이 되는 것이다. 이러한 논리는 한자의 형태적 특징을 결합해 장수에 대한 희망을 표시한 것이다. 구체적인 형태도 충족시키고 재미도 있다. 중국에서뿐만 아니라 한자 문화권인 일본에서도 이런 논리가 설득력을 갖고 있다.

결론적으로 중국어에서 숫자는 여러 가지 형식으로 은밀하게 혹은 명확하게 존재하고 있다. 이처럼 숫자의 아름다움과 언어의 매력이 존재하지 않는 곳이 없다. 발견에 능하고 응용에 능하면 충분히 보인다.

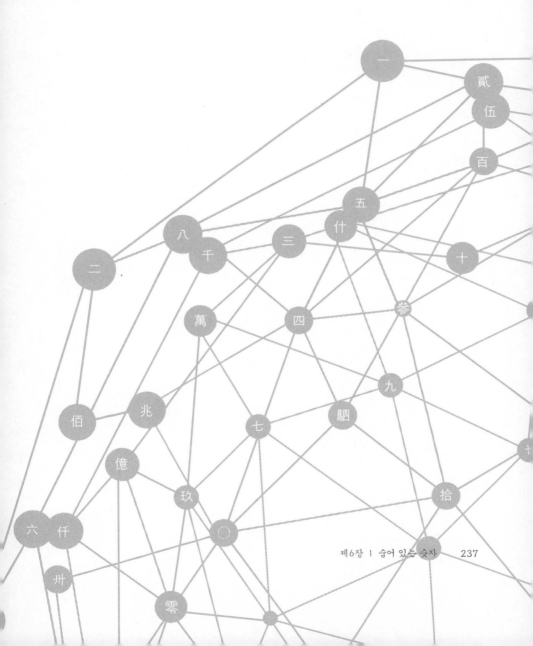

계량가족

제 1 장

길이와 깊이

이번 장에서는 다음의 한자들에 대해 이야기를 나누려고 한다.

尋 찾을 심　常 항상 상　肘 팔꿈치 주　拃 뼘 찰　碼 셈할 마　尺 자 척　咫 척 지

仞 길 인　里 마을 리　步 걸음 보　跬 반걸음 규　弓 활 궁　引 당길 인　丈 어른 장

墨 먹 묵　分 나눌 분　毫 가는 털 호　秒 분초 초　絲 실 사　忽 소홀히 할 홀　微 작을 미

纖 가늘 섬　程 한도 정　黍 기장 서

一. 사람의 몸이 자의 역할을 할 수 있을까?

먼저 신문 보도 한 토막을 살펴보자.

"이 신형 장갑차는 탁월한 성능을 자랑하는데 거대한 타이어는 높이가 무려 한 사람의 키만하다."

이 한 토막의 기사 내용은 사람의 키를 장갑차 타이어 직경을 재는 매개물로 보았다. 이 기사를 읽을 때 우리 머릿속에는 분명 '몸집'이 거대한 타이어의 모습이 떠오를 것이다. 그렇다면 머릿속에 떠오르는 대로 상상해보자. 타이어의 높이는 어떤 사람의 키 정도가 될까? 거대한 키를 자랑하는 중국의 농구 스타 야오밍姚明이 떠오르는가, 아니면 춘추전국시대에 살았던 지혜롭고 담력이 강하고 언변이 좋았던 제齊나라의 선현인 안자晏子가 떠오르는가?

당연히 대개는 딱히 누구라고 구체적으로 떠오르는 인물이 없을 것이다. 왜냐하면 기사의 묘사를 보면서 대개는 습관적으로 우리 머릿속에 존재하는 가장 보편적이고 일반적인 '사람'을 연계시켜버리기 때문이다. 예컨대 키가 170센티미터 정도 되는 남성을 말이다.

마찬가지 논리로 손가락 두 개 너비의 테이프나 손바닥만한 나뭇잎이나 팔뚝만한 굵기의 물기둥이나 주먹만한 크기의 구멍 등 글귀의 일부만 읽거나 들었다고 치자. 그러면 이내 연상되는 인체의 기관은 분명 가장 일반적이면서 보통의 사이즈일 것이다. 아이의 가늘고 작은 손이나 역도선수의 튼실한 팔처럼 일반적이지 않은 특수한 대상을 연상하지는 않을 것이다.

인체의 기관을 이용해 어떤 사물의 크기나 길이 등의 특징을 간접적으로 표시한다는 것은 곧 사람들이 일상적으로 인체를 자와 같은 도구로 활용한다는 사실을 충분히 설명해준다. 하지만 수많은 역사 문헌은 이런 사실이 현대인들의 발명이나 창작이 아니라고 말한다. 태고시절 우리 선조의 작품이라는 것이다.

• '심상尋常'은 왜 '평범하다'의 의미를 지니게 되었을까?

尋
찾을 심

공자孔子가 자신의 제자들과 예의의 모든 분야에 걸쳐 문답한 내용을 서한西漢 말기의 예학자 대덕戴德이 수집하여 집대성한 책인 『대대례기大戴禮記』에 따르면 다음과 같은 설명이 있다. 바로 '포지지촌布指知寸, 포수지척布手知尺, 서주지심舒肘知尋, 십심이색十尋而索'이라는 구절이다. '손가락을 펴서 촌을 알고 손을 펴서 척을 알고 팔꿈치를 펴서 심을 안다. 열 심이 바로 색이다'라는 뜻이다. 이 구절은 분명한 정보를 알려준다. 사람의 손이나 팔 등을 펼치고 필요한 곳에 놓으면 척이나 촌 등의 길이를 확인해볼 수 있다는 것이다.

양쪽 가운뎃손가락 끝에서부터 끝 사이의 거리가 1심尋이다.

맞는 말이다. 모두가 알다시피 갑골문 시대에 한자에는 수많은 상형자와 상형을 기반으로 한 회의자會意字가 있었다. 회의자는 둘 이상의 한자를 뜻으로 결합시켜 새 글자를 만드는 방법으로 된 한자를 이른다. 앞에서 언급했던 '심尋'이 바로 그 예다. 갑골문에서 이한자의 모양은 ▷이렇다. 좌변에는 세로줄 하나가 그어져 있고 우변에는 한 사람이 양팔을 벌린 모양을 하고 있다. 두 모양이 합쳐져두 팔을 뻗어 길이를 재는 모습을 표현하고 있다. 그렇게 양쪽 가운뎃손가락 끝과 끝 사이의 거리를 의미하는 것이다. 『소이아小爾雅』에기록된 바에 따르면 '도심度尋, 서량굉야舒兩肱也'라고 나와 있다. '심을 헤아리려면 두 팔을 펼치면 된다'는 뜻이다. '서舒'는 펼침을 의미하고 '굉肱'은 사람의 팔을 의미한다.

그렇다면 여기에 나오는 '사람'은 도대체 어느 시대의 사람일까?

그 시대에 가장 일반적인 키를 갖춘 사람이 두 팔을 벌린 너비는 도대체 어느 정도일까? 문헌자료를 열람하다 보면 『설문해자』나 『방언方言』 등의 고대문헌에서 이미 그 답을 내놓았음을 발견하게 된다. 예컨대 '주관지법周官之法, 도광위심度廣爲尋'이라는 문구가 있다. '주관의 법에서 심으로 너비를 헤아린다'라는 뜻이다. 또한 '도인지량비위심度人之兩臂爲尋, 팔척야八尺也'라는 문구가 나온다. '사람의 두 팔로 심을 헤아리는데 바로 8척이다'라는 뜻이다. 즉 '심尋'은 3,000여 년 전 서주시대에 조정에서 정한 길이 단위로 너비를 재는 데 주로 쓰였으며 심尋의 정확한 수치는 8척尺이라는 말이다.

현재의 길이 개념에 따르면 1미터는 3시척市尺과 같다. 1시척은 0.3333미터에 해당하고, 1척은 33.3센티미터에 해당한다. 그렇게 해서 8척을 미터법으로 환산해보면 대략 2미터 60센티미터 정도가 된다. 자세히 생각해보면 놀랄 수밖에 없는 수치다. 팔을 벌린 길이가 대략 키와 엇비슷해져버린 것이다. 두 팔을 벌린 길이뿐만 아니라 현재의 중국을 비롯해 전 세계 각양각색의 인종을 모두 포함해 알려진 바를 고려해보더라도 그렇게 키가 큰 사람을 찾아볼 수 없기 때문이다. 설마 서주시대 중국의 선조들이 모두 거인이었단 말인가? 그럴 리는 없을 것이다.

다행히도 선조들은 후손들에게 수많은 진귀한 문화유산을 남겨주었고 또 다행히 현재의 고고학 연구와 문물 탐사기술이 갈수록 발전하고 있다. 고고학적 발굴과 연구에 따르면 이렇다. 서주시대에 1척은 지금의 약 23센티미터와 같다. 다시 말해 1'심'은 대략 180센티미터를 의미한다는 것이다.

이처럼 고대문헌에 따르면 '심'은 최초의 너비 개념이었다. 그리고 이후에 점차 길이, 높이, 깊이를 뜻하는 단위로 변해갔다. 예를 들어 당나라 때의 시인 유우석劉禹錫의 『서새산회고西塞山懷古』에 '천심철 쇄심강저千尋鐵鎖沈江底, 일편강번출석두一片降幡出石頭'라는 문구가 있다. '오나라의 천 길 쇠사슬 강 속에 가라앉으니, 한 조각 항복의 깃발이 석두성에 나타났다'라는 뜻이다. 또 다른 예로 당대當代 불교철학의 대가인 자오푸추趙樸初의 저서 『서강월西江月―미윈密雲 댐 공사현장을 시찰하며(참관밀운수고공정參觀密雲水庫工程)』에 '철벽천심 쇄랑鐵壁千尋鎖浪, 벽파만경여유碧波萬頃如油'라는 구절이 나온다. '천 길이나 되는 높고 튼튼한 벽에 물결이 갇혀 만 경이나 되는 넓고 푸른 바다가 마치 기름 같다'라는 뜻이다.

고대에 '심'과 매우 긴밀한 관계를 맺고 있었던 또 다른 길이 단위가 있었는데 '상常'이 바로 그것이다. 『국어』 「주어」 편에 따르면 '기찰색야其察色也, 불과묵장심상지간不過墨丈尋常之間'이라는 문구가 있다. '눈의 관찰이 묵墨, 장丈, 심尋, 상常의 사이에 불과하다'는 뜻이다. 오나라 위소韋昭의 주석에 따르면 '오척위묵五尺爲墨, 배묵위장倍墨爲丈, 팔척위심八尺爲尋, 배심위상倍尋爲常'이라고 했다. '5척은 묵이고 2묵은 장이며, 8척은 심이고 2심은 상이다'라는 뜻이다. 여기에서 알 수 있듯이 '상'은 '심'의 두 배로 1장 6척을 말한다.

常
항상 상

$$尋_{(심)} \xrightarrow{\times 2} 常_{(상)}$$

'상'은 본래 '깃발'을 의미했다. '아래에 입는 치마'라고 기록해놓은 문헌도 있었는데 시간이 흐르면서 점차 길이의 의미를 지니게 되었다. 송宋나라 임포林逋의 시 「화재상인춘일견기和才上人春日見寄」에 따르면 '요화신완정하극瑤華伸玩情何極, 고절유여등백상高絶猶如登百常'이라는 문구가 있다. '백옥 같은 꽃을 내밀어 한없는 정을 나누니 그 고절함이 더없이 높은 곳을 오르는 듯하다'라는 뜻이다. 물론 여기에서 '백상百常'은 글자 그대로 160장丈의 길이를 의미한 것이 아니라 높고 가파른 산의 모습을 형상화한 것이다.

'심'과 '상'은 이처럼 길이의 개념으로 표현될 때 긴밀한 관계를 맺고 있기 때문에 분명 길이의 개념을 기반으로 자주 함께 등장했다. 고대 문헌에 나오는 용례에서 이러한 점이 충분히 증명된다. 『좌전』「성공 십이년成公十二年」 편에 따르면 '급기란야及其亂也, 제후탐모諸侯貪冒, 침욕불기侵欲不忌, 쟁심상이진기민爭尋常以盡其民'이라는 문구가 있다. '세상이 어지러워지자 제후들이 탐욕스러워져서 침략의 야망이 거침 없어지자 보잘것없는 땅을 다투어 백성을 다 동원한다'라는 뜻이다. 이 문구는 한 치의 땅도 내놓지 않는 상황을 핵심적으로 의미한다. '심상尋常'은 여기에서 '그리 크지도 않은 땅'의 의미를 지닌다.

이렇듯 '심상'은 하나의 단어로서 최초의 의미는 분명 길이, 너비, 높이 등과 관계를 맺고 있다. 하지만 이 단어가 자주 쓰이면서 본래의 의미도 점차 퇴색되어갔다. 남송 때 시인인 신기질辛棄疾의 시집 「영우락永遇樂」 중 「경구북고정회고京口北固亭懷古(경구의 북고정에서 옛날을 생각하며)」에 따르면 '사양초수斜陽草樹, 심상항맥尋常巷陌, 인도기노증왕人道寄奴曾往'이라는 문구가 나온다. '초목에 석양이 내리는 보통의 길거리는 송 무제 유유가 살던 곳이라 하네'라는 뜻이다. 또 다른 예로 당나라 때 시인 유우석의 시 「금릉오제金陵五題」에 '구

시왕사당전연舊時王謝堂前燕, 비입심상백성가飛入尋常百姓家'라는 구절이 있다. '그 옛날 왕사 대인의 집에 찾아들던 제비가 이제는 평범한 백성의 집에 날아온다'라는 뜻이다.

　이 시들 속에 나오는 '심상'은 여전히 좁고 넓거나 크고 작은 공간의 척도를 의미한다. 하지만 '심상'이 표현한 척도는 사실상 사람들의 평범한 일상에서 자주 발견할 수 있다. 자연히 '일반적, 보통' 등의 함축적 의미를 지니게 되었다. 이 역시 현재 우리가 '심상'을 쓸 때의 가장 일반적인 의미이기도 하다. 다시 예를 들어 중국의 현대 작가 바진巴金의 소설 『집家』에 이런 문구가 등장한다. "이건 분명 심상치 않은 소식이었다. 그리고 사람들의 마음이 금세 변해버렸다." 여기에 나오는 '심상치 않다'의 '심상尋常' 역시 '보통' 혹은 '일반적'이라는 의미다.

'심'과 '상'은 사물의 길이와 너비와 높이를 측량하는 계량의 단위로서 분명한 특징을 지니고 있다. 다시 말해 원래의 뜻으로 말미암은 제한성 때문에 이 글자들은 독자적인 특수한 측량 단위에 속하기는 하지만 체계적인 기본 계량 단위의 특징은 지니지 못했다는 점이다. 위에 소개된 예들을 보면 이 글자들과 어느 정도의 배수관계를 갖는 다른 측량 단위가 부족하다는 것이다. 그렇다면 선조들은 어떻게 기본적인 측량 단위를 정했을까?

二. 누구의 몸이 자의 역할을 했을까?

아득히 먼 고대에 어떤 유형의 사람이나 어떤 조건을 갖춘 사람이 자의 역할을 했을까? 그 답은 정확히 나와 있다. 자의 역할에 선택될 수 있으려면 갖춰야 할 필요한 조건이 있었던 것이다. 첫째, 명망이 높아 이름을 대면 누구든 아는 사람이어야 했다. 둘째, 일정한 권위를 갖추고 있어 사람들이 믿고 따를 수 있어야 했다. 셋째, 강한 영향력을 지니고 있어서 기준을 정할 수 있고 또 그 기준을 추진할 수 있어야 했다.

이런 조건에 적합한 인물은 분명 지역적인 범위 안의 통치자가 가장 유력했을 것이다.

역사적으로 살펴보면 분명히 그랬다. 한나라 사마천司馬遷의 『사기』「하본기夏本紀」편에 따르면 '신위도身爲度, 칭이출稱以出'이라는 문구가 있다. '우禹는 행동이 법도에 맞고, 사리판단을 잘해 일을 처리했다'라는 뜻이다. 이 문구는 4,000여 년 전 선조들이 우 임금의 몸을 도량의 기준으로 삼으면서 외부 사물을 측정하는 척도가 만들어졌음을 시사한다.

우 임금이라는 이름을 두고 중화문명 수천 년의 역사에서 그 명성과 위상과 영향력을 뛰어넘을 제왕이나 영웅적 인물은 아무도 없다. 물을 다스렸던 그의 공훈은 이미 상세하게 알려져 있어 굳이 설명할 필요도 없다. 한편 계량 부분의 공적만 보면 어쩐지 우 임금의 출중한 능력이 가려져 있는 듯한 느낌을 갖게 된다. 『시경』「신남산信南山」 편에 이르기를 '신피남산信彼南山, 유우전지維禹甸之'라고 했다. '길고 긴 저 남산은 우 임금이 다스리던 땅이로다'라는 뜻이다. 또한 『맹자』「등문공」 편 역시 이르기를 '하후씨오십이공夏後氏五十而貢'이라 했다. '하후씨는 50묘를 경작하도록 한 후 공법貢法에 의거해 세를 내게 했다'라는 뜻이다. 여기에서 '전甸'은 사방 8리八方里의 농경지를 뜻한다. 그런가 하면 '오십이공五十而貢'은 땅 50묘畝를 개간하고 자유 경작하도록 하고 그 땅의 주인에게 5묘에 해당하는 수확을 상납하도록 한다는 뜻이다. 우 임금은 중국이 원시사회에서 노예사회로 이행하는 과도기의 부락과 부락연맹의 우두머리였다. 그는 자신의 몸을 척도로 삼았을 뿐만 아니라 도량형 체계와 토지 등 측량제도의 창제와 발전을 추진했다. 당시의 역사적 배경에서 그에게는 엄청난 창조적 역할과 진보적 의미를 지니고 있음은 두말할 나위가 없다. 우 임금뿐만 아니라 문헌의 기록에는 1,300여 년 전의 당 태종 이세민李世民 역시 스스로 측량제도인 손가락 중지의 가운데 한 마디를 1촌寸으로 정했던 상황이 기록돼 있다.

물론 중국의 상황과 유사하다. 인류의 지혜에는 어느 정도 공통적인 특징이 있다. 그런 이유로 세계의 다른 나라와 지역과 민족 역시 마찬가지로 사람의 몸이나 신체기관을 계량의 표준으로 삼았다는 증거가 있다. 예를 들어 약 5,000여 년 전 유프라테스 강과 티그리스 강 두 강 유역인 메소포타미아 평원에서 메소포타미아 문명이 발원했다. 그리고 메소포타미아 평원의 수메르 사람들은 인류의 가장 오래된 문자인 쐐기문자, 즉 설형문자를 창조했다. 그뿐만 아니라 길이를 재는 단위인 '큐빗cubit'을 만들었다.

肘
팔꿈치 주

시간이 흘러 이 계량 단위는 다시 고대 이집트로 전파되었다. 그리고 고대 이집트인들은 자신이 창조한 또 다른 종류의 오래된 문자인 히에로글리프hieroglyph(신성문자)를 이용해 길이 단위를 기록했다. 히에로글리프에서 '큐빗'은 사람의 팔뚝과 똑바로 편 손의 이미지로 묘사되어 있다. 게다가 '큐빗'의 길이는 고대 이집트의 제4왕조인 파라오 쿠푸Khufu의 팔을 곧게 편 뒤 중지의 끝에서 팔꿈치까지의 길이로 정해졌다고 한다. 그리고 이것은 기자의 대피라미드(세계 7대 불가사의로 기원전 2560년 무렵 세워진 쿠푸의 피라미드─옮긴이)의 높이를 재는 데 활용되었다고도 한다. 이렇게 잰 기자의 대피라미드의 높이는 280큐빗이다. 이후에 고대 이집트인들은 이 계량 단위를 길이를 재는 체계로 더욱 발전시켰다. 그들은 1'큐빗'을 다시 7'손바닥' 혹은 28'손가락'으로 더욱 세분화했는데 여기에서 1'손바닥'은 4'손가락'과 같다. 그런 뒤 다시 발전과 변화를 거쳐 최종적으로 토지를 측량하는 데 이용하는 계량 체계를 만들어내기도 했다.

또다시 시간이 흘러 '큐빗'의 개념은 히브리 민족인 유태인에게 전파됐

뼘 찰拃

다. 유태인들에게도 이 길이 단위가 계승된 것이다. 유태인들이 수집해서 기록한 『성경』의 여러 부분에서 '팔꿈치'를 길이 단위로 썼다는 사실을 지금까지도 확인해볼 수 있다. 그뿐만 아니라 『성경』에는 '손가락, 발가락, 손바닥, 범아귀' 등의 길이 개념이 적혀 있다. 그중 엄지손가락과 집게손가락 사이를 뜻하는 '범아귀'는 요즘 사람들이 말하는 소위 '뼘'과 같다. 손바닥을 펼친 뒤 엄지의 끝과 중지의 끝 사이의 최대 거리는 약 23센티미터와 같다는 말이 된다.

　중국, 이집트, 서아시아 유프라테스-티그리스 강 유역의 고대문명과 비교했을 때 유럽문명은 요즘의 문화와 조금 더 근접해 있다. 그런데 참 묘하게도 고대 그리스와 로마의 문헌에 사람의 신체기관을 계량의 척도로 삼았다는 정황이 수록되어 있다. 예를 들어 고대 로마인들은 1'걸음'은 5개의 '발' 길이와 같고 1,000'걸음'은 1마일과 같다고 정했던 것이다. 중세 유럽에서도 마찬가지로 국왕의 신체나 신체기관의 길이로 측량 단위를 설정했던 상황이 등장했다. 게다가 이런 상황이 꽤 보편적으로 나타났다. 예를 들어 서기 9세기에 색슨 왕조의 헨리 1세는 먼저 자신의 팔뚝을 앞으로 곧게 뻗은 뒤 중지의 끝에서 코끝까지의 거리를 1'야드'라고

拃
뼘 찰

碼
셈할 마

정했다. 또한 서기 10세기에 당시 잉글랜드를 통치했던 국왕 애드거는 엄지 두 개 관절 사이의 길이를 1'인치'라고 정하기도 했다.

꽤 재미있는 사실이 있다. 13세기에 잉글랜드를 통치했던 존 왕은 도량형 제도가 번성한 무역 왕래와 관계가 있다고 보았다. 하지만 관련 인사들은 되레 방관만 하고 있었던 것이다. 결국 의회 개회 기간에 회의장에서 발을 한 번 구른 뒤 그 발자국을 1피트의 기준으로 삼으라고 지시를 내렸다. 현재 영국 박물관에 소장된 도량형 합금 테두리의 가운데 빈 곳에는 존 왕의 발자국 길이가 딱 맞게 찍혀 있다.

여기에서 알 수 있듯이 동서고금을 막론하고 인류는 계속해서 자신의 영특한 지혜를 신체와 잘 결부시켜 활용했다. 또한 신체를 충분히 이용해 객관적 세계의 다른 사물들을 측정했다. 만일 지금의 우리도 자신의 신체와 인류의 지혜를 잘 활용할 수 있다면 언제 어디서든 쓸 수 있는 '자'를 휴대하고 있는 것과 같은 격이 된다. 그리고 휴대할 수 있는 신체라는 '자'를 이용해 순간적으로 맞닥뜨린 측량의 문제를 해결할 수 있게 된다.

三. 길이를 통해 '가족'이 되다

• 고대의 어떤 길이가 인체와 관련이 있을까?

인체와 인체기관을 척도로 삼아 외부세계 사물의 길이, 높이, 너비, 깊이를 측량한 행위는 바로 옛사람들의 지혜가 생생히 발현된 것이다. 이와 동시에 계량 체계와 도량형 제도가 당시 아직은 초보적으로 형성된 단계임을 입증하고 있다. 인체로 측량을 했기 때문에 사용 범위에 분명 어느 정도 제한이 있었기 때문이다.

청나라 단옥재의 『설문해자주』에서 '도度' 자 다음에 이런 주석을 달아놓았다. '주제周制, 촌척지심상인개이인지체위법寸尺咫尋常仞皆以人之體爲法.' 이는 '주나라 때 촌寸, 척尺, 지咫의 기준을 찾아 언제나 모든 도량형을 재었는데 다 사람의 신체 길이를 법으로 삼았다'는 뜻이다. 이 문구는 주나라의 계량제도 중에서 척尺, 촌寸 등 6종의 길이, 너비, 깊이, 높이 등의 표준이 모두 신체를 근거로 한 것임을 알려준다. 그렇다면 여기에서 몇 가지 문제가 발생한다. 첫째, 앞 절에서 언급했던 '심, 상'을 제외하고 나머지 네 가지 단위에서 근거한 인체는 어느 부위일까? 둘째, 이런 계량 단위는 서로 어떤 연관을 맺고 있을까?

일단 8'척尺'을 1'심尋'으로 삼았으니 먼저 '심尋'과 직접적으로 관련이 있는 '척尺'부터 이야기를 풀어가 보자.

'척尺'이라는 글자는 현재 고고학에서 발굴한 갑골의 잔여 조각에서 내내 종적을 찾을 수 없었다. 그렇기 때문에 '척'이 지닌 최초의 의미 분석에 대해서는 대체적으로 동한시대 문자학 대가인 허신의 『설문해자』에 근거를 둘 수밖에 없다. '척'의 소전체 형태인 尺에 근거해서 보면 근본적인 의미는 이렇다. 먼저 손바닥으로부터 한 치寸(3.33센티미터) 거리에 있는 동맥인 촌구寸口를 가리킨 뒤 '촌'의 열 배를 '척'이라고 확정했다. 즉 '인수각십분동맥위촌구人手卻十分動脈爲寸口. 십촌위척十寸爲尺'이라고 나와 있다. '사람의 손에서 10분分의 길이를 물러나 맥脈이 뛰는 곳을 촌구寸口라고 한다. 10촌이 1척이다'라는 뜻이다. 한편 여기에서 '각卻'은 '물러나다'의 의미를 지니는

尺

자 척

데 현재 뒷걸음질치다의 의미를 지닌 '망이각보望而卻步'에서의 '각卻'도 후퇴의 의미를 나타낸다. 하지만 다른 일부 학자의 고증에 따르면 전국시대 말기 중산국中山國에서 청동 판형으로 만든 지도인 '조역도兆域圖'에서 '척'의 금문자 형태가 **ㄱ**로 쓰여 있었다. 이 모양은 선을 이용해 사람의 사지를 그려낸 것이 분명하다. 그런 뒤 선의 특정 위치에서 원형의 점을 이용해 부호로 표시를 해두었다. 어떤 특정한 함축적 의미를 전달하고 있는 것이다. 그렇다면 원형 점의 위치는 어떤 내용을 시사하고 있는 것일까?

필요한 문헌자료의 증거가 부족하기 때문에 현재 글자의 모양이 표현하고 있는 정확한 의미에는 아직 의견이 모아지지 않고 있다. 하지만 글자 모양 전체적으로는 '사람의 사지와 관련이 있다'고 생각한다. 그 부분에 대해서는 이미 폭넓은 합의가 이루어졌음은 의심할 여지가 없다. 현재 이 글자 모양의 주요 해석이나 추론에 대해서는 다음의 몇 가지가 있다.

첫 번째 의견으로 글자 형태 속의 선은 사람의 팔이고 원형 점은 사람의 팔꿈치를 의미한다는 것이다. 일반인들은 팔꿈치에서 손목까지의 길이가 약 25센티미터다. 주나라 때 '척尺'의 수치인 23센티미터에 거의 근접한다. 두 번째 의견으로 선이 묘사하고 있는 것은 분명히 사람의 다리이고 원형 점의 위치는 종아리에서 1척 높이가 되는 지점을 표시하고 있다는 것이다. 하지만 일부 고대문헌을 종합해보면 원형 점은 사람 손목의 맥박이 뛰는 위치를 표시한 것 같다는 해석도 어느 정도는 설득력을 갖는다. 만일 이런 논리로 생각해서 '지呎'가 8촌짜리 손을 의미한다면 맥박은 손바닥이 손목과 결합되는 부분까지의 거리가 된다. 따라서 최종적으로 맥박의 위치에서 뻗은 중지 끝까지 둘 사이의 거리 역시 기본적으로 1'척'의 길이와 같다는 결론을 내릴 수 있다.

어쨌든 고대문헌에서 '척'이 인체를 기본 단위로 삼았다고 기록되어 있으니 고대문자에서의 형태도 분명 인체와 관련이 있게 된다. 다시 말해 현재 고고학적 발굴이나 갑골 파편에 대한 고증에서 아직 보완하고 완벽을 기할 필요는 있다. 하지만 합리적인 추론에 근거해 '척'은 갑골문에서 분명 존재하고 있다. 마지막으로 '척'은 '촌'이나 '심'과 명확한 배수관계를 맺고 있기 때문에 이들은 확실히 일종의 측량 가족을 이룰 수 있다. 서로 관련되어 계열성을 지니는 것이다. 예를 들면 이렇다.

$$寸 \text{(촌)} \xrightarrow{\times 10} 尺 \text{(척)} \xrightarrow{\times 8} 尋 \text{(심)}$$

'지咫'와 관련해 『설문해자』에서는 '중부인수장팔촌中婦人手長八寸, 위지지謂之咫'라고 해석해놓았다. '중년부인의 손은 길이가 8촌인데 이를 지咫라 한다'라는 뜻이다. 여기에서 '중中'은 평균 수준이나 중간 정도를 의미한다.

'촌'과 '지', '심'과 '상' 사이에는 배수관계가 존재하기 때문에 지금의 '촌, 지, 척, 심, 상'은 길이, 너비, 높이, 깊이를 재는 가족관계를 구성하게 된다. 이제 고대 길이의 단위 중 아직 설명을 하지 않은 단위로는 '인仞'만 남아 있다.

『사기』 「장의전張儀傳」 편에 기록되어 있는 내용에 따르면 '도광왈심度廣曰尋, 도심왈인度深曰仞, 개신량비위도皆伸兩臂爲度. 도광척신평

咫
척 지

仞
길 인

비직度廣則身平臂直, 이적득팔척而適得八尺. 도심칙신측비곡度深則身側臂曲, 이근득칠척而僅得七尺. 기설정교其說精巧, 심인개이량비도지尋仞皆以兩臂度之, 고인역혹왈팔척故仞亦或曰八尺, 심역혹왈칠척야尋亦或曰七尺也'라고 나와 있다. '너비를 헤아릴 때 심이라 하고, 깊이를 헤아릴 때 인이라 하며 모두 양팔을 뻗어 헤아린다. 너비를 헤아릴 때 몸을 바로하고 팔을 곧게 뻗으면 8척이 된다. 깊이를 헤아릴 때는 몸을 옆으로 기울여 팔을 구부리면 7척만 된다. 이 설명이 정교하니 심과 인 모두 양팔로써 헤아릴 수 있다. 자고로 인은 8척이라고도 하니 심 역시 7척이라고 할 수 있다'라는 뜻이다. 꽤 의미심장한 내용이다.

여기에서 알 수 있듯이 '심'과 '인'은 같은 종류의 길이를 의미한다. 다만 최초에 이 두 글자가 다른 분야에서 쓰였을 뿐이다. 하나는 너비를 재고 다른 하나는 깊이를 쟀던 것이다. 게다가 이러한 차이 때문에 '인'에 대해서도 '7척'이라는 해석이 있었다.

이쯤에서 잠시 옛사람들이 인체를 기본으로 한 여섯 가지 측량 단위가 초보적으로 가족의 관계를 맺었음을 일단락 짓고자 한다.

'인'은 깊이를 재는 단위지만 사실 '인' 역시 높이를 표시하기도 했다. 『상서』 「여오旅獒」 편에 따르면 '위산구인爲山九仞, 공휴일궤功虧一簣'라고 했다. '높이가 9인이 되는 산을 쌓는 데 한 삼태기의 흙이 없어 완성하지 못한다'라는 뜻이다. 높이가 9인이 되는 산은 다시 말해 7~8층 건물의 높이에 해당한다. 기껏해야 작은 산에 불과하다. 하지만 여기에서의 '구인九仞'은 높이를 대신하는 비유일 뿐이다. 실제적인 높이를 의미하지 않는다. 그 밖에도 서진西晉 시기의 문학가인 좌사左思도 『영사詠史』에 '진의천인강振衣千仞岡, 탁족만리류濯足

萬里流'라는 호기로운 불후의 명구를 남겼다. '천 길 벼랑에서 옷자락을 날리고, 만 리 흐르는 물길에 발을 씻네'라는 뜻이다. 여기에서 '진의振衣'는 옷을 털어 먼지를 없앴다는 의미다. 한편 '천인千仞'은 앞에서와 마찬가지로 실질적인 높이를 의미하는 것이 아니라 비유적인 용법으로 쓰였다.

여기까지 설명하고 나니 아직 남은 문제가 있다. '상常'이 바로 그것이다. 여섯 가지 계량의 단위가 모두 인체를 기본으로 한 것이니 '상'이라는 수치 역시 1장 6척이라는 점을 알 수 있다. 다른 다섯 가지 계량 단위와 분명 차이가 있다. 왜냐하면 이것은 인체나 인체기관으로 직접적으로 계산할 수 없어 간접적인 배수의 규칙을 취했기 때문이다. '인체를 기본'으로 한 것을 '인체나 인체기관의 척도를 기초로 삼았다'라고 이해하는 게 더 타당할 것 같다.

寸(촌)   咫(지)   尺(척)   尋(심)/仞(인)   常(상)

위의 여섯 가지 측량 단위로 구성된 가족에서 맏이는 '상'이고 막내는 '촌'이다. 하지만 모든 시대에 실제로 쓰인 측량 단위들로 보자면 이 몇 가지의 단위들은 그저 가장 기본적인 사용에만 적용되었다.

• 큰 길이는 어떻게 쟀을까?

먼저 가장 큰 단위를 설명해보려 한다. 최소 거리와 최대 거리 등을 측량할 때 '심'과 '상'은 그저 간접적으로 잴 수밖에 없다. 하지만 실제로는 구체적인 길이 개념이나 단위가 필요한 상황이 많다. 훨씬 크거나 훨씬 긴 단위가 그런 것이다. 반면 단위가 가장 작은 것들을 살펴보자. 과립 형태나 폭이 좁은 형태처럼 미세한 것들에 대해서는 '척'이든 '촌'이든 측량의 역할을 해낼 수가 없다. 따라서 측량 가족의 번식과 확충은 피할 수 없는 추세였다. 그런 면에서 선조들은 또 한 차례 비범한 지혜와 창조력을 발휘했다.

里
마을 리

현재 충분히 수집 가능하고 정리할 수 있는 고대의 문헌자료에 근거해서 보자면 '상'보다 큰 단위는 '리里'와 '인引'뿐이다. 여기에서 '리里'는 길이와 거리 개념의 '리里'다. 안팎 개념의 '리裏'가 아니다.

먼저 현재 여전히 계량 단위로 쓰이면서 대부분의 사람에게 익숙한 '리里'를 설명해보겠다. 금문金文에서 '리'는 '윗부분의 전田과 아랫부분의 토土'의 형태를 취하고 있다. 본래는 거주하는 지역을 의미했지만 더 나아가 주민의 조직을 표시하게 됐다. 『주례』「지관地官」편에 따르면 '오가위린五家爲鄰, 오린위리五鄰爲里'라 했다. '다섯 집을 린鄰이라 하고, 다섯 린鄰이 리里가 된다'라는 뜻이다. 즉 당시 25호의 가구가 있으면 바로 '리'가 구성되었다는 말이 된다. 이런 의미는 현재까지도 우리 삶 속에 여전히 남아 있다. 이를테면 중국 어떤 도시의 주택가를 '○○리'라고 하기도 하고, 남방의 어느 도시는 크고 작은 거리를 중국어로 '리룽里弄'이라는 골목이라 부르기도 한다. 시간이 흐른 뒤 '리' 역시 점차 거리를 나타내는 데 쓰였다. 『정운正韻』에 따르면 '금이삼백육십보위일리今以三百六十步爲一里'라고 했다. '이제 360보를 1리라고 한다'라는 뜻이 된다.

이 해석은 필요한 정보를 제공함과 동시에 진일보한 조사와 증명이 필요하다는 문제점을 남기고 있다. 여기에서 제공한 정보는 '리'의 하위 측량 단위가 '보步'라는 점이다. 이는 앞에서 언급한 여섯 가지 단위를 뛰어넘은 데다 길이를 재는 새로운 측량의 개념이 등장했음을 시사한다. 하지만 '보'는 도대체 어느 정도의 척도를 의미하는 것일까? 해답이 필요한 의문 덩어리다.

갑골문에서 '보步'의 형태는 🦶이렇다. 이 형태는 앞서거니 뒤서거니 하는 두 발을 묘사하면서 발걸음을 내디디며 길을 걷는 모습을 표시하고 있다.『전국책』에 따르면 '만식이당육晩食以當肉, 안보이당거安步以當車'라고 했다. '배고픈 뒤에 밥을 먹어 고기반찬으로 삼고 천천히 걸어 수레를 탔다고 생각한다'라는 뜻이다. '안보安步'는 편안하게 천천히 걷는 것이다. 또 다른 예로 마오쩌둥의『수조가두水調歌頭』「유영遊泳」편에 따르면 '부관풍취랑타不管風吹浪打, 승사한정신보勝似閑庭信步'라고 했다. '온갖 풍파에도 아랑곳 않고 이루었기에 승리한 사람처럼 한가롭게 정원을 거닌다'라는 뜻이다. 여기에서 '신보信步'는 한가롭게 마음 내키는 대로 걷는 행동을 의미한다. 여기에서 알 수 있듯이 '보'의 길이는 분명 사람의 보폭과 관련이 있다. 그렇다면 보통 사람이 평상시 일상적으로 걷는 상황에서 1보에 얼마나 멀리 걸을 수 있을까? 여기에서 말하는 '사람'이란 고대의 선조를 이른다.

역사적 문헌에 따르면 먼저 선조들이 말한 '보'는 두 발이 같은 방향을 향해 번갈아 한 차례씩 내딛는 것을 의미했다. 한편 한 발만 한 번 내딛는 것은 '규跬'라고 일컬었다. 다음으로 중국에서는 역사적으로 각 시대의 도량형 표준이 통일되지 않았기 때문에 '보'를

步
걸음 보

跬
반걸음 규

5척이라고 하기도 하고 6척이라 하기도 하고
또 8척이라 말하기도 했다. 각 시대의 '척'
의 표준에 따라 환산했기 때문에 '리' 역
시 각 시대별로 뜻하는 구체적인 거리도
일치하지 않았다. 대략 400미터에서 600미
터 사이쯤일 것이다. 반면 요즘 쓰이는 '리'는
'시제市制(중국의 전통적 도량형 제도에 '미터법公
制'의 요소를 가미하여 1929년에 제정한 도량형 제
도−옮긴이)'라는 중국식 도량형 단
위로 1킬로미터의 절반에 해당하는
500미터를 이른다.

걸을 때 한 발 내딛는 것을
'규跬'라고 한다.

跬(규) —— ×2 —→ 步(보) —— ×360 —→ 里(리)

弓
활 궁

그 밖에도 '보'와 같은 표준을 지닌 계량 명칭으로 '궁弓'이 있다.
이 단위는 두 가지의 출처가 있다. 첫 번째는 토지 면적을 측량할
때 이용한 도구와 관련이 있다. 『도지론度地論』에 '이척위일주二尺爲
一肘, 사주위일궁四肘爲一弓'이라고 나와 있다. '2척을 1주라 하니 4주
는 1궁이 된다'라는 뜻이다. 두 번째로 활과 화살을 의미하는 궁전
弓箭의 '궁'과 관련이 있다. 『의례』「향사례鄕射禮」 편에 '육척위보六尺
爲步, 궁지고제육척弓之古制六尺, 여보상응與步相應'이라는 표현이 있
다. '6척을 1보라 하는데 궁은 옛날 제도에서 6척이라 했으니 보와
상응한다'라는 뜻이다. 현재 길이를 재는 단위에 '리, 보, 궁, 규, 주'
등의 다섯 가지가 더해져 어느덧 열한 가지의 구성원을 갖추게 됐다.

이어서 '인引'을 살펴보자. '인' 자의 좌변은 '궁弓'이다. 설마 이 글자가 활과 화살과 관련이 있을까? 바로 그렇다. 『설문해자』에서는 '인'에 대해 '개궁야開弓也'라고 해석했다. 활시위를 당겼다는 뜻이다. 『회남자』「설림훈說林訓」 편에서는 '인궁이사引弓而射'라고 나와 있다. '활을 당겨 화살을 쏘다'라는 뜻이다. 후에 이 글자는 다시 길이와 거리의 의미를 나타내게 됐다. 『한서』「율력지律曆志」 편에는 '기법용죽위인其法用竹爲引, 고일분高一分, 광육분廣六分, 장십장長十丈'이라고 나와 있다. '이 방법은 대나무로 인引을 삼은 것으로 높이는 1분이고 너비는 6분이며 길이는 10장丈이다'라는 뜻이다. 곧 '인'이 '장'의 열 배라는 의미다.

'장'은 지금도 쓰이는 단위이기 때문에 사람들에게 매우 익숙하다. 하지만 '인'이 '10장'을 의미한다는 것은 고대의 용법이다. 고서를 읽다 보면 발견할 수도 있겠지만 요즘에 이런 의미는 거의 찾아보기 어렵다.

'장丈'은 소전체에서 '십十' 자의 아래에 한쪽 손이 있는 ㄱ 이런 모양을 하고 '10척'이라는 뜻을 지닌다. 오늘날 '척과 장' 사이의 관계와 일치한다. 다만 구체적인 수치에 대해서는 앞에서 이미 언급했던 것처럼 각 시기마다 다른 표준을 지니고 있었다.

$$尺_{(척)} \xrightarrow{\times 10} 丈_{(장)} \xrightarrow{\times 10} 引_{(인)}$$

고대에 '장'과 꽤 긴밀한 관계를 맺었던 계량 단위가 있는데 바로 '묵墨'이다. 모두 알다시피 '묵'은 붓, 벼루, 먹, 종이 등 문방사우를 이르는 것들 중 '먹'에 해당한다. 동시에 먹물처럼 까만색을 뜻하기도

引
당길 인

丈
어른 장

墨
먹 묵

먹통

한다. 그렇다면 '묵'이 어떻게 측량 단위와 손을 잡게 되었을까? 원래 목공 등과 같은 노동을 할 때 재료를 준비하고 정확하게 절단하기 위해 옛사람들은 '먹통(목공 등이 먹줄을 치는 데 쓰는 공구─옮긴이)'이라 불리는 도구를 발명했다. 이 도구를 사용할 때는 먹줄을 먹통에서 꺼내 양쪽으로 잘 고정시킨 뒤 먹줄을 들어 튕기듯이 가볍게 잡아당긴다. 그런 다음 손을 놓고 먹줄이 절단해야 할 재료 위에서 검은색 직선을 만들어내도록 한다. 이렇게 해서 검은 선을 기준으로 재료를 절단할 수 있었다. 현재 수공예로 목기를 가공하는 업종에서는 아직도 이런 전통적인 방법을 쓰고 있다. 이런 상황에 근거해서 보면 처음에는 먹줄의 길이가 엇비슷했을 것으로 판단된다. 『소이아』에 실린 기록에 따르면 '오척위묵五尺爲墨, 배묵위장倍墨爲丈'이라고 나와 있다. '5척을 묵이라 하고 묵의 두 배를 장이라 한다'라는 뜻이다. 다시 말해 '묵'의 길이는 '장'의 절반인 5척이라는 것이다. 물론 이런 '묵'의 의미는 '인'과 마찬가지로 그저 고대문헌 속에만 존재하고 현재는 쓰이지 않는다.

• 극히 작은 길이는 어떻게 표시했을까?

　방금 전에 소개한 '인'이 고대에 측량 단위로 쓰일 때 사실 측량 단위인 '분分'이 이미 도입된 상태였다. 관련 문헌에 '고일분高一分, 광육분廣六分'이라는 내용이 나온다. '높이가 1분이고 너비가 6분이다'라는 뜻이다. 이렇게 보면 '분'이 이미 높이와 너비의 단위로 쓰였음을 알 수 있다. 그렇다면 '분'은 어느 정도의 길이를 의미하는 걸까?

　'분分'은 '팔八'과 '도刀'로 구성돼 있다. 갑골문에서 '팔'의 글자 형태는) (이렇다. 완벽한 것을 부분으로 나누었음을 의미한다. 이후에 '팔'은 7과 9 사이의 숫자를 의미하게 되었다. 다른 용도로 쓰인 것이다. 이렇듯 훗날 등장한 의미일 뿐인데 그 뜻으로 더욱 많이 쓰이면서 되레 주객이 전도되어 요즘 일반적으로 쓰는 의미가 되었다. '도'는 우리에게 아주 익숙하다. 부엌 같은 장소에서 주인공으로 자리 잡은 '도'의 주요 기능은 원래의 '분할'이다. 이처럼 '분'은 원래 물건을 부분으로 나눈다는 의미였음을 알 수 있다. 그렇다면 완결된 어떤 물건을 부분으로 나눔을 표현할 수 있었으니 자연히 하나의 계량 단위를 좀더 작은 부분으로 세분한 것을 표현할 수도 있을 것이다. 즉 '분'의 의미는 바로 '촌'의 10분의 1인 것이다.

分
나눌 분

　만일 '인'과 '리'가 길이라는 가족 시리즈를 더 큰 단위로 확대했다면 '분'은 전체 가족을 더 작은 계량의 단위로 이끌었고 좀더 미세한 사물 측량의 방향으로 확대시켰다고 할 수 있다.

　고대에 '분'의 척도보다 훨씬 작은 계량 단위가 있었는데 바로 섬纖, 미微, 홀忽, 사絲, 초秒, 호毫, 리厘 등이 그것이다. 여기에서 '리厘'를 제외한 나머지 몇 개는 현재 계량과 관련된 문구에서 심심찮게 자취를 찾아볼 수 있다. '초秒'는 시간을 계산할 때 훨씬 많이 쓰이는 것 같다.

그렇다면 이제 큰 단위부터 작은 단위까지 설명하면 이렇다. '리厘'는 '분'의 10분의 1을 뜻한다. 즉 '촌寸'의 100분의 1이다. 순서대로 내려가 보면 '촌寸'을 기본으로 해서 '호毫'는 1,000분의 1촌이고, '초秒'와 '사絲'는 모두 1만분의 1촌이다. '홀忽'은 10만분의 1촌이고, '미微'는 100만분의 1촌이다. '섬纖'은 최소 단위로 1,000만분의 1촌을 뜻한다.

纖(섬) 微(미) 忽(홀) 秒(초) 絲(사) 毫(호) 厘(리)

1,000만분의 1촌은 도대체 어떤 개념일까? 그것도 수천 년 전에 말이다. 당시 선조들은 이처럼 미세한 측량 단위를 만들어놓았던 것이다. 솔직히 말해 너무 미세한 측량 단위는 육안으로 볼 수 있는 범위를 한참이나 넘어선다. 그나마 미세한 것을 볼 수 있도록 돕는 돋보기가 등장했다는 최초의 기록은 이미 13세기 이탈리아 여행가인 마르코 폴로의 『동방견문록』에 나와 있다. 그는 『동방견문록』에 중국의 노인들이 글자를 확대할 수 있는 안경을 쓰고 있는 모습을 보았음을 묘사했다. 그런가 하면 현미경의 발명은 훨씬 늦었다. 물론 현재 그에 대한 여러 가지 견해가 있기는 하다. 그중 중국의 초등학교 국어 교과서에 실린 글인 「다른 생각을 해내다玩出了名堂(완출료명당)」에는 16세기 말 네덜란드의 문지기였고 이후 과학자가 된 안톤 판 레이우엔훅이 우연히 현미경을 발명했다고 언급돼 있기도 하

다. 한편 일부 과학 사료에서는 16세기 말 네덜란드의 안경 상인 한 스 얀센이 최초로 광학현미경을 발명했다고도 나와 있다. 어쨌든 '위'와 '홀' 등은 척도 개념으로 쓰일 때 표시하는 단위가 당시 관찰 하거나 계량할 수 있는 조건을 완벽히 넘어섰다. 단지 수학적 계산 의 기능만 가졌을 뿐이다. 또 다른 각도에서 설명해보자면 옛사람들 은 생각이 매우 체계적이었고 무척 엄밀했다. 그랬기 때문에 완결된 체계를 만들어낼 수 있었던 것이다. 비록 그중에 잠시 방치된 것들 도 있기는 했지만 말이다. 그 밖에도 선조들의 강한 예견 능력에 대 해서도 감탄할 수밖에 없다. 수천 년 뒤에 그 시기의 과학기술을 기 반으로 '섬纖'보다 훨씬 작은 척도도 인류는 여전히 관찰하고 계량 할 수 있기 때문이다.

이런 이유에서 미세한 척도를 표시한 한자의 고문학적 형태와 글 자의 뜻을 구체적으로 연구해볼 필요가 있다. 그렇게 하면 현재 대 부분의 숫자가 미세한 척도를 표시할 수 있게 된 기원과 궤적을 찾 아낼 수 있을 것이다.

'호毫'는 본래 조류의 '가늘고 날카로운 깃털'을 의미했다. 노자老 子의 『도덕경道德經』에 따르면 '합호지목合抱之木, 생어호말生於毫末'이 라 했다. '아름드리 큰 나무도 털끝 같은 싹에서부터 생겨난다'라는 뜻이다. 조류의 깃털이 얼마나 미세한 척도가 되는지 가늠해볼 수 있다.

毫
가는털호

'초秒'는 곡물의 씨앗 껍질의 까끄라기를 의미했다. 예를 들자면 우리에게 익숙한 밀이나 보리의 까끄라기 같은 것이다. 그래서 이 한 자는 '벼 화禾' 부에 속한다. 분명 느낌상으로도 조류의 잔털보다 훨

秒
분초 초

씬 미세한 척도다.

絲
실 사

'사絲'는 명주실을 뜻한다. '사'와 '초'는 시대별로 다른 계량의 개념을 지니고 있었다. 동일한 종류의 계량 대상에 대해 다른 견해를 지녔던 것이다. 하지만 직감적으로는 '초'와 기본적으로 대등한 것이 확실하다.

忽
소홀히 할 홀

'홀忽'은 본래 '소홀'의 의미를 지니고 있었다. 하지만 이후에 다른 용도로 쓰이면서 누에가 뱉어낸 실이라는 뜻이 됐다. 거칠고 세밀한 정도의 의미를 갖게 된 것이다. 옛사람들의 논리에 따르면 열 마리의 누에가 뱉어내야 한 가닥 '명주실'이 될 수 있어서 10'홀'이 1'사'가 된다는 것이다.

微
작을 미

'미微'는 기본적으로 '비밀리에 길을 떠나다'라는 뜻을 지녔다. 이후에 미세함의 의미가 은밀함의 의미 때문에 관찰되지 않은 건지 모르겠지만 이런 추론에는 그래도 어느 정도 설득력이 있다.

纖
가늘 섬

'섬纖'은 '미세하다'는 뜻을 지녔다. 어느 정도까지 작은지에 대해 말하자면 그저 상대적이다. 진수의 『삼국지三國志』「제갈량전諸葛亮傳」에 따르면 '선무미이불상善無微而不賞, 악무섬이불폄惡無纖而不貶'이라고 나와 있다. '선행이 미약하다고 상 주지 않은 적 없고 악행이 약하다고 벌하지 않은 적 없다'라는 뜻이다.

이처럼 미세한 도량 단위에서 발견할 수 있는 점이 있다. 이들은 모두 앞에서 언급했던 인체와의 관계가 크지 않다는 것이다. 사실 인체와 관련이 있는 미세한 도량 기준도 존재한다. 이를테면 '홀, 초, 사'의 경우 가장 근접한 인체 부위는 머리카락이다. 문헌기록에 따르면 선조들이 머리카락의 굵기를 미세한 길이를 재는 척도로 삼았음을 심심찮게 발견하게 된다. 『설문해자』에 '십발위정十發爲程, 십정위분十程爲分, 십분위촌十分爲寸'이라고 나와 있다. '모발 10가닥을 1정이라 하고 10정을 1분이라 하고 10분을 1촌이라 한다'라는 뜻이다. 다시 말해 '발'은 '촌'의 1,000분의 1로 척도 면에서 '호毫'와 대등하다. 중국인들이 자주 하는 말 중에 '미미한 승패의 차'를 뜻하는 '승부취재호발지간勝負就在毫發之間'이 있다. 여기에서 미미함의 의미는 '호毫'와 '발發' 두 글자가 결합돼 만들어냈다.

$$發(발) \xrightarrow{\times 10} 程(정) \xrightarrow{\times 10} 分(분) \xrightarrow{\times 10} 寸(촌)$$

'발發'을 보면 고대의 또 다른 계량 단위인 '정程'을 알 수 있다. 앞에서 언급했듯이 '정'의 척도는 100분의 1촌이다. 역시 앞에서 설명했던 '리厘'와 같은 단위다. '정'의 의미는 고대문헌에만 보존돼 있고 지금은 쓰이지 않는다. 하지만 '정'이 계량의 의미와 용법을 지녔기 때문에 '정'은 고대에도 계량의 기준이라는 함축적 의미도 파생시키면서 넓은 의미에서는 모든 도량형의 표준을 가리켰다. 예를 들어 '성공의 날까지 얼마 남지 않았다'라는 의미의 '계일정공計日程功'이라는 사자성어가 있다. 여기에서 '정'은 곧 도량의 기준을 의미한다. 이 문구의 전체적인 의미는 '날짜를 세면서 성과를 짐작할 수 있다'라는 뜻이다. 상황이 순조롭게 진행되고 있어 미래가 밝고 성공의 날이 기다려진다는 점을 묘사했다. 또한 마오쩌둥은 중국공산당 제7기 중앙위원회 2차 전체회의에서 '중국의 발전은 앞날이 밝습니다'라는 보고를 했다. 이때 '계일정공計日程功'이라는 사자성어를 썼는데 '정程'을 '성成'으로 잘못 표기해서는 절대로 안 된다.

程
한도 정

황종

이제 인체와 관련이 있는 '발'이나 '정'에 대한
설명은 끝났다. '초秒'를 언급하다 보면 농
작물과 관련된 또 다른 고대의
계량 단위인 '서黍'가 생각난
다. 『한서』「율력지」에 따르
면 '이자곡거서중자以子穀秬
黍中者, 일서지광一黍之廣, 도
지구십분度之九十分, 황종지
장黃鍾之長'이라고 나와 있다. '검은 기장 중간 것의 한 되의 부피를
90분分으로 한다. 황종으로 길이 기준을 삼는다'라는 뜻이다. 여기

黍
기장 서

에서 알려주는 가장 중요한 정보는 '서黍'가 계량 단위의 척도로 쓰
였다는 점이다. 이것의 구체적 수치는 1분인데, 즉 10분의 1촌이라
는 말이다. 그 밖에도 '서'라는 척도의 근거는 몇 가지 핵심적 요인
을 갖고 있다. 첫째, '서'는 '기장'이라는 작물로 불린다. 즉 '검은 기
장 거秬'다. 둘째, 구체적인 한 톨의 기장을 뜻하는 게 아니라 크지
도 작지도 않은 중간 종류를 뜻한다. 셋째, 이 척도는 또 다른 기물
인 '황종黃鍾'의 도움을 받고 있다. 황종은 중국 고대에 매우 이른
시기에 출현한 일종의 관악기인데 그 자체로도 기본음을 내는 악기
로 길이가 90분이었다. 따라서 중간 크기의 기장을 직선으로 배열
하면 90알이 되면서 축적된 길이와 너비가 기본적으로 황종의 몸
체 길이와 같아지는 것이다. 그렇게 균일하게 배열되면서 한 알의
기장의 너비는 1분과 딱 맞아떨어진다.

앞에서 언급한 고대 계량 단위를 한데 모아보면서 옛사람들이 길

이, 너비, 높이, 깊이를 재는 단위가 대체로 '섬纖, 미微, 홀忽, 사絲, 초秒, 호毫, 발發, 리厘, 정程, 분分, 서黍, 촌寸, 부扶, 지咫, 척尺, 주肘, 규跬, 묵墨, 보步, 궁弓, 심尋, 인仞, 장丈, 상常, 인引, 색索, 리里의 20여 종이 된다. 이들 단위 중 어떤 것들은 직계 친족의 관계를 맺고 있고 또 어떤 것들은 인척이나 방계의 관계를 맺기도 한다. 이렇게 이들은 공통적으로 중국 고대에 길이를 재는 등 1차원적인 계량 표준 세가를 이루었다.

물론 여기에서 언급했던 가족 체계가 중국 고대 각 시기의 종합적인 상황이거나 총체적인 상황이라는 점을 감안하면 개별 시기의 특수한 상황에서는 숫자가 훨씬 많아질 것이다. 하상주夏商周시대의 경우 길이 계량 단위에는 단端, 량兩, 필匹, 필疋(현행 규칙에 따르면 '필匹'의 이체자다), 속束 등을 포함하고 있다. 그런가 하면 청나라 강희 연간에 황제가 창작하고 반포한 『수리정온』에 정리된 길이 단위에는 사沙, 진塵, 애埃, 묘渺, 모模, 모호模糊, 준순逡巡, 수유須臾, 순식瞬息, 탄지彈指, 찰나刹那, 육덕六德, 허실虛實, 청정淸淨 등이 포함돼 있다. 이런 계량 단위는 시대성이 매우 강해 보이는 만큼 덧없이 사라져버린 듯한 느낌이 있다. 1975년 2월 산시陝西 성 치산岐山 현 둥자董家 촌에서 출토된 서주시대의 '구년위정九年衛鼎'의 명문銘文(금석이나 기물 등에 새겨놓은 글―옮긴이)에 '사구강백삼냥舍矩薑帛三兩'이라는 문구가 새겨 있다. '구 씨 부인('구'라 불리는 남자의 부인)에게 최상의 명주 3냥을 주다'라는 뜻이다. 그중 '냥兩'은 중량이 아닌 길이를 의미한다. 고증에 따르면 1냥은 4장丈과 같다.

길이의 의미가 확장되다

촌寸

'촌'은 처음에 인체와 불가분의 관계를 맺고 있었다. 그런 이유로 '방촌
심方寸心' 혹은 '방촌方寸'이 사람의 심장이나 생각을 의미하게 됐다. '촌'은
척도를 의미하기도 하지만 '방촌심'이나 '방촌'처럼 적절한 조건이 마련되
면 또 다른 의미도 갖게 되는 것이다. 그렇게 척도 면에서 제 역할을 하고
또 인체와도 관계를 맺고 있다. 그 밖에도 '촌'은 척도의 의미를 갖고 있기
때문에 글자의 변으로 올 때는 '규칙'이나 '제도'의 의미를 갖기도 한다.
예를 들어 봉封, 사寺 등의 글자가 그렇다. '봉'의 최초의 의미는 바로 봉
지, 즉 제왕이 봉해준 토지를 말했고 봉지의 발생은 분봉제도分封制度와
연계돼 있다. 한편 '사'의 최초의 의미는 불당 같은 곳이 아닌 관청의 명칭
에 쓰였다. 감옥과 형벌을 관리하고 심사하는 대리사大理寺(사법을 관장하
던 중앙기관으로 명청시대의 관명—옮긴이)의 경우 그 자체로는 법 규정을 집행
하는 기관이었다.

척尺

'척'은 표준 척도다. 고대에 글을 쓰는 재료들인 죽간, 목독木牘(글씨를 새
긴 나무판—옮긴이), 비단 등은 '척'의 크기에 맞
게 조각 모양으로 재단됐다. 그런 뒤 그 위
에 문자를 새겼다. 이런 이유로 고대에 척소
尺素, 척독尺牘, 척간尺簡 등 짧은 편지와 관
련된 한자들이 꽤 많이 등장했다. 이런 단
어들은 처음에 구체적인 길이 재료인 비단,

죽간목독

목간, 죽간 등으로 표시되었다가 시간이 흐른 뒤에 점차 다른 의미를 지니게 됐다. 그중 한 가지 의미가 바로 '서신書信'이다. 예를 들어 청나라 사인詞人인 납란성덕納蘭性德의 『채상자采桑子』「백의상빙주란립白衣裳憑朱闌立」에 따르면 '잔경목단전서안殘更目斷傳書雁, 척소환희尺素還稀'라고 나와 있다. '오경이 되니 서신을 전하는 기러기 볼 수가 없고 돌아오는 서신도 없구나'라는 뜻이다. 저자는 이 몇 마디 문구에 고독하고 적막하게 먼 곳에서 올 서신을 기대하는 마음을 생생하게 묘사했다.

장丈

'장'이 지닌 척도 개념에서 이후에 단어 하나가 파생되었다. 절의 주지 스님 등이 거처하는 곳을 의미하는 '방장方丈'이라는 단어가 바로 그것이다. 이 단어는 원래 네 변이 1장丈인 정사각형을 의미했으나 이후에 절에서 스님 중 연장자나 주지가 거주하는 매우 작은 방을 의미하게 됐다. 시간이 더욱 흐른 뒤에 주지 그 자신을 의미하기도 했다. 사실 고대에는 또 하나의 유사한 단어인 '함장函丈'도 있었다. '함장'은 처음에 스승이 제자를 가르칠 때 제자와 떨어진 거리가 약 1장 정도라는 의미를 지니고 있었다. 즉 강단과 책상 사이의 거리가 대략 1장 정도라는 뜻이다. 그러다 후에 서서히 도를 전하고 의혹을 풀어주는 선생의 의미를 만들어냈다. 즉 자신의 선생을 의미하기도 하고 또 선배나 선현을 의미하기도 한다. 명나라 때의 서위徐渭는 『답룡계사서答龍溪師書』에 '모망지심冒妄之深, 복희함장재지伏希函丈裁之'라고 적었다. '매우 경솔하여 선생님의 헤아림과 결정이 필요하다'라는 뜻이다.

제 2장

길이와 크기와 양

이번 장에서는 다음의 한자들에 대해 이야기를 나누려고 한다.

板	堵	雉	畝	頃	分	厘
널빤지 판	담 도	꿩 치	이랑 묘	이랑 경	나눌 분	다스릴 리

升	斗	合	龠	石	豆	區
되 승	말 두	홉 홉	피리 약	섬 석	콩 두	용량 우

鍾	筲	斛	缶
쇠북 종	대그릇 소	휘 곡	장군 부

一. 옛사람들은 어떻게 크기를 쟀을까?

앞에서 언급했던 '척'이나 '촌' 등의 계량 단위는 기본적으로 1차원 적인 길이나 면적의 측량 범위에 속했다. 다시 말해 점과 선분의 계량 에만 머물렀다는 말이다. 하지만 현재 생활 속에서 우리가 마주하는 계량의 문제는 이런 영역에서 한참이나 벗어나 있다. 가구를 구입할 경우에도 방의 크기를 고려해야 한다. 여행이나 출장에서 옷이나 일 용품을 휴대할 때도 여행가방의 크기를 헤아려봐야 한다. 이러한 일 상적인 문제를 처리할 때 해결해야 하는 문제들은 대부분 2차원 혹은 3차원적인 입체공간의 계량에 속한다. 방의 크기와 가구의 관계는 기 본적으로 2차원 평면의 면적문제다. 어떤 가구를 구입하고 또 가구를 얼마나 구입할지는 방의 바닥 면적과 가구가 차지하는 면적에 좌우되 기 때문이다. 그런가 하면 여행가방의 크기와 거기에 넣을 옷이나 일 용품의 관계는 3차원 입체공간의 용적문제에 해당한다. 어떤 옷을 넣 고 얼마나 넣느냐는 여행가방 자체의 용량과 물품을 넣기에 필요한 점 용공간에 좌우된다. 물론 2차원의 평면공간이든 3차원의 입체공간이 든 이들에 대한 계량은 공히 1차원적인 측량을 기준으로 삼게 된다.

• 벽 면적에 대한 측량

'판板'과 '도堵'는 고대에 벽을 쌓을 때 전문적으로 쓰였던 측량의 척도다. 흙벽을 세울 때는 먼저 겉면에 나무판으로 막아놓은 뒤 안

板
널빤지 판

堵
담도

쪽에 흙을 채워 단단히 했다. 이렇게 해야 한 단계씩 위로 쌓아 올라갈 수 있다. 그렇게 담장이 만들어졌다. 대개 시대마다 벽을 쌓는데 필요한 나무판은 기본적으로 규격이 통일돼 있었다. 크기와 길이도 분명 일치했을 것이다. 따라서 '판'은 담장을 측량하는 단위가 됐고 '도'와 안정적인 관계를 이루면서 '도' 역시 벽의 몸체를 측량하는 고정된 의미를 갖게 됐을 것이다. 『시경』 「홍안鴻雁」 편의 『모전毛傳』(『시경』을 해설한 책 ─옮긴이)에 '일장위판一丈爲板, 오판위도五板爲堵'라는 구절이 있다. '1장을 판이라고 하고 5판을 도라고 한다'라는 뜻이다. 표면적으로 이 문구는 꽤 정확한 의미를 보인다. '판'은 1장이고 '도'는 5장과 같은 격이다. 하지만 실질적으로 이런 해석은 정확하지 않다. 고대의 기타 문헌에 따르면 벽을 세울 때 쓰이는 '판'의 표준 수치는 너비가 2척이고 길이가 1장으로 나와 있다. 한편 '판'을 가로 방향으로 사용할 때 역시 길이 1장, 높이 2척이 된다. 이렇게 두 나무판 사이에 들어간 흙은 비로소 기초를 단단히 다질 수 있게 되는 것이다. 그렇기 때문에 '판'은 사실 면적의 뜻을 지니고 있다. 앞에서 나온 '일장위판一丈爲板'이라는 문구는 그저 길이를 말한 것뿐이다. 한편 '오판위도五板爲堵'는 제대로 된 면적의 개념이다. 기준이 되는 나무판 다섯 장을 가로 방향으로 놓고 한 겹 한 겹 포개는 것이다. 그렇게 사방이 1장이 되면 '도堵'가 되는 것이다.

이 두 개의 단위 중 특히 '도'는 면적 단위를 기본으로 한다. '일도장一堵牆(담장 하나)' 혹은 '관자여도觀者如堵(구경꾼이 담처럼 에워싸다)'라는 말이 있다. 이 말을 듣고 얼핏 머릿속에 떠오르는 것은 분명 벽면 하나 혹은 담처럼 이어 있는 인파일 것이다. 담의 길이가 떠오를 리가 없다. 어쩌면 담의 높이는 생각날지도 모르겠다.

'판'은 1장의 길이와 2척의 높이를 의미한다. '도'는 너비와 높이 모두 1장씩을 의미한다. 즉 사방이 1장이라는 뜻이다. 그렇다면 면적의 측면에서 봤을 때 '도'는 '판'의 다섯 배가 된다. 그런가 하면 '도堵'가 지닌 최초의 의미는 담장이었다. 『시경』「홍안」편에 보면 '지자어원之子於垣, 백도개작百堵皆作'이라는 문구가 나온다. '그대 성 쌓으면 그 넓은 것 다 이루리라'라는 뜻이다. 다시 말해 그가 부역을 해서 전심전력으로 노력해 수많은 담장을 쌓아올렸다는 의미가 된다. 본래 담장의 의미를 갖고 있었기 때문에 이후에는 자연스럽게 담장 자체의 면적을 지시하는 뜻을 지니게 됐다.

담장 자체의 면적을 표시하는 또 다른 단위는 바로 '치雉'다. '치'는 '도'의 세 배로 길이 3장에 높이 1장인 사방 면적이 3장임을 의미한다.

雉
꿩 치

板(판) ──×5──→ 堵(도) ──×5──→ 雉(치)

'치'는 본래 금계 일종의 들새를 의미했다. 후에 담장 더미를 의미하는 단어인 '치첩雉堞(몸을 숨겨 적을 공격할 수 있도록 성 위에 낮게 덧쌓은 담─옮긴이)'의 뜻을 지니게 됐다. 이것은 성벽 종류를 건축하는 전통방식으로 외형은 새떼가 담장 꼭대기에 내려앉은 모습과 관련이 있는 것으로 추측된다. 이런 이유로 다시 시간이 흐른 뒤 '치'는 점차 벽체의 면적을 의미하게 됐다. 중국의 극작가이자 영화제작가인 톈한田漢의 연극 〈루거우차오盧溝橋(노구교)〉에 이런 표현이 나온다. "다리의 다른 한쪽에서는 100치雉 높이의 성벽인 완핑청宛平城

성벽

을 바라볼 수 있다橋的另一端可以望見崇墉百雉的宛平城(교적령일단가이망
견숭용백치적완평성)." 여기에서 '용墉'은 성벽을 의미하고 '숭용백치崇
墉百雉'는 높고 웅장한 성벽을 묘사한다.

덧붙이는 이야기 성벽과 등급의 관계

　　고대 중국에서 성벽의 격식은 그 지역 통치자의 등급과 관련이 있었다.
예를 들어 춘추시대에 일개 국가 군주의 특권 중 하나는 수도의 성벽을
100치, 즉 300장까지 건설할 수 있었던 것이다. 한편 토지와 작위를 하사
받은 신하들이 군대를 주둔시켜 지키는 도시 성벽의 크기는 일률적으로
군주의 척도를 넘어서면 안 됐다. 이런 규정을 둘러싸고 『좌전』「은공원

년隱公元年」편에 기록된 바에 따르면 풀기 어려운 현안 한 건이 발생한 적이 있다고 나와 있다. 그것이 바로 '정백극단어언鄭伯克段於鄢', 즉 정백鄭伯이 단段을 언鄢 지방에서 죽인 일이었다. 『좌전』 원문에 이런 단락이 나온다. '채중왈제仲曰, 도都, 성과백치城過百雉, 국지해야國之害也. 선왕지제先王之制, 대도大都, 불과참국지일不過參國之一, 중中, 오지일五之一, 소小, 구지일九之一. 금경불도今京不度, 비제야非制也, 군장불감君將不堪'이라고 나와 있다. '채중이 말하기를 국도 이외의 도성이 100치를 넘는 것은 국가의 화가 됩니다. 선왕의 제도에 대도의 성은 3분의 1, 중도의 성은 5분의 1, 소도는 9분의 1을 넘지 못합니다. 그런데 지금 경성京城은 법도에 맞지 않으니 선왕의 제도가 아닙니다. 주군께서 장차 감당하지 못하게 될 것입니다'라는 뜻이다. 당시 정鄭나라의 군왕 장공莊公의 대신인 채중이 한 말로 신하가 하사받은 성지의 성벽이 만일 100치를 넘어서면 국가의 재앙이 되리라는 것이다. 선왕이 정한 규칙에 따라 큰 성지는 성벽이 수도의 3분의 1을 넘어설 수 없고, 중등의 성지는 5분의 1을 넘어설 수 없으며, 규모가 더 작은 성지는 9분의 1을 넘어설 수 없다는 것이다. 그런데 지금 공숙단共叔段이 수여받은 '경성京城'은 성벽의 규모가 규정된 척도에 맞지 않아 선조의 제도를 파괴했고 이것은 군왕을 위태로운 지경으로 몰아넣을 수 있다는 말이다. 한편 사실 성벽 규모의 등급제도를 파괴한 공숙단은 배다른 형제였다. 즉 당시의 군왕인 장공에게 불복하고 결국 군왕에 대한 불만과 시기 때문에 목숨을 잃는 재앙을 불러온 것이다.

성벽 면적이 의미하는 규모에 대한 제약은 통치자에 상응한 등급을 알려준다. 한편 또 다른 관련 요소는 봉지의 면적이다. 토지 면적은 해당하는 곳의 통치자와 관련돼 있을 뿐만 아니라 일반 백성의 생활과도 깊은 관계를 맺고 있었다.

- 한 뙈기 밭의 크기를 어떻게 알 수 있을까?

고대에 가장 자주 쓰였으며 현재까지 계속해서 쓰이는 토지 면적의 단위에는 기본적으로 두 가지가 있다. '묘畝'와 '경頃'이 그것이다. 현재 땅 1'묘'의 정확한 계량 표준은 사방 60장으로 약 667제곱미터와 같다. 한편 '경'은 '묘'의 100배가 된다. 물론 여기에서 말하는 중국식 도량형 단위는 '아르'나 '헥타르'가 아니다.

畝
이랑 묘

'묘畝'의 글자 형태에는 '밭 전田' 자가 포함돼 있다. 논밭과 관련이 있다는 뜻이다. '묘'의 의미는 본래 논밭의 면적이었다. 하지만 여기에서 주의해야 할 점은 역사적으로 시대별로 계량의 표준이 통일되지 않았기 때문에 고서를 읽을 때 고서마다 등장하는 '묘' 역시 구체적인 크기가 다를 공산이 크다는 점이다. 예를 들어 『운회韻會』에 기록된 바에 따르면 '사마법司馬法, 육척위보六尺爲步, 보백위묘步百爲畝. 진효공제秦孝公制, 이백사십보위묘二百四十步爲畝'라고 나와 있다. '사마법에서는 6척을 1보로 하고 100보를 1묘로 했다. 진효공이 정하기를 240보를 1묘로 했다'라는 뜻이다. 한편 송나라 때의 이학자인 정이程頤 역시 '고자백묘古者百畝, 지당금지사십묘止當今之四十畝. 금지백묘今之百畝, 당고지이백오십묘當古之二百五十畝'라고 했다. '옛날의 100묘는 지금의 40묘가 된다. 지금의 100묘는 옛날의 250묘다'라는 뜻이다.

頃
이랑 경

'경頃'의 글자 형태에는 '혈頁'자가 포함돼 있다. '혈'은 본래 머리를 의미한다. 고로 '경'은 본래 '머리가 기울다'는 뜻이다. 그러다가 이후에 비로소 토지 면적을 의미하게 됐다.『옥편』에 '전백묘위경田百畝

爲頃'이라고 나와 있다. '밭 100묘를 1경이라 한다'라는 뜻이다.

　'묘'와 '경' 이외에도 크고 작은 토지 면적을 측정하는 단위가 있는데 현재까지도 쓰이는 것에는 '분分'과 '리厘' 등이 있다. 이 두 글자는 길이를 재는 단위로 앞에서 이미 언급했다. 한편 이 글자들이 면적을 표시할 때 '분'은 10분의 1묘와 같고, '리'는 100분의 1묘와 같다.

　'리'보다 작은 면적 단위에는 '호毫, 사絲, 홀忽, 미微, 말末' 등이 있다. 이런 단위들은 대부분 이론상의 의미만 지니고 있을 뿐 응용 가치는 상당히 제한적이다.

　2013년 7월 29일 중국에서 보도된 내용에 따르면 중국에서 최소 면적 단위가 기재된 땅문서 실물 한 장이 허베이河北 성 바오딩保定 시에서 보습을 드러냈다. 이 땅문서의 계약 체결 일자는 1941년 11월 22일이었다. 가로 44센티미터, 세로 39센티미터로 면마 재질의 종이 상단에는 이렇게 적혀 있었다. "매도인 자원촨買文泉은 곤핍한 일이 있어 이제 자신의 집 8분分 3리厘 1호毫 3사絲 4홀忽 3미尾 7말末의 한 뙈기 밭을 팔아 궈칭쥔郭淸俊이 소유하여 경작한다." 그렇다면 1'말末'의 양은 얼마일까? 환산을 해보면 동전 한 푼과는 비교도 안 된다. 이렇게 '시시콜콜 따지는' 모습은 한편으로는 토지를 소중히 여기는 수많은 농민의 마음을 드러낸다. 또 한편으로는 엄밀하고 정확히 처리해 후환을 남기지 않으려는 계약인의 계약 의식을 대변하기도 한다.

　'경'과 비교해 좀더 큰 단위가 문헌에 몇 가지 등장했다고 기록돼 있다. 정井, 구열旬烈, 거距 등이다. '정'은 본래 고대의 '정전제'와 관련이 있다. 시간이 흐른 뒤에도 토지 면적을 표시하는 의미를 만들

分
나눌 분

厘
다스릴 리

어내기도 했다. 『맹자』「등문공」 편에 따르면 구체적으로 900묘를 의미했다. 한편 '구열'은 '정'의 세 배이고 '거'는 '구열'의 세 배였다.

토지 면적이든 담장의 면적이든 2차원 평면을 측량하는 부류는 모두 1차원 길이의 측량을 기초로 삼고 있다. 마찬가지 의미로 물체의 3차원 체적이나 용적 등과 관련된 측량 역시 1차원의 측량을 기반으로 한다.

二. 옛사람들은 어떻게 양을 쟀을까?

고대의 3차원 측량 체계는 꽤 복잡했다. 첫째로 계량 단위가 많았으며, 둘째로 시대별로 차이가 많이 났다. 여기에서는 일단 통용되었던 단위부터 이야기를 시작해보겠다.

중국은 농업을 기본으로 하는 나라여서 고대부터 식량을 계량하는 측정기를 매우 중요하게 생각했다. 고대에 가장 유명했던 것으로 계량기의 일종인 전국 시기의 '상앙방승商鞅方升'이 있다. '승升'과 '두斗'는 고대부터 현재에 이르기까지 가장 쉽게 볼 수 있는 두 종류의 식량 측정 단위다.

升
되 승

斗
말 두

'승'과 '두'의 금문자는 꽤 비슷한 형태로 승은 升이렇고 두는 斗이렇다. 두 글자는 형태를 묘사하는 방식을 통해 손잡이가 긴 바가지 모양의 용기를 표현하고 있다. 다른 점이라면 승은 용기 안에 물건이 담겨 있다는 뜻으로 선 하나가 더해졌다는 것이다. 용량 면에서 승과 두의 관계로 말하자면 1두는 10승과 같다. 그렇다면 1승의 양은 얼마나 될까?

중국 역사상 각 시대에 존재했던 '척'
의 길이가 모두 달랐듯이 '승'의 용량 역
시 시대에 따라 달랐다. 현재 고고학 등

상앙방승

학문의 연구에 따르면 하상주시대의 '승'을 현재의 계량 표준으로
환산하면 대략 200밀리리터쯤 될 것이다. 즉 헌혈할 때 한 회당 뽑
는 양쯤 된다. 그렇다면 1두 역시 2,000밀리리터로 대략 500그램짜
리 바이주白酒 네 병 정도의 양일 것이다.

• '승'보다 작은 용적 단위

'승'보다 더욱 작은 용적 단위는 각 역사별로 문헌기록에 따르면
대체로 '홉合, 약龠, 작勺, 초抄, 찰撮, 규圭, 속粟, 서黍' 등이 있다. 그
밖에도 청나라 말기에 제정된 계량 표준 중에는 그보다 적은 '과顆,
립粒, 직稷, 화禾, 강糠, 비備, 비秕' 등의 단위가 있다.

'合'은 용적 단위로 표시할 때는 '홉'이라고 읽는다. '협력하다'의

홉 合

'합'이라고 읽지 않는다. '홉'은 '승'과 거리가 가장 가까운 소형 용적
단위로 10홉이 1승이다. '홉'의 금문자 형태는 A 이렇다. 윗변 자체
는 '亼' 이런 모양으로 '집'이라고 읽고 '뒤덮다' 혹은 '한곳에 모이다'
등의 뜻을 지니고 있다. 윗변과 아랫변의 '입 구口' 자가 합쳐져 '잇
다, 한데 모으다' 등의 의미를 갖는다. 그렇다면 이처럼 용기와 같은
모양에 덮개 하나를 더한 글자 형태나 최초에 '한데 모으다'라는 의

미를 지녔다는 정황은 어쩌면 '홉'이 용적의 의미를 갖게 된 하나의
이유일 수도 있다.

피리 약

'홉'의 하위 단위는 '약侖'이다. 『한서』「율력지」 편에 따르면 '약자
侖者, 황종율지실黃鍾律之實…… 용천이백서容千二百黍, 합약위홉合侖
爲合'이라고 나와 있다. '약이란 황종의 값이다. …… 1약은 1,200알
갱이의 기장을 담은 것이고 약을 합해서 홉이라 한다'는 뜻이다. 또
다른 예로 『집운集韻』에 따르면 '양약위홉兩侖爲合'이라고 나와 있다.
'2약을 1홉이라고 한다'는 뜻이다. 두 문헌에 나오는 설명에 근거하
자면 2약이 한데 모여 1홉이 된다는 뜻이다. 물론 서한 시기의 경학
가經學家인 유향劉向은 『설원說苑』「변물辨物」 편에서 '십약위일홉十侖
爲一合'이라고 했다. 10약을 1홉이라고 했던 것이다.

유향의 막내아들인 서한 말기의 경학가이자 수학자인 유흠劉歆
은 길이와 용적과 중량 등 세 종류의 도량 표준 사이에 상응한 관
계가 있음을 시험해본 적이 있었다. 그는 악기 황종의 율관律管(음
의 높이를 정하기 위해 쓰던 원통형의 관―옮긴이)을 기준으로 길이를
90분, 즉 9촌으로 설정해 용적이 사방 810분으로 계산된 것을 1'약'
이라고 했다. 그런 뒤 율관 안에 기장 알갱이들을 채워 넣었는데 모
두 1,200알이었다. 그 무게를 달아본 뒤 반 냥兩이라는 점을 도출해
냈다. 이렇듯 그의 실험과 고증을 근거로 하고 서한 때 척의 길이를
대략 23센티미터로 환산했다는 내용을 기반으로 다음과 같은 결
론을 내리게 됐다. 1약이 약 10제곱센티미터와 같다는 점을 말이다.
또한 1승은 200밀리리터와 같다는 점에 근거해 10으로 나누면 1홉
은 20밀리리터가 나온다. 1약은 곧 10밀리리터로 10제곱센티미터인

것이다. 여기에서 알 수 있듯이 2,000년 전의 선현들은 과학 분야에 대한 조예가 매우 깊었다. 하지만 유감스럽게도 유흠의 저작 『종율서鍾律書』 등은 이미 흩어져 없어져버렸고 현재까지도 종적을 찾을 수 없는 상태다.

한편 '약'보다 작은 용적 단위는 대개 '홉'과 직접적인 배수관계가 있다. 또한 각 시대별로 문헌 속에서 일정한 차이를 보인다. 『손자산경孫子算經』에 따르면 '양지소기量之所起, 기어속起於粟. 육속위일규六粟爲一圭, 십규위일촬十圭爲一撮, 십촬위일초十撮爲一抄, 십초위일작十抄爲一勺, 십작위일홉十勺爲一合'이라고 나와 있다. '양을 헤아리기를 속부터 시작하면 6속이 1규이고 10규가 1촬이며 10촬은 1초이고 10초는 1작이며 10작은 1홉이다'라는 뜻이다. 다시 『한서』 「율력지」 편에는 '육십사서위규六十四黍爲圭, 사규위촬四圭爲撮, 십규위일홉十圭爲一合'이라고 나와 있다. '64서를 규라 하고 4규를 촬이라 하며 10규를 1홉이라 한다'라는 뜻이다. 두 문헌 속에서 '규'와 '촬'은 '규'와 '홉'의 크기관계와 일치한다. 하지만 배수관계에서는 일치하지 않았다. 시대적으로나 분야 면에서 다르고 용기나 계량의 표준 모두 달랐기 때문에 변화가 생긴 것이다.

앞에서 말한 계량 단위들 중 글자가 쓰이는 상황에 따라 몇 가지의 유형을 발견할 수 있다. 첫 번째는 물건을 가득 담는 기능을 가진 용기가 있다. 예를 들어 '작勺'이 그렇다. 두 번째는 농작물이 있다. '서黍'와 '속粟'이 그렇다. 세 번째는 손으로 한데 모으거나 잡아 빼앗는 등의 동작이 있다. '촬撮'과 '초抄'가 그것이다. 네 번째는 그 자체로 법률과 제도를 의미하는 것이 있다. '규圭'가 바로 그것인데 본래는 계급제도를 표시하는 예기禮器(예식과 의식에 사용되는 그릇―옮긴이)를 뜻했으나 후에 '표준'의 의미를 지니게 됐다. 예를 들어 규표圭表(해시계―옮긴이)나 봉위규얼奉爲圭臬(어떤 사물이나 언론을 유일한 준칙으로 삼음―옮긴이)이 그렇다.

손을 이용해 한데 모으는 방식을 통해 계량의 척도를 표시한 것에는 '촬'과 '초' 이외에도 역사적으로 '국匊'을 자주 썼다. 『공총자孔叢子』「잡훈雜訓」편에 따르면 '양수왈국兩手曰匊, 일수왈일一手曰溢'이라고 나와 있다. '양손으로 하면 국이라 하고 한 손으로 하면 일이라 한다'라는 뜻이다. 아주 명확한 의미를 지니고 있다. 두 손을 써서 한곳에 모은 양을 '국'이라 불렀고 한 손으로 모은 양은 '일'이라고 불렀던 것이다. 여기서 알 수 있듯이 '국'은 '일'의 두 배다. 하지만 중요한 문제는 이 두 종류의 척도가 뜻하는 정확한 수치가 얼마나 되는지다. 역사적 문헌기록인 『의례』「상복」편의 주석에 따르면 '이십사량왈일二十四兩曰溢, 위미일승爲米一升, 이십사분승지일二十四分升之一'이라고 나와 있다. '24량兩을 일溢이라고 하니, 쌀 1승升과 24분의 1승이 되는 것이다'라는 뜻이다. '일'은 대략 24분의 1승이 되기 때문에 '국'은 자연히 12분의 1승이 되었다.

• '승'보다 큰 용적 단위

石
섬 석

주의해야 할 점은 지금부터 살펴볼 '石'을 반드시 '섬 석'으로 읽어야 한다는 점이다. 따라서 '돌'이라는 의미와는 아무런 관계가 없다.

『설원』「변물」편에 따르면 '십승위일두十升爲一斗, 십두위일석十斗爲
一石'이라고 나와 있다. '10승을 1두라 하고 10두를 1석이라 한다'라
는 뜻이다.

'승'과 '두'는 주로 곡식의 무게를 다는 데 쓰였다. 1년 동안 고생스
럽게 땅을 파며 살던 농민들은 늘 가을의 수확을 고대했다. 수확의
절기가 되면 '석'은 수확한 농작물의 양을 잴 때 가장 자주 볼 수 있
는 계량의 단위였다. 『한서』「식화지食貨志」편에 따르면 '금일부협오
구今一夫挾五口, 치전백묘治田百畝, 세수묘일석반歲收畝一石半, 위속백
오십석爲粟百五十石'이라고 나와 있다. '지금 한 지아비가 다섯 식구
를 거느리니 밭 100묘를 다스려 해마다 1묘당 1석 반을 수확한다
면 곡식은 모두 150석이 된다'라는 뜻이다. 당시 100묘의 농경지에
파종하면 한 묘당 1석 반을 수확할 수 있었다. 농경지가 100묘여도
역시 150석만 수확할 수 있었다. 1묘당 생산량이 대략 소형 자동차
한 대의 연료 탱크가 가득 차는 정도다. 게다가 이 정도 수확량에서
세를 내거나 종자로 쓸 분량은 남겨두어야 했다. 만일 여기에 탈곡
등의 요소도 고려해본다면 일반 백성인 선조들이 얼
마나 힘겹게 살았을지 대충은 이해할 수 있다.

'승'보다 큰 용적 단위가 또 있다. 특히 춘추전
국시대에 제후국들 사이에서 일반적으로 통
용되는 단위가 있었을 뿐만 아니라 한 제후국
에만 존재하는 독특한 단위도 있었다. 이러한 계
량 단위 중에 특히 자주 쓰였던 것들 자체는 용기를
표시하는 한자였다. 예를 들면 곡斛, 두豆, 우區, 부釜,

두

종鍾, 부缶, 분盆, 통桶, 소筲 등이 그것이다.

豆
콩 두

여기에 나온 몇 가지 한자는 설명이 필요하다. '두豆'의 갑골문자 형태는 묘 이렇다. 분명히 용기 모양이다. 이것의 최초의 의미 역시 육류식품을 담는 생활용기였다. 『주례』 「고공기考工記」 편에 따르면 '식일두육食一豆肉, 중인지식야中人之食也'라고 나와 있다. '1두의 고기를 먹는 것은 곧 보통 사람들의 한 끼의 양을 먹는 것이다'라는 의미다. 여기에서는 콩과 고기를 먹는다는 건지 알 수 없다. 또한 얼마나 큰 콩 한 알 분량의 고기를 먹은 건지도 알 수 없다.

그런가 하면 '두豆'는 '두斗'로 해석되기도 한다. 『주례』 「동관고공기冬官考工記」 편의 주석에 따르면 '두豆, 당위두當爲斗'라고 돼 있다. '두豆는 마땅히 두斗이다'라는 뜻이다. 즉 '4승升'이라고 해석할 수도 있다. 『좌전』 「소공삼년昭公三年」 편에 따르면 '사승위두四升爲豆'라고 나와 있기 때문이다. '4승을 1두라고 한다'라는 뜻이다.

區
용량 우

'區'는 용적 단위로 쓰일 때는 '우'라고 읽는다. 또한 고대에 '우'라고 읽을 때 나타냈던 것은 바로 용기였다. 사실 '우'의 테두리인 '匚'은 고대에 상자 종류의 용기를 표시했고 '상자 방'이라고 읽는다.

鍾
쇠북 종

'종鍾'은 '종고鍾鼓(종과 북─옮긴이)'의 종을 표현한 것 이외에도 고대의 술잔을 의미하기도 했는데 요즘 자주 쓰는 '손잡이가 없는 작은 잔'과 비슷하다. 『서유기』에 따르면 '소룡접과호래小龍接過壺來, 장주짐재타잔중將酒斟在他盞中, 주비종고출삼오분래酒比鍾高出三五分來, 경불만출更不漫出'이라고 나와 있다. '소룡이 주전자를 받아들고 술을 그의 잔에 따랐는데 술잔보다 3, 5분 높게 따랐는데도 넘치지 않았다'라는 뜻이다.

'우區, 부釜, 종鍾, 두豆' 사이에는 긴밀한 관계가 있다. 『좌전』「소공삼년」 편에 따르면 '두우부종豆區釜鍾, 사승위두四升爲豆, 각자기사各自其四, 이등어부以登於釜, 부십칙종釜十則鍾'이라고 나와 있다. '두, 우, 부, 종이 있는데 4승이 1두이며 각각 네 배씩 더해져서 부가 되고 10부는 곧 1종이 되는 것이다'라는 뜻이다. 이들의 배수관계는 이렇다. 4두가 1우와 같고, 4우가 1부와 같고 10부는 1종과 같다. 1우는 16승과 같다. 한편 1부는 64승이 되는데 다시 말해 6두 4승인 것이다. 또한 1종은 64두와 같다.

'소筲'는 춘추전국시대 초楚나라에서 쓴 적이 있는 용적 단위의 하나였다. 본래는 대광주리의 일종을 의미했는데 요즘 중국 남방의 대다수 지역에서는 '대나무 소쿠리' 같은 일상용기를 의미하기도 한다.

이처럼 처음에 용기를 표시했던 한자들은 계량 단위로 쓰인 뒤에 확실한 용량을 갖게 됐다. 다만 일부 단위에서 가리키는 용량은 시대의 흐름에 따라 변화를 맞기도 했다.

'곡斛'은 남송 이전에 '10두'를 의미했다가 남송 이후에는 일반적으로 '5두'를 의미하게 됐다. 『소이아』에 따르면 '부缶, 사곡야四斛也'라고 나와 있다. '부는 4곡이다'라는 뜻이다. 즉 40두와 같다. 『소이아』에 나와 있는 관련 내용을 상세하게 살펴보면 '부이유반위지수釜二有半謂之藪, 곡이유반위지부斛二有半謂之缶, 부이위지종缶二謂之鍾'이라고 나와 있다. '부釜의 2와 2분의 1을 수藪라 하고 곡斛의 2와 2분의 1을 부缶라 하며 부缶의 2를 종鍾이라 한다'라는 뜻이다. 다시 말해 여기에서 2와 2분의 1의 '부釜'의 용량을 '수藪'라고 했으며 2와 2분의 1의 '수藪'의 용량을 '부缶'라고 했음을 알 수 있다. 『좌전』「소공삼년」의

筲
대그릇 소

斛
휘 곡

缶
장군 부

내용을 참고하자면 '부釜'는 64승升과 같다. 즉 '부缶 = 수薮×2.5=[부釜×2.5]승升×2.5=400승升=40두斗'라는 식이 성립된다. 이런 결과는 『소이아』의 주석과 서로 뒷받침하는 증거가 된다.

부

'분盆, 통桶, 소筲'는 모두 춘추전국시대 각 제후국들이 쓴 적이 있었던 용적 단위다. 문헌기록에 따르면 '분'의 용량은 12두 8승이며, '통'은 6승이고, '소'는 5승이었다. 그 밖에도 그 시대 기록에도 등장한 16두와 같은 용량의 '유庾'는 4석石의 '고鼓'와도 같고 160두斗의 '병秉'과도 같다. 게다가 문헌기록에 잘 나오지 않는 괴魁, 순旬, 온溫, 모耗 등도 등장한 적이 있다고 한다.

이렇듯 용적의 도량 표준이 중국 고대에 얼마나 중요했는지 알 수 있다. 역대 왕조에서는 이 부분에서 어느 정도 성과를 쌓아놓았는데 그 목적은 분명 농업 생산을 위해서였다. 이러한 전통은 현대사회의 입장에서도 매우 중요한 참고자료가 됨은 두말할 나위가 없다. 중국 역대 정부에서도 도량형 제도의 제정 및 국제사회와의 연계를 매우 중요하게 생각하고 있다. 그러면서 현재는 이미 과학적이고도 엄밀한 표준 체계를 세웠으며 사회 각 분야와 업무 속에서 이 표준을 엄격히 실시, 집행하고 있다. 이런 과정을 통해 표준화 사업이 갈수록 중요한 역할을 발휘하고 있다.

제 3 장

무게

이번 장에서는 다음의 한자들에 대해 이야기를 나누려고 한다.

度	量	權	衡	槌	椎	棰
법도 도	헤아릴 량	저울추 권	저울대 형	방망이 추	망치 추	매 추
斤	兩	錢	銖	鍰	鋝	錙
근 근	두 량	돈 전	무게 단위 수	무게 단위 환	여섯 냥쭝 렬	저울눈 치
捷	舉	秤	鈞	石	鼓	引
이길 첩	들 거	저울 칭	서른근 균	섬 석	북 고	당길 인

一. 도度, 량量, 형衡은 서로 어떤 관계일까?

2차원의 평면 면적과 3차원의 입체 체적 혹은 용적을 계산할 때는 1차원의 길이 등 계량을 거쳐야 한다는 점을 모두 알고 있다. 여기에서 더 나아가 용적 혹은 체적을 계량할 때는 물체의 중량을 따지게 된다. 예컨대 트럭 한 대에 어느 정도 무게의 모래가 들어갈까 하는 관심을 가질 수도 있다. 또한 크기가 같은데도 왜 돌은 나무보다 깊이 가라앉는지 알고 싶을 수도 있다. 이런 문제에서 체적이나 용적을 중량과 연계시키게 되는 것이다.

『한서』「율력지」 편에 나오는 관련 설명에 따르면 '도자度者, 소이도장단야所以度長短也, 본기어황종지장本起於黃鍾之長, 양자量者, 소이량다소야所以量多少也, 본기어황종지약本起於黃鍾之龠, 권자權者, 소이칭물평시所以稱物平施, 지경중야知輕重也, 본기어황종지중本起於黃鍾之重, 권여물균이생형權與物鈞(均)而生衡, 준정칙평형이균권의準正則平衡而鈞(均)權矣'라고 나와 있다. '척도란 길고 짧음의 척도이기에 황종의 장長을 길이의 기본 단위로 시작한다. 량量이란 많고 적음의 양이기에 황종의 약龠을 많고 적음의 기본 단위로 시작한다. 저울이란 물건을 저울질하여 고르게 베푸는 것으로 가볍고 무거움을 아는 것이기에 황종의 무게를 기본 단위로 시작한다. 저울은 물건과 추로써 평형을 이루고 기준점이 올바를 때 수평을 맞추고 저울질을 하는 것이다'라는 뜻이다.

이 문구의 핵심적인 의미는 길이, 크기, 중량 모두 앞에서 나왔던 '황종黃鍾'과 관련이 있다는 것이다. 당시 상황의 증거를 찾을 때의 실질적인 조작과정에 따르면 황종 이외에 그 밖의 또 다른 중개물이 있었는데 바로 기장이었다. 실증의 결과 황종의 관 길이는 90알의 기장을 직선으로 배열한 길이와 같았다. 또한 황종의 용량은 1,200알의 기장을 꽉 채운 정도였다. 여기에서 1,200알 기장의 중량은 반량量이다. 이왕 중량문제로 접어든 만큼 앞에서 서술한 내용에 따라 '권權'과 '형衡'의 두 개념도 함께 논하기로 하겠다.

'권權, 형衡'과 더불어 '도度, 량量'은 도량형 체계의 가장 기본적인 개념이자 뼈대가 된다. 이들 사이는 서로 가까운 관계를 맺고 있으나 차이점도 있고 구분되는 점도 있다.

'도度'는 본래 규칙이나 표준을 의미했고 측정이나 예측을 의미하기도 했다. 그러면서 특별히 길이를 재는 데 쓰였다. 서한시대 초기에 가의賈誼는 『과진론過秦論』에 '시사산동지국試使山東之國, 여진섭탁장혈대與陳涉度長絜大, 비권양력比權量力, 칙불과동년이어의則不可同年而語矣'라고 했다. '시험 삼아 산동의 나라들이 진섭과 국토의 길이와 크기를 재어보고 권세를 비교해보고 병력을 헤아려본다면 동등하다 말할 수 없을 것이다'라는 뜻이다. 여기에서 주의할 점은 '측량이나 추측'을 의미할 때 '도'를 '탁'으로 읽어야 한다는 점이다.

度
법도 도

'량量'의 갑골문 형태에는 '동東' 자가 포함돼 있다. '동'의 갑골문 형태는 ♦ 이렇다. 주머니 위아래를 묶은 모양으로 주머니 안에는 어떤 것이 들어 있다. 또한 '중重' 자의 일부분이기도 하다. 따라서 '량'은 기본적으로 '무게를 달다'라는 의미를 지닌다. 단옥재가 『설문해자주』에 설명한 바에 따르면 '량'은 본래 많고 적음을 계량한다는 의미이고 경중을 측량한다는 말이라고 했다. 사물은 먼저 많고 적

量
헤아릴 량

음이 있은 뒤에 무겁고 가벼움이 생기기 때문에 '량'의 글자 형태에 '중'의 성분이 포함된 것이다. 실제로 하나의 사물이 다른 사물을 수용한 많고 적음을 바로 '량'이라고 말할 수 있는 것이다. 여기에서 주의해야 할 점은 계산이나 측량 등 의미에서의 '량[liáng]'과 용량의 척도를 표시하는 '량[liàng]'은 중국어에서 발음은 같지만 성조가 다르다는 사실이다.

權
저울추 권

'권權'은 본래 '황화목黃華木(노란 꽃이 피는 5미터 이상의 화려하고 준수한 나무—옮긴이)'이라는 식물의 명칭으로 나무 목木 변이다. 후에 저울추의 뜻이 더해져 무게의 측정을 표시할 수 있게 됐다.『맹자』「양혜왕梁惠王」편에 따르면 '권權, 연후지경중然後知輕重. 탁도, 연후지장단然後知長短'이라고 나와 있다. '달아본 후에야 가볍고 무거운 것을 알게 되고 헤아려본 후에야 길고 짧음을 알게 된다'라는 뜻이다.

衡
저울대 형

'형衡'의 최초의 의미에 대해서는 현재 여러 가지 견해가 있다. 하지만 그런 와중에도 동일한 견해가 하나 있는데 바로 횡목의 일종이라는 것이다. 다만 어떤 곳에 존재하면서 쓰였느냐에 대한 견해상의 차이만 있을 뿐이다. 횡목의 의미가 있기 때문에 시간이 흐른 뒤 저울대의 의미를 갖게 됐고 다시 또 시간이 흐른 뒤에 측정의 의미를 갖게 됐다. 유협劉勰의 『문심조룡文心雕龍』에 따르면 '권형손익權衡損益, 짐작농담斟酌濃淡'이라고 나와 있다. '더할 것과 뺄 것을 저울질하고 짙게 할 것과 엷게 할 것을 고려한다'라는 뜻이다. 다시 말해 글의 내용이 주제를 명확하게 드러낼 수 있을지에 대해 따져봐야 하고, 퇴고는 상세하게 서술하거나 묘사할 것인지 아니면 간결하게 서술할 것인지를 고려해봐야 한다는 것이다.

여기에서 알 수 있듯이 '도度, 량量, 권權, 형衡'은 의미 면에서 꽤 근접해 있다. 계산이나 헤아림 등의 의미를 갖고 있는 것이다. 하지만 그중에서 '형'은 그 자체로 꽤 개성적인 의미를 지니고 있는데 바로 '균형'의 의미다. 이를테면 앞에서 언급했던 『한서』「율력지」편의 '권여물균이생형權與物鈞(均)而生衡, 준정칙평형이균권의準正則平衡而鈞(均)權矣'라는 문구를 예로 들 수 있다. 여기에서의 '형'은 '균형, 안정'의 뜻을 지닌다. 전체적으로는 저울추는 측정하는 사물과 평형을 이루었을 때 저울대가 수평이 되고 안정적인 균형을 유지할 수 있다는 의미다. 한편 이런 균형은 정확한 표준을 통해 실현된다. 여기에서의 표준은 여러 가지 요소를 내포하고 있다. 저울추의 크기나 저울대 눈금의 정확성 등이 그것이다.

저울추와 저울의 눈금은 사물의 중량을 측정할 때 절대로 부족해서는 안 될 역할을 한다. '추錘'는 처음에 중량을 표시했고 현재의 '쇠메'의 의미가 아니었다. 하지만 중량을 표시한다는 데 대해 그 말이 옳은지는 판단을 내리기도 어렵고 정확한 답안도 없는 상태다. 8수銖에 대해 말하자면 800알 기장의 중량과 같다. 12량兩이라고도 한다. 그 밖에도 고대에 쇠망치와 유사한 의미를 지니면서 최초로 쓰인 단위는 나무 목木 변의 '추槌'와 '추椎'가 있다. 또한 간혹 '추棰'를 쓰기도 했다. 고대에 최초로 두드리는 역할에 쓰인 도구는 목재로 된 것이었다. 금속 재질의 도구를 이용한 경우는 시간이 흐른 뒤였다.

나무 목 변 한자인 '추槌, 추椎, 추棰'가 지녔던 최초의 의미에는 차이점이 있다. 그러다가 시간이 흐른 뒤에야 음과 모양이 비슷해 서로 교체되는 상황도 생겼다.

槌
방망이 추

'추槌'는 원래 방망이로 두드리는 도구를 의미했다. 한나라 때 왕충王充은 『논형論衡』에 '착소이입목자鑿所以入木者, 퇴고지야槌叩之也'라고 적었다. '끝이 나무에 삽입될 수 있는 것은 나무로 된 방망이로 두드렸기 때문이다'라는 뜻이다.

椎
망치 추

'추椎'는 본래 방망이 일종의 도구를 의미했다가 이후에 '두드리다'의 의미를 갖게 됐다. 두보의 시 「황하黃河」에 따르면 '황하북안해서군黃河北岸海西軍, 추고명종천하문椎鼓鳴鍾天下聞'이라고 나와 있다. '황하의 북쪽 물가 해서의 군대가 북을 치고 쇠북을 울리니 천하에 들리네'라는 뜻이다. 이 문구의 의미는 요즘의 단어에도 보존돼 있다. 현재도 쓰이는 성어인 '가슴을 치며 피눈물을 흘린다'라는 뜻을 지닌 '추심읍혈椎心泣血'이라는 문구 중에 '가슴을 치다'라는 의미가 포함돼 있는 것이다. 여기에서 주의해야 할 점은 '추椎'가 위에서 언급했던 의미로 쓰일 때는 '척추 추'가 아닌 '망치 추'로 이해해야 한다. '망치 추'로 이해할 때 중국어 발음은 2성 추이[chuí]로 읽어야 한다. '척추'의 '추'일 때는 전혀 다른 의미가 되며 중국어 발음은 1성 주이[zhuī]로 읽어야 한다.

棰
매 추

'추棰'는 본래 짧은 나무 몽둥이를 의미했다. 『장자』「천하天下」편에 따르면 '일척지추一尺之捶, 일취기반日取其半, 만세불갈萬世不竭'이라고 나와 있다. '한 자 길이의 막대기를 매일 절반씩 자른다 해도 영원토록 다 자를 수 없다'라는 뜻이다. 대단히 변증법적인 발상이다. 이 문구의 구체적인 뜻은 짧은 나무 막대기 하나를 매일 절반으로 잘라버린다고 해도 조금의 남김도 없이 완벽하게 잘라낼 수는 없다는 말이다. '추棰'에 '막대기'의 뜻이 있기 때문에 자연히 '치다'

라는 의미도 생기게 됐다.

'권權'도 나무 목 변이라는 점을 감안한다면 최초의 저울추는 혹시 나무 재질이었을지도 모른다. 저울대 역시 의심할 바 없이 분명히 나무 재질이었을 것이다. 한편 '칭秤'과 함께 언급하게 되는 것이 바로 '등戥'이다. '등'은 '천칭' 혹은 '천칭저울'이라 불리는데 기본적인 의미는 소형 대저울이다. 금은보화나 약품 등 귀한 물품의 무게를 달 때 전문적으로 쓰인다. 요즘은 대부분의 약국에서 대저울의 모습을 발견할 수 있다. 물론 요즘 금은 등의 무게를 잴 때는 더 정확한 전자저울을 이용한다.

측정기구는 이제 기본적으로 완비가 되었으니 다음에는 계량 기준과 계량 단위가 등장하게 될 것이다.

二. 최소의 중량 단위, '전錢'

중량을 의미하는 계량 단위로 '근斤, 량兩, 전錢'이 있다. 특히 '근'과 '량'은 고대부터 지금에 이르기까지 내내 중요한 역할을 해왔다. 이런 이유로 먼저 이 세 가지 단위부터 이야기를 해볼까 한다.

'근斤'은 처음에 계량 단위가 아닌 나무를 베는 도끼를 의미했다. '근'의 갑골문자 형태는 ✋ 이렇다. 『좌전』「애공이십오년哀公二十五年」편에 따르면 '개집리병皆執利兵, 무자집근無者執斤'이라고 나와 있다. '모두 날카로운 병기를 들고 무기가 없는 사람들은 공장인의 도끼를 들었다'라는 뜻이다. '근'이 계량 단위를 표시할 때의 의미는 '근'

斤
근근

의 글자 형태와 독음에서 빌려온 것이다. 백거이白居易의 시 「매탄옹賣炭翁」에 따르면 '일차탄一車炭, 천여근千餘斤'이라고 돼 있다. '수레에 가득 실은 숯은 무게만도 1,000근이 넘네'라는 뜻이다. 여기에서 한 가지 설명하고 넘어가야 할 점이 있다. 일부 고대문헌에는 '근'의 이체자인 '힘줄 근觔' 자를 쓰는 경우도 있기 때문에 고대문헌을 읽을 때는 그 점에 유의해야 한다.

'근'과 '량'의 관계는 고대와 현재에 다른 점을 보인다. 『한서』 「율력지」와 『설원』 「변물」 등의 문헌에 따르면 1근은 16량과 같다고 나와 있다. 이런 배수관계는 오늘날에도 홍콩 등지에서 쓰는 계량 체계에 보존돼 있다. 그러므로 홍콩에 가서 해산물이나 말린 과일류 등의 물품을 구입하거나 밥을 먹을 때 무게를 달아야 하는 물품에 대해 '량'을 계량 단위로 할 수도 있다. 그렇다면 그때는 '소량小兩'으로 계산된다는 점을 알아야 한다. 소량이란 한 근斤의 16분의 1을 의미하기 때문에 1근의 가격을 16으로 곱해서 계산하게 된다. 이런 계산법은 중국 내륙에서 상용하는 10으로 곱하는 방식이 아니기 때문에 이 점을 잘 알아야 오해할 일이 없다.

'량'의 금문자 형태는 兩 이렇다. 글자 형태의 윤곽에 근거해서 보자면 첫 번째 의미는 두 개의 황종 율관에 담은 기장의 중량으로, 즉 2약龠과 같고 24수銖와 같다. 두 번째 의미는 짝을 맺는다는 것이다. 앞에서 살펴본 당나라 시인 대숙륜의 시 「억원상인」에 따르면 '일량종혜팔척등一兩棕鞋八尺藤, 광릉행편우금릉廣陵行遍又金陵'이라고 나와 있다. '수레 한 대와 풀 신으로 팔 척 넝쿨을 헤치고 광릉을 두루 돌아다니다 보니 또 금릉에 와 있네'라는 뜻이다. '일량一兩'은

兩
두 량

'수레 한 대'를 의미한다. 그 밖에도 고대의 수레는 최초에 두 개의 수레바퀴로 이루어져 있었기 때문에 '량'은 '수레 량輛'의 의미도 갖고 있다. 『상서』「목서牧誓」에 따르면 '무왕융거삼백량武王戎車三百兩'이라고 나와 있다. '주나라 무왕의 전차가 300량이다'라는 뜻이다. 또한 '량兩'은 직물 한 필을 의미하기도 했다. 『좌전』「민공이년閔公二年」에 따르면 '중금삼십량重錦三十兩'이라고 돼 있다. '고운 비단 30필'이라는 의미다. '삼십 량'은 '30필'을 뜻하는 것이다. 중량 단위의 '량'에 대한 역대 왕조에서의 구체적인 수치는 일치하지 않는다. 현대에 들어와 밝혀낸 바에 따르면 진秦나라 때와 서한시대에 1량은 현재의 16그램보다 약간 많은 수치다. 그런가 하면 동한시대나 위진시대나 수나라 말기에 1량은 현재의 14그램에 근접했다. 당나라 때부터 청나라 때까지 '량'에 비로소 정해진 수치가 생기면서 1량은 현재의 37그램 정도가 됐다. 물론 상술한 시대에 '근'과 '량'의 관계는 16량이 1근으로 변함없이 안정적이었다.

'전錢'은 처음에 삽 모양의 농기구를 뜻했다. 고증에 따르면 상고시대에 물물교환을 할 때 이런 농기구를 화폐 용도의 중개물로 이용했기 때문에 금전의 의미를 지니게 됐다고 한다. 그렇게 동전으로 쓰이면서 화폐의 의미를 지니게 되었고 오늘날까지 그 의미가 이어 내려오고 있다. '전'이 중량 단위를 의미하게 된 시기는 시간이 좀더 흐른 뒤였다. 청나라에서 영조척營造尺(목수가 쓰던 건축용 자─옮긴이)을 만들었을 때 '전'은 10분의 1량을 의미했다. 이 의미도 현재까지 전해 내려오고 있다. 한편 역사적으로 좀더 이른 시기에 '량'과 훨씬 긴밀한 관계에 있던 단위가 있었다. 바로 '수銖'와 더욱 크거나 작은

錢
돈 전

또 다른 중량 단위였다.

銖
무게 단위 수

'수銖'는 처음에 황종 율관 하나에 채운 기장 중량의 12분의 1을 의미했다. 즉 1량의 24분의 1이다. 앞에서 말한 환산관계에 따라 중국 역사에서 1수가 대략 몇 그램 정도의 무게일 때도 있었고 1그램도 채 되지 않을 때도 있었다. '수'가 얼마나 미세한 중량 단위였는지 알 수 있다. 하지만 '수'보다 작은 계량 단위도 있었고 게다가 그것들은 한두 가지가 아니었다.

銖(수)   錢(전)   兩(량)   斤(근)

'수'보다 작은 아래 단위 계열에 근거해 '수'보다 작은 중량 단위로는 '두豆, 서黍'와 '분分, 속粟'이 있다. '전'보다 더욱 작은 계열에 근거해서 보자면 '분分, 리厘, 호毫, 사絲, 홀忽' 등도 있다.

이처럼 훨씬 작은 중량 단위는 꽤 익숙하게 느껴진다. 이것들은 모두 마찬가지로 길이를 재고 면적과 용적 등을 측정하는 계량 가족의 구성원이기 때문이다. 이것들과 '수, 전'의 관계는 이렇다. 16서는 1두이고 6두는 1수다. 12속은 1분이고 12분은 1수다. 또한 10홀은 1사이고 10사는 1호이며 10호는 1리이고 10리는 1분이며 10분은 1전이다. 그렇다면 '수, 전'과 '량'의 관계에 근거해 만일 좀 무리하게 비교를 해본다면 1전은 약 2.5수 정도가 될 것 같다.

앞에서 계량 단위가 너무 미세하면 계산 분야의 의미만 지닐 수도 있다는 점을 언급했다. 하지만 이런 계량 단위의 존재는 과학적 개념을 분명하게 밝혀줄 뿐만 아니라 과학기술의 발전에도 기반을 닦아주었다. 또한 언어 표현에서도 매우 중요한 역할을 했다. 앞에서 논했던 '척소尺素'나 '함장函丈' 등의 단어처럼 미세한 계량 명칭들은 수많은 단어로 구성되면서 어구의 체계와 표현형식을 훨씬 풍부하게 이끌어주었다. 『예기』 「경해經解」 편에 따르면 '역왈易曰, 군자신시君子慎始, 차약호리差若毫厘, 류이천리繆(謬)以千里'라고 나와 있다. '역에 이르기를 군자는 처음에 신중을 기해야 할 것이니 만약 한 터럭의 차이를 낸다면 그 어긋남은 천리나 된다'라는 뜻이다. 이 문구는 사람들에게 정확한 가르침을 준다. 무릇 학식이 높은 군자가 일을 처리할 때 처음 단계를 매우 중시해야 하지 만일 시작부터 조금이라도 편차가 생긴다면 엄청난 방향의 일탈을 초래한다는 것이다. 또한 송나라 때의 대문호인 구양수歐陽修의 『신오대사新五代史』 「영관전伶官傳」 편에 따르면 '화환상적어홀미禍患常積於忽微'라고 나와 있다. '재앙과 환난은 늘 하찮게 여겼던 것이 쌓여서 생긴다'라는 뜻이다. 또한 『회남자』 「병략훈兵略訓」 편에 따르면 '능분인지병能分人之兵, 의인지심疑人之心, 칙치수유여則錙銖有余, 불능분인지병不能分人之兵, 의인지심疑人之心, 칙수배불족則數倍不足'이라고 돼 있다. 이 문구의 대체적인 의미는 이렇다. '만일 적의 군사력을 분산시켜 적군의 마음에 의심이 들게 할 수 있다면 설령 적군보다 미세하게 많은 정도의 병력만으로도 충분하다. 하지만 만일 그렇게 할 수 없다면 적군의 배나 되는 병력이 있다 하더라도 쓸모없다.'

三. '천균千鈞'을 상대할 만한 것에는 무엇이 있을까?

고대부터 현재에 이르기까지 매우 작은 중량 단위에 대해 대략적으로 관찰을 해봤다. 그렇다면 이번 장의 제목에서 언급한 '천균千鈞'은 도대체 얼마나 무거운 단위일까? 이 제목을 통해 옛사람들이 사물의 무게를 잴 때 썼던 비교적 큰 중량의 단위를 다시 한번 살펴보고자 한다.

큰 중량의 단위를 논할 때 먼저 참고의 기준을 정해야겠다. 대부분의 사람에게 익숙한 '량'과 '근' 두 가지를 참고 기준으로 잡고 이 두 실마리를 통해 중량 단위를 알아보자.

• '량'보다 큰 중량 단위

'량'보다 큰 중량 단위는 역사적으로 봤을 때 대충 '첩捷, 거擧, 장鏹, 치錙, 추錘' 등이었다. 『소이아』에 따르면 '양유반兩有半, 왈첩曰捷. 배첩倍捷, 왈거曰擧. 배거倍擧, 왈장曰鏹. 장鏹, 위지환謂之鍰'이라고 나와 있다. '1량의 절반이 첩捷이고 3량이 거擧이며 6량이 장鏹이다. 장鏹은 환鍰이라고도 불린다'라는 뜻이다. 이 문구에 근거해서 보자면 계량 단위와 '량' 사이의 관계를 짐작해볼 수 있다.

그 밖에도 역대 문헌에 나온 계량 단위의 사용 상황이나 고증에 따르면 '환鍰'도 '렬鋝'과 서로 연계되는 점이 있다. '렬鋝'이 6량이라고 불렸던 시기가 있었던 것이다. 하지만 그중에서도 일부 문헌에서

鍰
무게 단위 환

는 '렬'을 11과 25분의 13'수'라고도 했다. 즉 1,152알갱이의 기장에 상당하는 중량으로 황종 율관 하나의 '약'에도 다 채워지지 않은 기장의 중량인 것이다. 다시 말해 반량이 채 안 됐다는 것이다.

'렬'의 상황과 유사한 것들이 있는데 '치鍿'와 '추錘'가 그렇다. 이 둘에 대한 문헌의 설명에도 차이가 존재한다. 어떤 문헌에서는 '치'가 6수라고도 하고 또 어떤 문헌에서는 12수와 같다고도 하고 6량 혹은 심지어 8량이라고 기록된 문헌도 있다. '치수鍿銖'가 아주 가벼운 무게를 뜻한다는 점에서 생각해보면 6수 혹은 12수라는 기록이 훨씬 설득력이 있기는 하다. '추'도 마찬가지로 비슷한 문제가 있다. '추'가 '치'보다 큰 단위여서 '치'의 두 배라는 말도 있고 '치'보다 작은 단위여서 '치'의 2분의 1밖에 되지 않는다는 말도 있기 때문이다.

'첩捷'은 본래 전리품을 의미했다. 그래서 '승리'의 의미를 갖고 있었다. 그러다가 후에는 중량을 표시하게 됐는데 다른 용도로 쓰인 것이다. 왜냐하면 이렇게 작은 단위의 중량이 전리품과 관련이 있다면 그야말로 웃긴 이야기가 아닐 수 없기 때문이다. 전리품이 마이크로필름이나 암호나 기밀문서 저장장치 등의 물품이면 혹시 모르겠다. 하지만 안타깝게도 이런 것들은 그저 상상에 불과하다. 머나먼 과거에서 이런 첨단장비들이 개발되기까지 엄청난 시간적 차이가 있으니까.

'거擧'는 '양손으로 사물을 들어 올리다'의 뜻을 갖고 있었다. 그러다가 중량을 표시하게 된 것도 다른 용도로 쓰인 상황이었다. 원래의 의미와 아무런 관계도 없었던 것이다. 이런 상황은 '첩'과 마찬가지다. 이렇게 작은 중량을 양손으로 들어 올릴 필요가 전혀 없을 테

銐
여섯 냥쭝 렬

鍿
저울눈 치

捷
이길 첩

擧
들 거

니 말이다.

'장鏹, 환鍰, 열鋝, 치錙'의 네 가지 한자는 모두 쇠 금金 자 변으로 금속과 관련돼 있다. '장'이 처음에 금속이나 옥 등 세게 부딪히는 소리를 뜻했던 것만 빼고 말이다. 청나라 원매袁枚의 『신제해新齊諧』 「옥매玉梅」 편에 따르면 '만방장구상쇄지류장장유성滿房帳鉤箱鎖之類鏹鏹有聲'이라고 나와 있다. '방안에 널린 장막의 갈고리와 함의 자물쇠들이 쨍강 소리를 낸다'라는 뜻이다. 또한 북위 때 양현지楊衒之의 『낙양가람기洛陽伽藍記』 「영녕사永寧寺」 편에 따르면 '지어고풍영야至於高風永夜, 보탁화명寶鐸和鳴, 갱장지성鏗鏘之聲, 문급십여리聞及十餘里'라고 돼 있다. '높은 바람 이는 긴긴 밤에 은은하게 울리는 진귀한 풍경소리와 아름다운 악기소리가 10여 리 멀리까지 들려오네'라는 뜻이다. 나머지 세 한자는 본래 중량 단위를 의미했다. 주의해야 할 점은 '추錘' 역시 중량 단위를 의미하기 때문에 고대문헌을 읽을 때 만일 '치추錙錘'라는 단어를 보면 작은 망치라고 생각해서는 안 된다. '미세하다'가 정확한 해석이다. 예를 들어 『회남자』 「전언훈詮言訓」 편에 따르면 '수할국지치추이사인雖割國之錙錘以事人, 이무자시지도而無自恃之道, 부족이위전不足以爲全'이라고 나와 있다. '만일 자기 자신에게 기댈 만한 능력이 없다면 미미한 국토를 분할해 그에게 주더라도 국토를 지킬 만한 방책이 되지 못한다'라는 대략적인 의미를 지니고 있다.

여기에서 미세한 중량을 의미한 구절과는 반대로 역사에는 큰 중량 단위를 의미하는 구절도 있다. 일례로 매우 위험하다는 뜻을 지닌 '일발천균一發千鈞'의 '균鈞'이 바로 그렇다. 그렇다면 '균'은 도대체 얼마만큼의 중량을 의미할까? '근'을 참고로 차근차근 알아가 보자.

• '근斤'보다 큰 중량 단위

'근'보다 큰 중량 단위로는 역사적으로 '형衡, 칭秤, 균鈞, 석石, 고鼓, 인鈏' 등이 있었다.

『소이아』에 나온 해석에 따르면 '근십斤十, 위지형謂之衡, 형유반衡有半, 위지칭謂之秤'이라고 돼 있다. '10근을 형이라 하고 1형 반半을 칭이라 한다'라는 뜻이다. '형'이 10근을 의미하고 '칭'이 15근을 의미한다는 사실을 알 수 있다. 또한 『수호전』에 따르면 '엄유칙명일도俺有敕命一道, 봉송강위진국대장군封宋江爲鎭國大將軍, 총령료병대원수總領遼兵大元帥, 사여금일제賜與金一提, 은일칭銀一秤, 권당신물權當信物'이라고 나와 있다. '장군(송강)을 진국대장군에 봉하고 총령병마대원수에 봉하겠다 하시므로 저는 그 칙명을 받들고 왔습니다. 국왕께서는 금 한 제와 은 한 칭을 내리시면서 증표로 삼았습니다'라는 뜻이다. 분명 조정에서는 관직이나 금전 등을 이용해 송강을 투항시켰다. 어쨌든 '제提'가 어느 정도의 중량을 의미하는지에 대한 고증은 극히 드문 것 같다. 아마도 정확하지 않은 소량이지 않을까 싶다.

秤
저울 칭

그 밖에도 '칭'은 본래 '무게를 달다'의 의미를 지녔다. 그러다가 후에 '무게를 달 때 쓰는 도구'와 중량 단위 등의 의미를 지니게 된 것이다.

鈞
서른근 균

'칭'보다 한 단계 큰 중량 단위는 '균鈞'이다. 『소이아』 등의 문헌에 따르면 '균'은 '칭'의 두 배이자 30근이라고 나와 있다. 그렇다면 이제 우리는 '일발천균一發千鈞'이 어떤 개념인지 알게 됐다. 앞에서 '일발천균'은 '매우 위험하다'의 뜻을 가지고 있다고 했다. '일발천균'의 글자 그대로의 의미는 '한 가닥의 가느다란 머리카락으로 120근 무게를 들어 올린다'는 뜻이다. 얼마나 허황된 말인가. 그렇기 때문에 이런 상황에서야 비로소 매우 위태롭고 잠시도 지체할 수 없는 위급함의 의미를 갖게 된 것이다.

石
섬 석

'균'보다 더 큰 중량 단위로는 네 배에 달하는 '석石'이 있다. 그리고 '석'의 열여섯 배인 '고鼓'와 200근을 의미하는 '인뒼'이 있다.

鼓
북 고

'균' 이외에 중량 단위를 표시하는 세 가지 한자들은 모두 처음에는 중량을 뜻하지 않았다. '석'은 돌을 의미했고, '고'는 두드려서 소리를 내는 타악기를 의미했으며, '인'은 앞에서 이미 언급한 바와 같이 시위를 당긴다는 뜻이었다. 이 한자들이 중량을 표시한 것은 이후에 시간이 흐르면서 다른 용도로 쓰인 것이다. 주의해야 할 점은 앞에서도 강조했듯이 '석'이 중량의 의미로 쓰일 때는 '돌 석'이 아닌 '섬 석'으로 이해해야 한다는 것이다.

引
당길 인

덧붙이는 이야기 조충曹沖은 왜 배를 이용해 코끼리 무게를 쟀을까?

같은 크기의 돌과 나무의 무게가 왜 다른 건지 생각해본 적이 있는지 모르겠다. 물론 이것은 물질의 비중문제와 관련이 있다.

사실 우리 선조들은 아주 오래전에 물질들 사이에는 경중의 차이가 있다는 현상을 알아차렸다. 『맹자』에 따르면 '금중어우자金重於羽者, 기위일구금여일여우지위재豈謂一鉤金與一輿羽之謂哉'라는 문구가 있다. 대략적인 의미는 '쇠가 깃털보다 무겁다고 하지만 어떻게 허리띠 쇠고리 하나와 수레에 가득 실은 깃털의 무게를 비교해 말하겠느냐'가 되겠다. 여기에 숨어 있는 의미는 바로 부피가 엇비슷한 전혀 다른 물질의 중량 차이다.

　이후에 『한서』 「식화지」 편과 『손자산경』 등의 문헌에는 옛사람들이 수많은 종류의 다른 물질의 비중을 구체적으로 측정했다는 기록이 있다. '황금방촌중일근黃金方寸重一斤, 백은방촌중십사량白銀方寸重十四兩, 옥방촌중십이량玉方寸重十二兩, 동방촌중칠량반銅方寸重七兩半, 연방촌중구량반鉛方寸重九兩半, 철방촌중륙량鐵方寸重六兩, 석방촌중삼량石方寸重三兩' 등의 내용이 바로 그것이다. '황금 1평방촌은 1근의 무게이고, 은 1평방촌은 40량의 무게이고, 옥 1평방촌은 12량의 무게이고, 구리 1평방촌은 7량 반의 무게이고, 납 1평방촌은 9량 반의 무게이고, 철 1평방촌은 6량의 무게이고, 돌 1평방촌은 3량의 무게다'라는 뜻이다. 여기에 나오는 '방촌方寸'의 의미는 고대의 1입방촌立方寸(평방촌)이다.

　물질의 비중에 대한 고민을 하면서 옛사람들은 점차 물의 부력을 인식하게 됐다. 이를테면 명나라 때 장원신莊元臣은 『숙저자내편叔苴子內篇』에 '수능부천균지주水能浮千鈞之舟, 이불능부치수지금而不能浮錙銖之金, 비천균경이치수중야非千鈞輕而錙銖重也, 세야勢也'라고 적었다. '물은 천균이나 되는 무거운 배를 뜨게 할 수 있으나 치수와 같이 가벼운 금은 뜨게 할 수 없다. 천균이 가볍고 치수가 무겁기 때문이 아니라 기세 덕분이다'라는 뜻이다. 당시에 이미 부력이나 비중 등의 문제에 대한 고민을 시작했다는 점을 알 수 있다. 다만 관련 현상을 해석할 때 사고력은 강했으나 실제 증명이 약한 특징을 드러내면서 적용 면에서는 비교적 추상적인 '기세'를 보이고 있었다.

옛사람들이 당시 생각했던 지식에 근거해 설명해보자면 나무 같은 물건은 물에 뜨는 반면 금이나 돌 등은 뜨지 않는 이유는 '기세'가 다르기 때문이었다. 나무는 '기세'가 있고 돌은 '기세'가 없다는 것이다. 그러면서 그들은 '기세'가 없는 사물이 만일 '기세'가 있는 사물의 도움을 받는다면 물 위에 뜰 수 있을 것이라는 점을 간파했다.

이런 현상을 더욱 관찰하고 고민해본 결과 그들은 점차 깨달아갔다. 물을 매개로 다른 종류의 물질이라도 균일한 수위에 넓게 늘어놓으면 그 중량은 분명 같다는 점을 말이다. 선박의 배수량과 적재 중량 사이의 관계를 자세히 살펴보면 옛사람들의 견해는 현대적 개념과도 꼭 들어맞는다. 사람들에게 꽤 익숙한 '조충칭상曹沖稱象'이라는 이야기는 이런 역사적인 사실에 대한 가장 유용한 증거가 된다. '조충칭상'은 조조의 아들인 조충이 코끼리를 배에 태워 코끼리 무게를 쟀던 데서 유래된 이야기다.

물질의 비중문제는 물질마다의 재질과 관련이 있다. 한편 재질이 다르면 물질들은 다른 특질을 갖고 또 다른 기능을 갖게 된다. 만일 각각의 물질들이 저마다의 효용을 충분히 발휘할 수 있다면 도가의 창시자인 노자의 말처럼 될 수 있다. 노자는 '시인성인상서구인 是以聖人常善救人, 고무기인故無棄人, 상선구물常善救物, 고무기물故無棄物'이라고 했다. '이런 까닭에 성인은 한결같이 사람을 잘 돕기에 그래서 버리는 사람이 없으며 항상 물건을 잘 구제하기 때문에 버리는 물건이 없다'라는 뜻이다. 여기에는 장점이라고는 하나도 없는 사람은 없으니 중요한 것은 사람이 자신의 재능을 충분히 발휘하면 된다는 철학적 이치가 담겨 있다. 또한 필요 없는 물건도 없으니 물자의 효용을 극대화하면 된다는 이치가 담겨 있다. 그렇다면 인간 세상 모든 일과 모든 물건에는 저마다의 독특한 가치와 역할이 있다는 뜻이 된다. 사물의 재질과 가치를 언급했으니 이제 돈과 화폐에 대한 옛사람들의 인식과 실천을 알아보도록 하겠다.

제4장

돈의 단위

이번 장에서는 다음의 한자들에 대해 이야기를 나누려고 한다.

貝 조개 패   朋 친구 붕   貨 재물 화   鎛 종 박   錢 돈 전   布 베 포   泉 샘 천

鑿 도끼 구멍 공   文 글월 문   枚 낱 매   貫 꿸 관   弔 조문할 조   緡 돈꿰미 민   金 쇠 금

鎰 무게 단위 일   錠 은덩이 정   錁 덩어리 과

一. 화폐가 생기기 전에는
어떻게 재산을 계산했을까?

　화폐는 상품거래를 전제로 등장했다. 한편 상품거래는 사유제와 과잉물자를 전제로 이루어졌다. 역사적으로 삼황오제三皇五帝 시기는 아직 원시부락사회 형태였기 때문에 부락 집단 내부에서 모든 물품에 대해 분배제를 실시했다. 당연히 물물교환 같은 실제적인 요구가 없었다. 물론 당시 각 부락 사이에는 극소하면서도 규모가 크지 않은 소규모 물물교환이 있었을 것이다. 하지만 이런 거래는 활성화되지 않았고 또 일정한 규모를 이루지도 못했다. 결론적으로 분배제라는 뿌리 깊은 사회 형태에 충격을 가하기에는 역부족이었다. 그러다 우임금의 아들 하계夏啓의 시대에 이르러 부락연맹의 수장 자리를 덕망 있는 다른 사람에게 넘겨주는 선양제禪讓制를 타파하고 왕위세습제를 시행하게 됐다. 사유제를 기반으로 하는 노예사회가 비로소 등장하게 된 것이다. 이때 개인이 점유하는 자원과 물자가 달라지면서 물물거래의 수요가 생기게 됐다. 당초 물품의 직간접적인 교환을 주요 형식으로 했던 거래가 일정 단계까지 발전하면서부터 물품의 거래는 둘 혹은 더 많은 몇 명의 물품 주인 사이의 거래로 제한되지 않았다. 더욱 많은 물품 소유자들까지 확대되어 물품 사이의 간접적 교환이나 융통이 갈수록 일상화되었다. 이때부터 화폐가 등장할 조건이 무르익게 된 것이다.

　그렇다면 화폐가 등장하기 이전에 선조들은 어떻게 재산을 계산하고 평가했을까? 아마도 대부분 토지와 농경지라고 답할 것이다.

하지만 제후가 분봉을 받은 토지는 언급하지 않겠다. 제후들은 극소수의 착취계급이기 때문이다. 예를 들어 춘추전국시대에 유명했던 '사공자四公子'인 맹상군孟嘗君, 신릉군信陵君, 평원군平原君, 춘신군春申君 등이 그들이다. 여기에서는 일반 백성 가정의 재산을 주로 살펴볼 것이다.

프롤레타리아의 입장에서 농경지는 가장 기본적이고 가장 중요한 자산임에 분명하다. 예를 들어 은상殷商시대부터 춘추전국시대까지 시행했던 '정전제'의 경우에 서민들은 극소량의 황무지를 소유했을 가능성이 있다. 또 다른 예를 보면 북위시대부터 당나라 때까지 시행된 적이 있었던 '균전제'로 일반 백성들은 상전桑田과 노전露田이라는 명칭의 두 종류의 논밭을 분배받았다. 상전은 진정한 사유재산으로 세습할 수도 있고 매매할 수도 있었다. 그러면서 이후에는 '세업전世業田'과 '영업전永業田'이라고 불렸다. 노전은 사용권만 있을 뿐 매매는 할 수 없었고 '100년 이후'에는 반드시 국가에 반환해야 했다. 이러한 토지 분배제도는 인구를 단위로 했기 때문에 '구분전口分田'이라고도 불렸다.

'전田'은 갑골문에서 논두렁과 용수로로 영역이 나뉜 농경지의 형태를 보인다. 조각내듯 농경지를 분배한 형식과 딱 일치한다.

이렇듯 일반 백성들의 소유 자산을 측정하는 가장 기본적인 기준은 개인 소유로 귀속되거나 사용권만 있는 논밭의 수였음을 알 수 있다. 또한 거기에는 백성들이 감당했던 조세와 부역 등도 고려해야 한다. 『관자』 「산지수山至數」 편에 따르면 '칙민지삼유귀어상의則民之三有歸於上矣'라고 나와 있다. 이 구절을 통해 백성이 고생해서 지은 농사의 수확 중 3할을 조세로 상납해야 했음을 알 수 있다.

물론 농경지가 중요하기 때문에 옛사람들은 재산을 언급할 때 종종 보유하고 있는 식량의 많고 적음으로 표시하곤 했다.『맹자』「고자告子」편에 따르면 '만종칙불변예의이수지萬鍾則不辨禮儀而受之, 만종어아하가언萬鍾於我何加焉'이라고 나와 있다. '만종의 복록이면 예와 의를 따지지 않고서 받으니 그 만종의 녹이 나 자신에게 무슨 보탬이 되겠는가'라는 뜻이다. 즉 식량의 많고 적음을 표준으로 한 후한 녹봉을 만일 예의와 법도에 맞는지 판별하지 않고 받으면 이런 후한 녹봉이 자신에게 어떤 이익이 되겠는가라고 자문하는 것이다. 가산과 관련된 녹봉은 점유한 식량의 수량으로 결정되었음이 분명하다.

그 밖에도 고대에는 국력의 낭비와 관련해 식량의 소모를 지표로 삼기도 했다. 춘추전국시대의 경우 진나라가 초나라를 멸망시킨 과정에서 물자 소모는 병사들에게 배급되는 식량 계산이라는 판단 방법에서 비롯됐다. 고증에 따르면 당시 진나라가 초나라를 멸망시키기 위해 수십 만 군대가 2년 동안 출정을 나갔다. 그러면서 소모된 식량은 대략 현재의 50만 톤에 맞먹었다. 물론 이 고증 결과에 대해서도 다른 견해가 있기는 하다. 하지만 어쨌든지 식량 소모는 언제나 국가의 국력 수준과 관련이 있다. 옛날에도 그렇고 현재도 마찬가지다. 축적된 식량이 없으면 국가가 존재할 수 없기 때문이다.

실제 요즘 사회에서 국가의 실력을 알아보는 기준은 여러 가지가 있다. 경제와 국방도 그렇고 문화나 인재 등도 거기에 포함된다. 하지만 나라가 부강하고 국민이 풍요로운 것은 절대로 뒤엎을 수 없는 진리다. 백성이 풍족한 것은 국가의 책임이자 국가의 행복이기 때문이다. 그렇다면 화폐가 등장한 이후에 고대의 선조들은 금전 분야에서 또 후대인들에게 들려줄 만한 어떤 전통이 있을까?

二. 초기 화폐에는 어떤 것이 있을까?

貝
조개 패

    다방면의 고증에 따르면 중국의 역사상 최초로 등장한 화폐는 하상시대의 패각貝殼(조개껍데기 — 옮긴이)이었다. 현재는 '패폐貝幣'라고 한다. '패貝'의 금문자 형태는 𧴪이렇다. 전체적인 형태는 학문적 용어인 판새류瓣鰓類(연체동물의 한 강 — 옮긴이)처럼 생겼다. '이매패류二枚貝類'라고 불리는 패류의 테두리 같기도 하다. 그런가 하면 '폐幣'는 원래 다른 사람에게 예물로 주는 견직물을 의미했다. 그러다가 후에는 모든 재물을 의미하게 됐고, 시간이 더 흐르면서 점차 '화폐'의 의미를 지니게 됐다.

    패각이 화폐가 된 주된 이유는 패각의 재질이 단단하고 휴대가 쉬웠기 때문이다. 하지만 패각의 수량이 유한하고 쉽사리 파손되다 보니 아주 빠르게 패각의 형상을 원형으로 한 금속 같은 재질의 화폐가 등장하게 됐다. 패각이 화폐의 기능을 담당했던 역사 때문에 현재 한자에서도 여전히 돈이나 재물 등과 관련된 '패貝' 자 변 한자가 제법 있다. 재財, 잠賺, 장賬, 탐貪, 빈貧, 구購, 대貸, 비費, 배賠, 사賜 등이 바로 그것이다.

朋
친구 붕

    패각이 화폐가 된 뒤 패각과 관련된 계량 단위인 '붕朋'이 등장했다. '붕'의 갑골문 형태는 拜 이렇다. 패각 한 꾸러미를 의미한다. 이

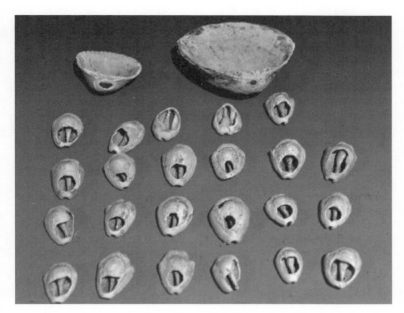

서주 시기의 패폐

꾸러미에 얼마만큼의 패각이 있는지에 대한 문헌기록에 따르면 시기별로 어느 정도의 차이가 있다고 한다. 두 개라는 말도 있고 다섯 개라는 말도 있고 열 개라는 말도 있다. 결론적으로 최초에 휴대의 편리를 도모하기 위해 패각을 갈아 구멍을 뚫어 한데 꿰는 습관이 화폐 계량 단위의 등장을 재촉하게 된 것이다. 『시경』「청청자아菁菁者莪」 편에 따르면 '기견군자既見君子, 석아백붕錫(사賜)我百朋'이라고 나와 있다. '군자를 뵈었더니 내게 많은 돈을 주었다'라는 뜻이다.

그 밖에도 선진先秦 시기의 패류 화폐들에는 독특한 명칭이 있었다. '패화貝貨'와 '패화貝化'가 그것이다. '화貨'는 본래 '재물'의 의미를 지녔기 때문에 화폐를 의미하는 데 쓰일 수 있었다. 『주역』「계사」

貨
재물 화

편에 따르면 '일중위시日中爲市, 치천하지민致天下之民, 취천하지화聚天下之貨, 교역이퇴交易而退'라고 나와 있다. '해가 중천에 있을 때 시장을 열어 천하의 백성들이 모이게 하고 천하의 재물을 모아 교역하게 하고 물러나게 하다'라는 뜻이다. 여기에서 '화貨'는 화물이 아닌 화폐를 의미한다.

그런가 하면 '화化'는 금속화폐의 의미로 쓰였다.『광운廣韻』에 나오는 '화貨'에 대한 해석과 어느 정도 관계를 맺고 있다. '화자貨者, 화야化也. 변화반역지물變化反易之物, 고자유화야故字有化也'라고 나와 있다. '화貨는 화化이다. 사물의 모양이 변하고 바뀌는 것을 의미하는 글자로 화化가 있다'라는 뜻이다. 이러한 해석은 일단 '화貨'와 '화化'를 한데 놓고 보고 있다. 그러면서 '화貨' 자 속에 '화化' 자가 포함된 이유는 '화貨'가 의미하는 상품 거래 자체 때문이고, 그 속에는 '화化'에 내포돼 있는 '변화, 되풀이' 등의 의미를 포함하고 있다고 보았다.

패각 이후에 금속이 화폐 원재료의 절대적인 주인공이 되었고 또한 점차 패각 형태에서 벗어나게 되었다. 이로써 중국 화폐 역사는 또 다른 시대로 접어들었다.

조개껍질 모양이 아닌 금속화폐는 대략 상주시대에 등장하기 시작했다. 최초의 금속화폐 형상과 생산도구는 긴밀한 관계를 맺고 있는데 대부분 각종 삽 모양을 하고 있다. 이것들은 일반적으로 '포布, 박鎛, 천泉, 전錢'으로 불린다.

鎛
종 박

'박鎛'과 '전錢'은 처음에 삽 모양의 농기구를 의미했다. 그러다가 물물거래의 중개 역할을 담당하면서 맨 처음 모든 금속화폐의 모형 역시 이것들을 원본으로 하게 된 것이다. 하지만 '포布'와 '천泉'이 지

錢
돈 전

닌 애초의 의미는 돈과는 털끝만한 관계도 없었다. 그렇다면 이것들은 왜 금속화폐의 의미를 갖게 됐을까?

먼저 발음으로 보자면 '포布(중국어 병음[bù])와 박鎛(중국어 병음[bó])' 그리고 '천泉(중국어 병음[quán])과 전錢(중국어 병음[qián])'은 음이 비슷한 글자들이다. 고대에 음이 비슷한 글자는 서로 대체되기도 했다. 또한 점차 상대방이 지닌 의미를 가지게 되었을 것이다. 다음으로 일부 문헌의 고증에 따르면 '포'와 '천'이 화폐의 뜻을 지닌 것은 아마도 그 자체에서 연유했을 가능성이 있다. 『주례』 「천관」 편에 따르면 '외부장포지출입外府掌布之出入. 기주왈其注曰, 포布, 천야泉也. 기장왈천其藏曰泉, 기행왈포其行曰布, 취명어수천取名於水泉, 기유행무불편야其流行無不遍也'라고 나와 있다. '외부를 설치하여 포의 출입을 관장한다. 주석에 이르기를 포는 천이다. 거기에 내재해 있는 것은 곧 샘이고 움직이는 것은 곧 포이다. 그리하여 샘물에서 이름을 따왔으니 그 움직임이 두루 미치지 않은 곳이 없다'는 뜻이다. 이 문구를 곰곰이 따져보면 금속화폐에 대한 선조들의 생각을 엿볼 수 있다. 샘물로 금속화폐의 이름을 짓는다는 것은 옛사람들이 금속화폐를 수원과 같은 자원으로 간주했다는 표시다. 금속화폐는 '저축'과 '사용'의 두 가지 형태로 존재한다. 그래서 저축할 때는 물의 발원지와 비교해볼 수 있고 사용할 때는 샘물이 널리 흘러가는 것과 같다. 게다가 이런 흐름은 매우 보편적인 특징을 지닌다. 여기에서 '포'와 '천'은 금속화폐의 의미로 쓰일 때 왜 그렇게 쓰였는지에 대한 글자 자체의 내력이 있었음을 알 수 있다.

'포'가 화폐로 쓰이면서 금속화폐의 모양에 여러 가지 형태가 등

布
베 포

泉
샘 천

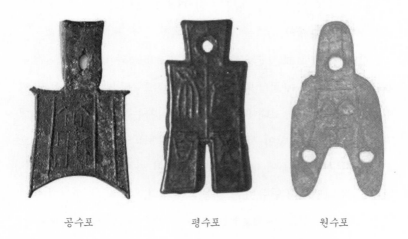

공수포   평수포   원수포

장하기 시작했다. 크게 분류해보자면 주로 공수포空首布, 평수포平
首布, 원수포圓首布 등이 있다. 이처럼 형태와 크기와 두께 등 금속화
폐 모양의 끊임없는 변화는 선진 시기에 제후가 할거하던 사회 형태
와 절대 떼어놓고 생각할 수 없다. 하지만 외형이 아무리 다양해지
더라도 '포'류의 금속화폐는 모두 명확한 공통 특징을 지니고 있다.
그것은 바로 화폐의 몸체에 '공銎'이라고 불리는 구멍이 나 있다는

銎
도끼 구멍 공

점이다. 원래 삽 모양 농기구의 윗면에 손잡이를 만들기 위한 '공'을
만들어놓았다. 그런 이유로 삽 모양의 농기구를 모방해 제조한 '포
폐布幣(춘추전국시대에 널리 사용된 뾰족삽 모양의 청동화폐—옮긴이)'에도
자연히 원래의 외관적 특징을 수용하게 됐다. 게다가 좀더 핵심적인
점은 '공'이 생김으로써 금속화폐가 좀더 편리하게 한데 꿰어지면서
모으기도 편하고 휴대도 간편해졌다는 점이다. 한편 이런 전통은
겉은 둥글지만 그 안에 사각형 구멍이 나 있는 진나라의 화폐나 이

후의 제전制錢(명청시대에 정부에서 주조한 동전—옮긴이)의 등장에도 기반이 되어주었다.

한편 진시황은 6국을 정복하고 천하통일의 패업을 완수한 뒤 중앙집권 관리에 있어서 엄청난 고민과 문제에 봉착했다. 이전의 제후각국의 '밭의 면적 단위가 다르고 수레의 바퀴 폭이 다르며 율령이다르고 의관의 제도가 다르며 말(언어)의 소리가 다르고 문자의 형태가 달랐기' 때문이다. 그래서 진시황은 즉각 조정의 기강을 바로잡는 작업에 착수했다. 과거에는 각자 독자적으로 시행됐던 혼란의국면을 행정수단으로 통일시키는 데 주력했다. 그중에는 화폐 통일도 포함돼 있었다.

진나라가 화폐를 통일했던 정책과 구체적인 시행은 이랬다. 기존에 유통되던 '포폐布幣, 도폐刀幣, 의비전蟻鼻錢' 등을 일률적으로 예전의 돈, 즉 구화舊貨로 간주하고 유통 영역에서 퇴출하라는 엄한명령을 내렸다. 또한 개정을 통해 정부가 화폐를 일률적으로 주조하면서 개인적인 주조는 엄밀히 단속했다.

그러면서 진나라의 화폐는 두 종류로 나뉘었다. 첫째로 황금이고, 둘째로 겉은 둥글고 안은 사각형인 동전이었다. 물론 당시의 황금은 함량이 오늘날의 24K와 비할 바가 못 됐다. 합금일 가능성이높았다는 말이다. 지금에 이르기까지도 일부 학자들은 선진 시기의 황금이 구리일 것이라고 추측하기도 한다. 물론 상반된 관점을주장하는 학자들도 있다. 특히 출토된 전국시대의 금병金餅(화폐의일종—옮긴이)은 검증에 따르면 금 함량이 90퍼센트 이상이었다. 어쨌든 당시 황금화폐를 계산했던 단위는 '일鎰'이었는데 '일'의 구체

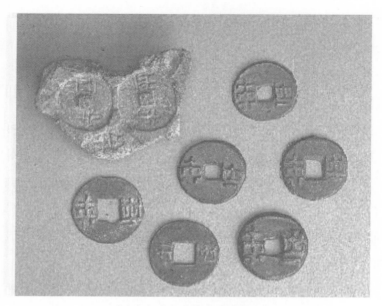

진나라의 반량 동전 및 동전의 주형
(이 동전은 진시황이 전국에 유통시킨 통일된 화폐다.
위 동전의 주형은 반량짜리 동전을 주조한 모형이다.)

적인 중량이 어느 정도였는지 문헌마다 설명이 제각각이기는 하다.
20량이라고도 하고 30량이라고도 하며 24량이라고도 하니 말이다.

반면 동전의 계량 단위는 통일된 편이었다. 이런 금속화폐 자체가
수량화폐(화폐의 무게를 알려주는 문자가 새겨 있는 화폐, 기중화폐라고도
한다─옮긴이)이기 때문에 금속화폐의 중량은 금속화폐의 단위와 일
치했다. 진나라의 동전은 무게가 반량, 즉 12수였다. 그래서 현재 이
런 동전을 '진반량秦半兩'이라고 부르는 것이다. 게다가 이 동전의 상
단에는 전문錢文(동전의 표면에 있는 문자─옮긴이)인 '반량'이라는 문
구가 새겨져 있다. 이처럼 금속화폐에 문자를 새기는 것이 일종의

규칙과 전통이 됐다. 게다가 이런 상황은 아마도 동전류의 화폐 계량 단위를 '문文'이라고 하게 된 유래가 된 것 같다.

三. 금속화폐에 새겨진 글자에 대해 주의해야 할 점은 무엇일까?

사실 금속화폐에 새겨진 '문文'은 단순히 문자를 의미하는 것만이 아니다. 문자보다 훨씬 광범위한 의미를 지닌다. 문자, 부호, 무늬 등을 포함한 모든 도안을 의미한다. '문文'이 지닌 처음의 의미와도 딱 맞아떨어진다.

文
글월 문

이런 면에서 중국의 고대 금속화폐에 새겨진 '문文'은 연구할 만한 가치가 있다. 첫째, 글자 측면에서의 다양성이다. 전체篆體, 예서隸書, 해서楷書 등이 그것이다. 둘째, 각 시대별로 한자漢字, 원나라의 파스파문자, 청나라의 만문滿文 등 여러 문자가 존재했다는 것이다. 셋째, 금속화폐의 앞면과 뒷면의 전문에 여러 명칭이 있다는 것이다. 면문面文, 배문背文, 막문幕文, 일문日文, 월문月文, 성문星文, 잉성孕星과 광배光背 등 말이다.

그 밖에도 고대 금속화폐의 전문에서 금속화폐의 발전사를 살펴볼 수 있다. 일반적으로 중국 고대에 동전 제조는 몇 단계의 발전과정을 거쳤다. 첫 번째 단계는 기지전記地錢의 시기로 금속화폐의 전문이 곧 지역 명칭이었다. 이것은 금속화폐의 주조지와 유통범위를 의미했다. 예컨대 선진 시기의 포폐에는 '음진陰晉'과 '안읍安邑' 등

개원통보

이 새겨져 있다. 두 번째 단계는 기중전記重錢 시기로 금속화폐의 문자가 화폐의 중량과 가치를 의미했다. 이를테면 진나라 때의 '반량半兩', 한나라 때의 '팔수전八銖錢'과 '사수전四銖錢' 등이 있었다. 세 번째 단계는 기년전記年錢 시기로 금속화폐의 문자는 주조 연대를 의미했다. 일반적으로 각 왕조의 연호를 새겨 넣었다. 당나라 때의 '개원통보開元通寶'와 명나라 때의 '홍무통보洪武通寶' 등이 대표적이다.

枚
낱 매

금속화폐의 계량 단위로서 '문文'과 '매枚'는 비슷한 의미를 지닌다. '문'은 개수를 헤아릴 뿐만 아니라 액면 가격을 의미하기도 한다. 그런가 하면 '매'는 대개 개수만 표시했다. '매' 자는 본래 가진 의미와 서로 부합한다. '매'는 처음에 나무줄기를 의미했는데 어느 순간 급격히 나뭇가지류의 물품 수량을 의미하게 된 것이다.

하지만 '문'이든 '매'든 이것들은 한 개의 동전을 뜻한다. 그런가 하면 겉은 동그랗고 안쪽은 사각형인 동전의 가운데에 구멍이 뚫려 있는 것은 금속화폐들을 한데 꿰어놓으려는 이유가 있었다. 이것은 동전의 또 다른 계량 단위의 등장에 발판이 되었다. 한데 꿸 수 있는 동전의 단위로 '관貫, 조吊, 민緡' 등이 그 예다. 이전에 몇 개의 조개껍질을 한데 꿰어놓은 것을 일컫은 화폐 단위인 '붕朋'이 있었던 것처럼 말이다.

　'문'은 화폐의 계량 단위로서 지금까지 이어 내려오는 관련된 어휘와 이야기를 만들어냈다. '일문불명一文不名' 등이 그 예로 '한 푼도 없다'는 의미를 지니고 있다. '명名'은 여기에서 '가지다, 점유하다'의 뜻이다. 사실이 성어에는 고사 하나가 담겨 있다. 한나라 문제文帝 때 등통鄧通이라 불리는 사람이 있었는데 아첨을 잘해 문제의 총애를 받게 되었다. 총애의 결과물로 문제가 하사한 촉 지방의 동광銅鑛과 조폐권을 받아들였다. 그렇게 해서 그가 주조한 '등씨전鄧氏錢'이 대대적으로 유통됐다. 하지만 좋은 날은 오래가지 않았다. 문제가 죽고 한나라 경제景帝가 즉위한 것이다. 등통을 질투하고 미워했던 경제는 등통의 가산을 조사하여 몰수하게 하고 벌금형을 내렸다. 그러면서 등통은 단 한 푼의 '등씨전'도 가질 수 없게 됐다. 결국 등통은 남에게 얹혀살다가 우울하게 생을 마감했다. 이 고사를 '불명일전不名一錢' 혹은 '일전불명一錢不名'이라고도 한다. 돈 한 푼도 없다는 말인데, 그 속에는 부귀할 때 교만하지 말고 말과 행동을 조심하라는 의미가 내포돼 있는 것이다.

四. 옛사람들은 어떻게 돈을 세었을까?

　'관貫'은 윗면의 '관毌'과 아랫면의 '패貝' 두 부분으로 구성되어 있다. 아랫면의 '패'는 금전과 관련이 있음을 의미한다. 윗면의 '관'은 갑골문 형태가 ⊕ 이렇다. 물품을 관통하는 끈 등을 의미하는 것이다. 이 두 부분이 한데 모여 구성된 '관貫'은 물체를 관통하거나 물

貫
꿸 관

품 등을 꿰어서 연결하는 끈 등을 의미한다. 『육서통六書通』에 기록된 바에 따르면 옛날 문자에서 '관'의 글자 형태는 조개류의 물건을 관통하는 모양과 흡사하다고 적혀 있다. 『한서』「식화지」 편에 따르면 '경사지전루백거만京師之錢累百巨萬, 관후이불가교貫朽而不可校'라고 나와 있다. '낙양에 돈은 아주 많은데 꿰미가 썩어서 셈을 할 수 없다'라는 뜻이다. 참으로 고민하게 만드는 구절이다. 한편으로는 당시의 국고가 풍족하다는 점을 극찬해야 할 것 같기도 하다. 하지만 또 한편으로는 관련 인원들의 직무 유기에 대해서는 웃을 수도 울 수도 없는 노릇이다. 왜냐하면 돈을 꿰는 끈이 썩어서 국고에 있는 돈의 액수를 정산하는 데 문제가 되고 있기 때문이다.

'관貫'은 금속화폐의 계량 단위를 뜻할 때 각 왕조들마다 구체적으로 의미하는 바가 달랐다. 대부분의 상황에서는 1,000문文을 의미했다. 하지만 송나라 때 대철전大鐵錢은 1관이 500문이었다. 또한 원元나라 말기 주원장은 대중통보大中通寶를 주조했는데 1관이 400문이었다. 한편 '관'의 구체적인 용례를 『수호전』에서 찾아볼 수 있는데 '여관 주인이 보낸 사람이 쫓아와 원전의 몸값 3,000관을 내라고 했다'라는 구절이 그렇다. 그뿐만 아니라 중국 지방 전통극의 한 종류인 영화 〈십오관十五貫〉도 용례가 될 수 있겠다.

吊
조문할 조

한편 '조吊'는 후기에 등장한 화폐 계량 단위로 '관'과 같이 1,000문을 뜻했다. 명나라 때 하량준何良俊의 『사우재총설四友齋叢說』에 따르면 '시일是日, 십삼도장十三道長, 매일개마상인요전일조每一個馬上人要錢一吊, 일조자천전야一吊者千錢也'라고 나와 있다. '그 당시 열세 분의 도사들은 즉시 한 분에 돈 1전을 내야 했다. 1조는 1,000전이다'

라는 뜻이다. 여기에서 보건대 '조'는 청나라 때 썼던 동전인 '제전制錢'의 단위였음이 분명하다.

　'관貫'과 같은 의미를 지닌 또 다른 계량 단위로 '민緡'이 있다. '민'은 처음에 '낚싯줄'을 의미했다. 아마도 이런 줄은 튼튼하고 질기기 때문에 후에 동전을 꿰는 용도로 쓰였을 것이다. 다시 시간이 흘러 '관'처럼 점차 화폐 단위를 뜻하게 되었을 것이다. 게다가 '민'이 화폐 단위의 의미를 지녔다가 더 발전해 '장부상의 항목'이라는 의미도 갖게 되었다. 비용을 상세히 계산한다는 의미의 '교민校緡'이 일례가 될 수 있겠다. 당나라 때 시인인 유우석과 고적高適은 관련된 시구를 지어내기도 했다. '교민자관각校緡資筦権'과 '교민열탕장校緡閱帑藏' 등이 그렇다. 유우석의 '교민자관각校緡資筦権'은 '자금의 전매를 상세히 관리하다'라는 뜻이고, 고적의 '교민열탕장校緡閱帑藏'은 '국고의 비용을 상세히 검열하다'라는 의미다. 그중 '관각筦権'은 고대의 관청이 소금, 철, 술 등 물자의 매매를 통제했음을 의미하고 이를 '관각管権'이라고도 불렀다. '탕장帑藏'은 국고를 의미한다.

緡
돈꿰미 민

五. 금과 은은 어떻게 돈으로 쓰였을까?

　'제전'이 줄로 한데 꿰는 방식을 통해 큰 액수를 이루게는 되었지만 낱개의 동전의 가치는 상대적으로 적어 많은 양을 소지하기에는 불편함이 따랐다. 그렇다면 큰 액수를 지불하거나 계산해야 하는 상황에서는 어떻게 해야 했을까?

이 문제를 해결할 수 있는 핵심은 철과 구리 종류의 금속인 '제전'의 가치보다 훨씬 높은 가치를 지닌 등가물을 찾는 데 있었다. 그렇다면 중국 고대에 이런 수요에 걸맞은 것은 금, 은, 옥, 보석뿐이었다.

고고학적 발견에 따르면 중국에서 옥을 다듬은 역사는 지금부터 대략 8,000년 전의 흥륭와문화興隆窪文化로 거슬러 올라간다. 흥륭와 유적지에서 대량의 옥결玉玦(귀걸이), 옥부玉斧(도끼), 옥분玉錛(자귀) 등 옥으로 만들어진 공예품이 출토됐다. 옥은 조폐의 재료로 사람들이 인식하기에 가장 무난하다. 선진 시기 각종 형태의 포폐 중에서 옥의 모습이 드러났고 이후의 '제전'도 옥으로 만들어졌다. 『관자』「국축國蓄」편에 따르면 '이주옥위상폐以珠玉爲上幣, 이황금위중폐以黃金爲中幣, 이도포위하폐以刀布爲下幣'라고 나와 있다. '구슬과 옥은 상폐이고 황금은 중폐이며 칼과 옷감은 하폐다'라는 뜻이다. 하지만 옥으로 주조한 화폐에는 한 가지 치명적인 약점이 있었다. 바로 쉽게 파손이 되는 데다 제조과정도 매우 복잡하다는 점이었다. 금속 제조와 비교했을 때 상상할 수 없을 정도로 효율이 떨어졌다. 그런 이유로 옥은 화폐 재료의 주류가 되지 못했다. 기본적으로 그저 소장의 가치만 지니고 있었을 뿐이다.

그런가 하면 보석류 물품이 지닌 가치는 매우 높았지만 그것을 화폐로 충당하기에는 부적합한 점이 있었다. 제조방식을 통일하기 쉽지 않았고 수량이 부족했으며 게다가 몸체 자체가 너무 작아 쉽게 유실될 수 있는 등의 문제점이 있었던 것이다. 따라서 이런 물품이 빈번히 사고 팔아야 하는 매매시장으로 진입하기에는 불편한 점이 너무 명확하게 존재했다.

결국은 금과 은 두 종류의 재료만이 화폐로 충당될 수 있는 유일한 선택으로 간주됐다. 황금과 은은 사람들에게 꽤 익숙한 두 종의 귀금속이다. 이것들 역시 화폐의 원재료로 충당되었던 전통이 있다. 비록 지금 금과 은은 화폐로서 상품 유통시장에서 퇴출됐지만 금화, 은화의 소장 가치에 대해서는 이견이 없다.

　고대에 등장했던 최초의 황금과 은의 순도는 절대로 지금의 기준처럼 높지 않았다. 그 안에는 구리가 꽤 많이 함유돼 있었다. 하지만 금과 은은 어디까지나 청동이나 철보다 제련하기가 훨씬 복잡했다. 또한 완성품을 만들 때도 훨씬 높은 수준의 야금 기술을 필요로 했다. 그러면서 자연스럽게 가치가 훨씬 높은 등가물이 된 것이다.

　'금金'의 금문자 형태는 ⛏⛏ 이렇다. 이 형태에 대해 혹자는 땅속에 매장된 금속을 함유한 광석을 의미한다고 생각했다. 또 혹자는 금속을 제련하는 과정에서 부서진 금속 조각이 흩어진 것을 의미한다고 생각했다. 하지만 공통적으로 인정하는 점 하나는 처음에는 '금'이 황금을 의미한 것이 아니라 모든 금속을 의미했다는 것이다. '은銀'은 처음에 백은白銀을 의미했다. 쇠 금金 부는 금속을 의미하고 '은艮'은 글자의 독음을 나타낸다. 이 둘이 합쳐져 '은銀'이 만들어졌는데 '금속 중에 희고 깨끗한 것'이라는 뜻을 지니게 됐다.

　앞에서 언급한 바와 같이 진나라 때의 화폐 체계 안에는 황금이 있었고 전문적인 계량의 단위인 '일鎰'이 있었다. 후에 역대 왕조들은 모두 황금을 등가물로 충당했던 역사를 지니고 있다. 『수대궁위사隋代宮闈史』에 '관객으로 분장한 내시가 상금을 잇달아 버리고 있다. 진나라 귀비도 금원보金元寶 한 덩이를 내팽개치고 가버렸다'라

金
쇠 금

鎰
무게 단위 일

는 내용이 나와 있다. 황금으로 제작한 금원보를 마음 내키는 대로 내던질 수 있는 사람은 분명 낭비가 심한 단골 고객이었을 것이다. 한편 역사적으로 수많은 시기에 금괴와 금원보가 있었지만 이것들은 모두 유통하고 지불하는 영역에서의 주인공은 아니었다. 가치가 너무 높아 일반적인 거래가 불가능했던 것이다. 하사품이나 가치를 보증하는 것들에 대해서만이 황금이라는 경화가 주된 기능을 할 수 있었다. 다만 일부 학자들의 고증에 따르면 진나라와 한나라 두 시대에는 황금의 가치가 요즘처럼 그렇게 높지 않았다고 한다. 그렇기 때문에 아마도 당시의 황금은 분명 일상적인 거래의 지불수단이 될 수 있었을 것이다. 그래서 한고조 유방이 진평陳平에게 '금 4만 근'을 하사했다는 일화가 있었던 것일 터다. 어쨌든 지금 생각해보면 정말 믿기 힘든 일이다.

황금과 비교했을 때 은은 훨씬 서민적이었다. 물론 은 역시 일반 백성이 쉽사리 소지할 수 있는 것은 아니었다. 황금의 가치와 마찬가지로 은은 각 왕조 때 지불 능력이 현저하게 떨어졌다. 연구에 따르면 당나라 초기 은 1량으로 대략 쌀 2,000근을 살 수 있었다고 한다. 그런데 명나라 만력 연간에 와서는 은 1량으로 쌀 200근밖에 살 수 없었다. 여기에서 알 수 있듯이 은이 화폐의 역할을 했을 때는 기본적으로 대량의 거래가 이루어졌다.

화폐로서 은의 가치는 중량을 기준으로 하는 게 일반적인데 '량 兩'이나 '전錢'이 그렇다. 그 밖에도 '분分'과 '리厘'가 있었다. 이들 사이의 배수관계는 중량 단위로 쓰였을 때 십진법이 적용되면서 완벽히 동일해진다.

그 밖에도 은은 중량으로 가치를 표시하기도 하고 또 그 자체로 다른 형태를 띠기도 한다. 예를 들어 은원보銀元寶, 은정銀錠(말굽 모양의 은), 은과자銀錁子(작은 은괴), 은원銀圓(1원짜리 은화) 등이 그것이다. 유통된 적이 있어서 사람들에게 꽤 익숙해진 두 가지 화폐가 바로 은원보와 은원이다. 지금까지도 어느 정도의 소장 가치를 지니고 있다. 하지만 역사적으로 은원보의 중량은 일치하지 않았고 무게와 크기에도 차이가 있었다. 상대적으로 은원의 중량은 꽤 안정적이었다. 대략 7전 3분을 유지하고 있었던 것이다. 하지만 예상 외로 은원의 발원지는 중국이 아니었다. 전형적인 수입품이었다.

은원은 일찍이 15세기 말 유럽 대륙에서 등장했다. 그러다가 16세기 스페인 식민지 개척자가 아메리카주에서 대량으로 주조한 뒤 대략 명나라 만력 연간에 중국에 유입됐고 화폐로 쓰였다. 시간이 흘러 건륭乾隆 연간에 청나라 정부가 최초로 서장西藏에서 '청건륭보장淸乾隆寶藏' 은화를 주조했다. 다시 시간이 흘러 청나라 말기 때 상하이에서도 수상 운수업에 종사하는 일부 거상들이 명령을 받고 은병銀餠(둥글넓적한 모양의 은—옮긴이)을 주조하기 시작했다. 이런 여러 가지 과정을 거쳐 중국에서 은원이 등장하게 됐다.

'은정'이나 '은과자'로 말하자면 완벽한 중국 본토의 산물이다. '정錠'은 본래 고대에 음식을 찌는 데 이용한 일종의 취사도구였다. 그러다가 주조한 큰 금속을 뜻하게 됐다. 그런가 하면 '과錁'는 본래 고대 수레의 축바퀴 설비 중 윤활유를 넣는 데 쓰는 부속품을 뜻했다. 사람이 허리에 지니고 다니는 금속류 장신구를 뜻하기도 했다. 그러다가 주조한 큰 금속을 의미하게 된 것이다.

錠
은덩이 정

錁
덩어리 과

은정과 은과자의 크기는 정확하지 않다. 조금 큰 것들의 앞면에 주조 지역, 중량, 은세공 기술자의 이름 같은 문자가 기록돼 있다. 조금 작은 것의 앞면 문자는 글자 수가 일정치 않다. 그 밖에 은 함량에도 차이가 있어 지불할 때마다 저울로 무게를 달아 함량을 감정해야 했다. 당연히 쓰는 데 불편이 따랐다.

여기에서 알 수 있듯이 중국 고대에 가장 안정적인 화폐는 겉은 원형이고 안은 사각형인 '제전'이었다.

덧붙이는 이야기 **제전의 형태는 왜 겉은 둥글고 안은 네모일까?**

첫 번째 이유는 실용성에 대한 고찰이었고 두 번째 이유는 함축적 의미의 구현이었다.

실용성 면에서는 먼저 사각 구멍이 동전을 직렬로 연결하기 쉽기 때문이었다. 원형 구멍은 자주 회전하면서 동전 자체가 마모될 가능성이 있었을 것이다. 다음으로 동전에 새겨진 문자는 사각 구멍일 때 좌우로 분류해 배열할 수 있고 읽기에도 편리하다는 것이었다. 원형 구멍일 때는 고리 모양으로 배열할 수밖에 없는데 그렇게 되면 읽기에 불편할 수 있었다.

동전 형태가 지닌 함축적 의미에 대해서는 몇 가지 상황을 짐작해볼 수 있다. 첫째, 천원지방天圓地方, 즉 하늘은 둥글고 땅은 모나다는 전통적 관념을 받아들인 것이다. 『여씨춘추』「원도圓道」 편에 따르면 '천도원天道圓, 지도방地道方, 성왕법지聖王法之, 소이입천하所以立天下'라고 나와 있다. '하늘이 둥글고 땅이 모난 이치를 성왕이 본받아 천하를 세웠다'는 뜻이다. 둘째, 원과 네모를 이용해 국가와 경제를 비유했던 것이다. 네모난 구명은 우물 같아서 상업과 무역을 뜻한다. 한편 원형 은 도시와 같아서 국가와 정권을 뜻한다. 즉 '주 변 사방으로 흐른다'는 함축적 의미를 취한 것 이다. 셋째, 진시황이 애타게 불로장생을 원했 다고 한다. 그런 염원 때문에 방술方術(장생불사를 추구하고 단丹을 조제하는 방법-옮긴이)에 능한 인사를 숭배하다 보니 네모 구멍이 난 동전을 주조했던 것이다.

제전

화폐는 한 나라를 좌지우지할 만큼 매우 중요한 역할을 했다. 앞에 서 언급했던 황금의 경우 그 자체로 매우 높은 가치를 지녔을 뿐만 아니라 한 나라가 금융의 위험을 피할 수 있는 수단 중 하나다. 그렇 기 때문에 각 나라의 중앙은행은 지금까지도 대량의 금을 비축하고 있는 것이다. 게다가 1930년대 이전에 금은 각 나라의 역사에서 약 2,600년 동안 화폐 역할을 담당했다. 수많은 국가가 금본위제도를 제정하고 황금이 화폐로 쓰일 수 있는 규정을 만들었다. 또한 1976년 이전에 금은 국제적으로 달러와 안정적인 환전의 체계를 수립했다. 즉 국제화폐로서의 역할도 담당하고 있었음을 의미한다.

금 자체가 갖고 있는 화폐로서의 본질은 다른 어떤 금속에서도 찾 아볼 수 없는 특징이다. 또한 특정 액면가를 지닌 화폐들 사이에서도 일정 수준의 가치를 지니고 있다. 이런 상황은 현대 화폐의 가치 측 량의 문제와 결부되면서 이제 현대에 상용되는 일련의 계량 단위를 연구해볼 필요성이 생겼다. 이것들은 고대에 어떤 형태로 쓰였을까?

제 5장

한자 '계량 가족'에게 닥친 서구의 습격

이번 장에서는 다음의 한자들에 대해 이야기를 나누려고 한다.

米	噸	磅	克	電	伏	瓦
쌀 미	톤 톤	돌 떨어지는 소리 방	이길 극	번개 전	엎드릴 복	기와 와
卡	鎊	元	角	毛	桶	方
음역자 가	동전 붕	으뜸 원	뿔 각	털 모	통 통	네모 방
刻	字					
새길 각	글자 자					

一. 솥에 들어간 '쌀'

'미米'라는 글자의 갑골문 형태는 ☵ 이렇다. 이 형태는 곡물의 이삭에 달린 종자처럼 생겼다. 탈곡을 거쳐 껍질을 다듬은 쌀알을 의미한다. 요즘은 쌀알뿐만 아니라 길이 단위의 의미로도 많이 쓰인다. 이 단위는 어떻게 등장했고 또 쌀알과 어떤 관계가 있을까?

米
쌀 미

'미'는 길이를 재는 단위로 두 가지 면에서 그 기원에 대해 연구해볼 수 있다. 첫째는 개념이나 구체적인 표준의 확정과정이다. 둘째는 한자 '미米'가 길이를 의미하게 된 유래다.

길이의 측량문제는 앞에서 이미 탐구해봤다. 인류에 최초로 등장한 길이 측정의 의미는 자신과 외부 사물 사이의 관계에서 착안했다. 게다가 자신을 대조물로 삼아 표준 척도를 확정했다. 이런 방식은 옛사람들이 비범한 지혜와 상상력을 갖고 있었다는 생생한 증거다. 하지만 거기에는 일정한 문제도 존재했다. 이를테면 다른 지역의 표준을 통일시키기 어려웠고 표준 척도의 안정성도 보장할 수 없는 등의 문제였다. 그래서 수많은 지식인이 표준 척도의 안정성과 보편성을 고민하기 시작했고 실제적인 시험에 착수했다.

현재 열람이 가능한 역사 문헌에 따르면 인류는 자연의 천문현상을 이용해 길이의 기초로 삼았다. 이것은 곧 인류가 길이의 안정적인 참고 표준을 찾으려는 생각을 하게 됐다는 상징적 행위였다. 자연 속에서 관찰 가능한 천문현상 속의 몇 가지 요소는 늘 일정했다. 이를 기반으로 결정된 표준 역시 필연적으로 안정적이고 다른 지역들 사이에서도 보편적으로 활용될 수 있었다.

이런 생각의 흐름 속에서 천문을 관측하는 등의 방식을 통해 지구 자오선子午線(지구의 남북 양극을 연결하여 지구 표면을 세로로 지나도록 그은 가상의 선—옮긴이)의 길이나 원호의 도수와 자오선 길이의 대응관계에 대해 측량했다. 이것이 바로 탐색 활동의 주요 방식이 되었다.

서기 700년 무렵 중국 당나라 때의 고승이자 본명이 장수張遂인 천문학자 승일행僧一行은 대규모의 천문조사 행사를 몇 차례나 주재했다. 이 행사에서 그는 경도는 같으나 위도가 다른 관측점의 각종 수치를 정밀하게 관찰해 종합적으로 계산한 뒤 남북 사이에 1도 차이가 난다는 점을 도출해냈다. 두 곳의 거리는 351리 80보라는 결론을 내린 것이다. 즉 지구 위도의 1도는 약 현재의 192.2킬로미터와 같다는 점이다. 이런 측량 결과는 더욱 첨단화된 현재의 측량치인 111.2킬로미터와 비교했을 때 큰 오차가 나기는 한다. 그래도 인류 역사상 최초로 과학적인 방식을 이용해 진행된 자오선 실측이므로 과학 발전사에 획기적인 의미를 지닌다. 중국 과학사 전문가이자 영국 근대과학자인 조지프 니덤Joseph Terence Montgomery Needham에 따르면 이는 '과학 역사상 획기적인 최초의 시도'였다.

승일행 이후 중국 역사에 또 비슷한 관측 행사가 있었다. 그중 청나라 강희 연간에 열렸던 행사의 규모가 꽤 컸다. 그 행사에서 도출해낸 관측 결과는 지구 위도의 1도의 거리가 약 115.2킬로미터와 같다는 것이었다. 이 결과는 현대과학의 관측치와 거의 근접해 있다.

한편 현대과학의 관측치는 18세기 말 프랑스의 몇몇 과학자가 최초로 시도했다. 이 과학자들은 6년의 시간을 들여 파리를 관통하는 적도에서부터 북극으로 향하는 자오선의 길이를 측정했다. 또한 더 나아가 자오선의 1,000만분의 1을 길이 기본 단위로 삼자는 의견을 제기했다. 이 수치는 '미터'의 길이와 딱 들어맞는다. 시간이 흐른 뒤 과학자들은 측량 결과를 근거로 1미터 길이의 백금으로 된 막대기를 만들어 그것을 '미터원기prototype meter'라고 명명했다. 물론 당시의 측량 오차 때문에 '미터원기'에는 0.2밀리미터의 오차가 있었다.

이후에 국제적으로 점차 이 표준을 받아들이게 됐다. 20개 국가가 1875년 각 국가에서 이 표준을 이행하겠다는 협약을 체결하고 '국제도량형국'이 설립되기에 이르렀다. 1889년 이 기구는 제1대 '미터원기'를 개선해 30가지의 횡단면이 X자인 백금과 이리듐을 합금한 '미터원기'를 제작해 각 회원국에 나눠주었다. 이렇게 '미터' 표준을 통일시키고 보급했다.

시간이 흐르면서 금속은 자연환경 속에서 일정한 불안정성을 지니고 있고 일단 훼손된 후에는 복원하기 힘들다는 이유로 국제적으로 또다시 두 차례 '미터'의 표준을 재차 정의하게 됐다. 첫 번째로는 1960년 제11차 국제도량형회의에서 크립톤-86의 원자가 방사하는 오렌지색의 스펙트럼선 파장의 165만 763.73배를 길이의 기준으로 삼았다. 그리고 '1미터는 크립톤-86 원자가 발하는 빛의 파장을 기준으로 삼는다'라고 새롭게 정의했다. 두 번째로는 1983년 제17차 국제도량형회의에서 '1미터는 빛이 진공상태에서 2억 9,979만 2,458분의 1초 동안 진행하는 경로의 길이다'라는 최신의 정의를 통과시켰다.

이토록 일상적인 하나의 길이 단위와 표준이 얼마나 많은 시간과 노력과 고생의 과정을 거쳐 확정되었는지를 위의 대목을 통해 알 수 있다. 사실 상황은 더욱 복잡했다. 고대의 선현들이 척도의 기준을 탐색할 때 다른 나라의 과학자들도 같은 문제를 놓고 고민하고 탐구했다. 그중 1688년 영국의 철학자 존 윌킨스John Wilkins는 십진법 일종의 표준 길이 단위 체계를 만들어야 한다고 제안했다. 1675년 이탈리아의 과학자인 티토 리비오 부라티니Tito Livio Burattini는 자신의 저작에 처음으로 'metro cattolico'라는 단어를 썼다. '하느님의 미터'라는 뜻이다. 이 단어는 그리스어에서 빌려온 것으로 원래의 의미는 '통용되는 측량 단위'다.

'미터'가 중국에 들어온 때는 청나라 말기였다. 1908년 청나라 정부는 '통일된 도량 측정제도 임시규정 40조 추진推行劃一度量權衡制度暫行章程四十條'이라는 관련 법규를 제정했다. 전국적으로 순치順治와 강희 연간에 제정된 '영조척고평제營造尺庫平制'를 지속적으로 추진하라는 규정이었다. 국제도량형국이 제작한 백금과 이리듐을 합금한 '미터원기'를 도입해 전 세계의 미터법을 채용했고 32센티미터의 '영조척'을 길이의 측량 표준으로 삼았다.

북양北洋 정부와 중화민국은 모두 국제적으로 통용되는 계량 표준을 채택하는 정책을 제정했다. 또한 프랑스어 단어인 'mètres'를 중국어로 음역한 단어인 '미돌米突(미투[mǐtū])'과 미터의 옛 명칭인 '공척公尺'을 함께 썼다. 그러다가 다시 시간이 흐른 뒤 '미돌米突'을 줄여 '미米(현재 사용하는 중국식 미터 발음-옮긴이)'라고 간단히 부르게 됐다.

二. 한 톨의 '쌀'이 일으킨 연쇄반응

　'미터'의 사용이 본궤도에 오르면서 중국의 전통적인 길이 측량 단위에 즉각 연쇄반응이 일어났다. 부글부글 끓는 죽 가마처럼 상황이 흘러갔다. 국제표준을 잇달아 차용하면서 새롭게 정의되고 또한 새로운 도량형 명칭들이 출현하기 시작한 것이다. '미터' 계열을 예로 들자면 미터보다 작은 단위로 데시미터, 센티미터, 밀리미터, 마이크로미터, 나노미터, 피코미터, 펨토미터, 아토미터, 젭토미터, 욕토미터 등이 있다. 미터보다 큰 단위로는 데카미터, 헥토미터, 킬로미터, 메가미터, 기가미터, 테라미터, 페타미터, 엑사미터, 제타미터, 요타미터 등이 있다. 특히 작은 길이 단위는 대개 과학 분야에서 쓰이는데 여기에서는 깊이 파고들어가지는 않겠다. 일단 일상생활에서 가장 많이 쓰이는 '데카미터', '헥토미터', '킬로미터'부터 이야기를 시작하려고 한다.

　문헌기록에 따르면 '헥토미터'와 '킬로미터'는 지난 세기 초에 중국에 유입된 뒤 이 두 가지 개념에 대해 한자에 상응하는 두 가지 새로운 한자가 등장했다. '헥터메트르 백粨'과 '킬로미터 천粁'이 그것이다. 일단 이 한자의 발음은 '백百'과 '천千'과 완벽히 같다. 뜻에 대해서는 너무 많은 설명이 필요 없다. 한자 형태만 봐도 대체적으로 추측할 수 있기 때문이다. 게다가 중국에서 꽤 알려진 문학작품에서 '천粁'이 쓰인 사례를 발견할 수 있다. 1957년 출판된 곡파曲波의 장편소설 『임해설원林海雪原』이 그 작품인데 거기에 이런 내용이 나와 있다. "선허神河 사당에서 5킬로미터 떨어진 얼다오허쯔二道河子의 대교는 오랜 세월 수리하지 않았다. 철로가 구불구불 이어져 있고 노반이 울퉁불퉁하고 침목이 썩어 문드러져 있고 돌리개못도 손상돼 있었으니 말이다. 다리 어귀의 좌측에 '325천粁'이라는 돌기둥이 표시돼 있었는데 이미 쌓인 눈에 절반도 넘게 덮여버렸다." 이 문구에 나오는 '천粁'은 바로 킬로미터를 의미한다.

이 대목에서 '데카미터'와 '메가미터'에 대해 궁금증을 가질 수도 있다. 물론 이것들도 일상생활에서 꽤 자주 쓰는 길이 단위다. 그렇다면 이 단위에 상응하는 구체적인 한자 형태는 어떻게 될까?

한자에서는 '데카메트르 십籵'과 '애쬜은 조 려糲'라고 표현되는데 이들은 원래 다른 의미를 지니고 있었다. 전자는 '십'이라고 읽고 '번蹯'의 옛날 글자 형태이며, 야수의 발과 발자국이라는 뜻이었다. 후자는 '려'라고 읽으며 껍질을 벗긴 현미라는 뜻이었다. 또한 16두斗의 양만큼 많은 껍질이 붙은 조의 껍질을 벗긴 뒤의 1곡斛 현미의 양을 뜻했다. 그러므로 '데카미터'와 '메가미터'는 전혀 새로운 글자 형태가 만들어진 것도 아니고 또 그 의미를 원래의 한자에 덧붙인 것도 아니었다.

하지만 '데카미터'라는 개념이 막 등장했을 때 중국 고대 길이 측량 단위의 전통에 따라 미터를 옛날에는 '공척'이라고 불렀던 것에서 착안해 '데카미터'도 '공장公丈'이라고 불렀다. '헥토미터'도 이전에 '공인公引'이라는 명칭으로 쓰인 적이 있다. '메가미터'에 대해서는 설명할 필요가 없겠다. 현재 '공리公里(킬로미터)'로 다들 자주 쓰기 때문이다. 다시 말해 현대 중국어에서는 '공리'를 일반적으로 쓰고 있다.

이제는 좀더 큰 길이 단위를 살펴볼 차례다. '메가미터'는 1,000킬로미터의 거리라는 점을 이미 확인한 바 있고 그보다 훨씬 큰 단위들도 있다. 여기에서는 가장 큰 단위인 '요타미터'를 설명해보려고 한다. 요타미터는 무척 보기 드문 길이 단위로 구체적으로는 10^{24}미터이자 1,000,000,000,000,000,000,000,000미터다.

이렇게 말하면 정확한 감이 오지 않을 것이다. 그렇다면 또 다른 각도에서 간접적으로 접해볼 필요가 있다. 대체적으로 우주의 천체 사이에 존재하는 요원한 거리에 대해서는 대략적으로나마 알고 있을 것이다. 이런 거리는 일반적으로 '광년光年'이라는 단위를 쓴다. 빛이 진공 상태에서 1년이라는 시간 내에 가는 거리를 '광년'이라고 한다. 그렇다면 빛의 속도는 얼마나 빠를까? 천문학적인 방법과 측지법 등 각종 실험 방법을 종합해보면 그 데이터는 초당 30만 킬로미터에 근접한다. 그렇다면 이런 속도에 근거해 1년이라는 시간 동안 얼마나 멀리 갈 수 있을까? 말할 필요도 없이 사람의 상상력을 뛰어넘는 거리일 것이다. 한편 '요타미터'가 뜻하는 거리는 심지어 1광년보다 조금 더 먼 거리다. 이건 정말이지 감히 상상도 할 수 없는 길이 단위인 것이다.

三. '음역音譯'을 통해 새로운 계량 가족이 등장하다

'미米'의 상황과 거의 비슷하게 '둔吨'이라는 글자도 고대에 존재했다. 다만 최초의 의미가 지금의 의미인 계량 단위가 아닐 뿐이었다. 고대의 사서 몇 권에 나와 있는 해석에 따르면 '둔'은 기본적으로 '둔둔吨吨'처럼 중첩되어 쓰였다. 그중 기본적인 의미 하나는 '말이 분명하지 않다'는 것이다. 하지만 이렇게 쓰이는 경우는 거의 없었다.

嗵
톤 톤

그러다가 근현대에 접어들어 외국의 톤ton이라는 계량 단위가 처음 중국에 들어왔을 때 '톤嗵'이라는 한자가 새로 만들어진 것이다. 한자의 음으로 외국어의 음을 표기하는 음역이라는 개념이다. 『청사고淸史稿』「지일백志一百」편에 따르면 '선진구이일외전완선초船進口二日外全完船鈔, 백오십톤이상톤납은오전百五十嗵以上嗵納銀五錢, 이하톤납일전以下嗵納一錢'이라고 나와 있다. '항구에 들어온 상선은 2일이 지나면 톤세를 완납해야 한다. 150톤 이상이면 톤세 은 5전을 내야 하고 그 이하면 톤세 1전을 납부해야 한다'라는 뜻이다. 시간이 흐르면서 현재 중국에서는 '톤嗵'을 고대에 존재했던 '둔吨' 자로 다시 간소화해 쓰고 있다.

흔히 가장 자주 쓰는 '톤嗵'의 의미는 중량 단위로 1,000킬로그램을 뜻한다. 하지만 실질적으로 '톤'에는 여러 가지 다른 의미가 있다. 선박 내부의 용적 단위로 1톤은 100평방피트와 같다는 뜻이기도 하다. 또한 냉동톤의 단위로 얼음 1톤을 24시간 안에 융해할 때 소요되는 열량과 같다는 의미이기도 하다. 하지만 대부분의 경우에는 영국의 중량 단위로 사용되는데 20롱 헌드레드웨이트long hundredweight(20×112파운드—옮긴이) 혹은 2,240파운드 등과 같다.

磅
돌 떨어지는
소리 방

'파운드'는 중국어에서 '방磅'이라는 한자로 표기된다. 파운드는 국제적으로 통용되는 미터법 계량 단위는 아니지만 영향력은 적지 않은데 영국의 식민 역사와 어느 정도는 관련이 있어 보인다. 이 글자는 마찬가지로 중국 고대에 이미 존재했다. 최초의 의미는 '돌이 떨어지는 소리'였다가 이후에 다른 글자와 조합돼 '방박磅礴(기세가 드높다)' 등의 의미로 쓰이기도 했다.

또한 계량 단위를 의미하면서 '둔'과 마찬가지로 음역의 방법을 취해 영국에서 온 파운드를 의미하게 된 것이다. 물론 계량 단위로서 '방'은 중량의 단위를 뜻할 뿐 아니라 인쇄글자의 크기도 의미한다. 1방은 약 72분의 1인치인데 이를 음역해 포인트point라는 단어로도 쓰이고 있다.

그 밖에도 '방磅(파운드)'과 '영방英鎊(파운드)'의 '방鎊' 사이에도 관련된 역사적인 뿌리가 있다. 이미 앞에서 금속화폐 문제를 다뤘을 때 중국 고대의 '기중전記重錢'을 언급한 바 있다. 진반량秦半兩 등의 예처럼 금속화폐의 중량은 화폐의 가치와 맞먹는다는 점을 말이다. '방鎊' 역시 기중記重에 뿌리를 두고 있다. '영방英鎊'은 원래 파운드 스털링pound sterling(영국 화폐의 기본 단위─옮긴이)이라 부른다. 파운드는 중량 단위인 '방磅'에 해당하고 스털링은 '925은'의 고유명사다. 즉 은과 황동의 합금 중에 1,000분의 925가 은이라는 것이다. 이 두 단어가 합쳐져 1파운드英鎊는 1파운드磅의 순도 92.5퍼센트의 은과 같다는 뜻이 된다. 19세기에 시행됐던 금본위제로 말미암아 파운드는 영국의 표준 화폐 단위가 되어 1파운드당 7.32238그램의 순금이 함유되도록 규정했다. 1914년 제1차 세계대전이 발발하자 영국이 금본위제를 폐지함에 따라 금화는 유통이 중단됐다. 다시 시간이 흘러 세계 경제위기가 닥치자 1930년대에는 파운드를 황금으로 태환할 수 없는 지폐로 완벽하게 변화시켰다.

파운드가 발전해가는 과정에 놓여 있던 금본위의 시대에 황금의 중량을 계량하는 기본 단위인 '극克(그램)'이 등장했다. 이 단위는 현

재 황금의 중량을 계량하는 가장 기본적인 단위가 되었다. 한편 '극'
은 고대에 계량 단위를 의미하지 않았다. '극'은 애초에 능력과 역량
을 의미했던 것이다.

克
이길 극

'극'의 갑골문자 형태는 ☝ 이렇다. 사람의 어깨 위에 무거운 물건
을 짊어지고 있는 형태로 능력이 있음을 의미한다. 흡사 '철견담도
의鐵肩擔道義'라는 말의 뜻을 의미하는 것 같기도 하다. '뜻 있는 사
람이 정의를 이루고 중대한 임무를 담당하다'라는 뜻이다. 이처럼
'능력이 있다'라는 의미에서 '극'은 이후에 '할 수 있다'는 의미도 갖
게 되었다. 『시경』「탕蕩」편에 따르면 '미불유초靡不有初, 선극유종
鮮克有終'이라고 했다. '처음은 누구나 잘하지만 끝을 좋게 마무리 짓
는 사람은 드물다'라는 뜻이다. 또 당나라 때의 이름난 재상 위징魏
徵이 올린 상소인 『간태종십사소諫太宗十思疏』에 따르면 '선시자실번
善始者實繁, 극종자개과克終者蓋寡'라고 했다. '처음을 잘하는 자는 실
로 많으나, 끝을 잘하는 자는 극히 적다'라는 뜻이다. 그 핵심적인
의미는 일을 하는 사람이 처음에는 거의 대부분 잘하지만 마지막
까지 그 상태를 유지할 수 있는 사람은 극히 드물다는 말이다.

四. 계량의 단위와 '전기'가 만났을 때

능력과 역량을 언급한 만큼 먼저 사람의 능력이 어디에서 오는지
생각해볼 필요가 있겠다. 사실 이런 문제에 답을 내리기는 어렵지
않다. 신화와 전설 속에 나오는 천신이나 영웅을 제외하고 현실생활

속의 보통 사람들은 어느 정도의 능력을 갖추기를 원한다. 그리고 그 유일한 경로는 바로 공부다.

고대에 각고의 노력을 다해 학문에 정진했다는 고사는 일일이 열거할 수 없을 정도로 많다. 스승의 가르침을 공손하게 받들다는 뜻의 '정문입설程門立雪', 가난한 형편에 고되게 공부하다는 뜻의 '획죽할제劃粥割齋', 갖은 고생을 하며 학문을 닦는다는 뜻의 '낭형영설囊螢映雪' 등이 그 예다. 그중 '낭형영설'과 의미가 거의 비슷한 가난하지만 학문에 힘쓰다라는 뜻의 '착벽투광鑿壁偷光'은 둘 다 '전기'의 발명이나 '전기'가 진정으로 실용적인 가치를 지니기 이전에 옛사람들이 빛으로 글을 읽어야 할 때의 상태를 정확히 반영한다.

그야말로 전기는 인류 역사상 가장 위대한 과학적 발견 중 하나다. 인류가 전기라는 현상을 발견하면서부터 전기를 초보적으로 다스릴 수 있게 될 때까지 인간이 전기를 이용하게 되는 데는 무척 길고 힘겨운 탐색의 과정을 거쳤다고 할 수 있다. 심지어는 목숨을 대가로 치르기도 했다.

전기에 대한 인간의 인식은 대체로 두 가지 면에서 비롯됐다. 첫째는 자연현상이고, 둘째는 사물 사이의 상호작용이었다.

먼저 자연현상을 살펴보자. '전電'은 금문자에서 ☙이런 형태를 지니고 있다. 글자의 형태로 보자면 뇌우 같은 자연현상과 비슷한 것 같다. 그래서 '비 우雨' 부인 것이다. 글자의 하반부는 천둥과 번개의 형상을 띠고 있다. 『설문해자』에 나온 '전電, 음양격요야陰陽激耀也, 종우종신從雨從申'에서 언급한 바와 같다. '전은 음양이 부딪혀 빛을 내는 것이다. 우雨와 신申에서 비롯됐다'는 뜻이다. 여기에서

電
번개 전

'음양陰陽'은 현대과학적 의미에서의 '음극'과 '양극'이 아니다. 옛사람들의 우주관 중에서 '천지'나 '건곤' 등과 관련된 '음陰'과 '양陽'이다. '신申'의 본래 글자 형태는 번쩍거리는 번갯불을 의미했다. 즉 평상시 벼락 치는 소리를 듣기 전에 먼저 보이는 '번개'를 말한다.

문자 자체에 대한 해석을 제외하고 고서에서도 천둥이나 번개와 관련된 기록을 볼 수 있다. 『상서』「주서周書」편에 따르면 '추秋, 대숙大熟, 미확未獲, 천대뢰전이풍天大雷電以風, 화진언禾盡偃, 대목사발大木斯拔, 방인대공邦人大恐'이라고 나와 있다. '가을에 큰 풍년이 들었으나 아직 채 수확하기도 전에 하늘에서 천둥 번개를 치며 큰 바람이 불어 곡식이 모두 쓰러지고 큰 나무가 뽑히니 나라 백성들이 크게 두려워하였다'라는 뜻이다. 또한 『여씨춘추』「귀생貴生」편에 따르면 '고뢰칙엄이故雷則掩耳, 전칙엄목電則掩目'이라고 나와 있다. '자고로 천둥이 치면 귀를 가렸고 번개가 치면 눈을 가렸다'라는 뜻이다. 이렇게 보면 선조들은 오래전에 천둥과 번개에 대해 초보적인 인식을 갖추고 있었음이 분명하다. 하지만 이런 인식은 그저 표면적인 것에 불과했다. 기본적으로 어떤 현상을 보는 단계에만 머물러 있었던 것이다. 『상서』에서 말하기를 소나기와 강한 바람이 '곧 수확할 작물을 쓰러뜨리고 큰 나무를 뿌리째 뽑아내며 사람을 경악시키는' 일련의 현상을 인식했을 뿐이다.

사물 사이의 상호관계를 다시 한번 살펴보겠다. 문헌기록에 따르면 수많은 서양 언어 중 '전기'라는 단어는 고대 그리스어의 '엘렉트론electron(호박)'에서 유래했다. 도대체 무슨 연관이 있는 것일까?

원래 기원전 600년경 고대 그리스의 귀족 부인들은 외출할 때 부드럽고 연한 옷을 즐겨 입었고 가슴에는 보석인 호박琥珀으로 만든 장신구를 달았다. 사람들은 이런 장신구를 애써 깨끗하게 닦아놓아도 또 어느새 장신구에 먼지가 달라붙어 있다는 점을 발견했다. 사람들은 이런 현상을 도무지 이해할 수가 없었다. 당시의 탈레스라고 불리는 철학자가 있었는데 그런 현상을 자세히 관찰하고 고민한 결과 무언가를 발견했다. 목에 걸려 있는 호박 장신구가 사람이 걸을 때 끊임없이 흔들거리면서 사람이 입은 비단옷과 지속적으로 마찰이 되고 있었던 것이다. 이윽고 그는 깊고도 오묘한 이치가 바로 거기에 있다고 추측했다. 이후에 여러 차례의 실험을 거쳐 그는 비단을 이용해 마찰시킨 호박이 확실히 먼지나 가는 털 같은 부스러기를 흡착시킨다는 점을 드디어 발견해냈다. 그는 이런 이해할 수 없는 힘을 일컬어 '전기'라고 불렀다.

한편 중국 고대 동한시대의 왕충王充은 『논형論衡』「난룡亂龍」편에 유사한 기록을 해놓았다. 그의 말에 따르면 '돈모철개頓牟掇芥'라고 했다. '거북의 껍질은 매우 하찮고 가벼운 풀잎을 흡착한다'는 것이다. 여기에서 '돈모頓牟'는 거북을 뜻한다.

이처럼 일부 선각자들이 부단히 자연의 신비를 발견하고 탐구하는 과정 속에서 18세기에서 19세기 사이에 인류는 마침내 물리학적 방식을 통해 전기를 발생시켰다. 그리고 '전기'는 인류를 위해 복무하게 됐다. 이제 '낭형영설'이나 '착벽투광'의 시대는 다시 오지 않을 것이다.

평상시 '전기'와 관련된 계량문제를 접했을 때 가장 자주 쓰이는 것은 대개 '볼트'와 '와트'일 것이다. 현재 중국어에서는 '볼트'를 '복伏

伏
엎드릴 복

瓦
기와 와

卡
음역자 가

[fú]'으로 표기하고, '와트'는 '와瓦[wǎ]'로 표기한다. 역시 외래어로 음역한 것이다. 이 두 가지 계량 단위는 순전히 현대과학의 산물이다. '볼트'와 '와트'는 두 과학자의 이름을 따서 명명한 과학 전문용어다. 그것은 과학 분야에서 전기의 원리와 역할에 대해 중대한 발전과 발명에 기여한 이 두 과학자의 선도적 역할을 기념하기 위해서였다.

전기를 언급했으니 아주 쉽게 또 다른 종류의 에너지인 '열에너지'에 대해 연상해볼 수 있을 것이다. 물론 열에너지는 불, 빛 등 물리적 현상과 관련은 있으나 전기와도 매우 긴밀한 관계를 맺고 있다. 게다가 가열을 통해 온도를 상승시키는 것을 목적으로 하는 열에너지를 제외하고도 현대인들이 지대한 관심을 갖고 있는 것이 바로 신체 건강과 관련된 보양이다. 건강을 위한 열량 섭취문제에 대해 큰 관심이 있는 것이다.

그런가 하면 인체가 열량을 섭취하는 데 있어 칼로리라는 개념이 있다. 중국어에서는 '가卡[kǎ]'로 표기하며 역시 음역이다. 열량을 계량하는 단위로 칼로리의 개념은 '1칼로리의 에너지나 열량으로 물 1그램의 온도를 섭씨 1도 올릴 수 있다'이다.

'볼트'와 '와트'와 '칼로리'라는 세 가지 단어의 최초의 의미는 계량과는 완벽히 무관했다. '볼트'의 음역자인 '복伏'은 '개가 사람을 잡아채서 넘어뜨리다'의 의미를 지녔다. '와트'의 음역자인 '와瓦'는 지붕에 기와가 겹쳐 있는 모양에서 착안해 이미 가마에 넣어 구워진 흙벽돌기문을 의미했다. 물론 '복'의 의미는 '사람이 개처럼 땅바닥에 엎드려 있다'는 등의 의미라는 주장도 있다. 한편 '칼로리'의 음역자인 '가卡'는 두 가지 이상으로 발음되는 다음자로 중국어에서 치아[qiǎ]라는 발음은 최초의 것으로 '초소, 사이에 끼다, 붙잡아놓다' 등의 의미를 지닌다. 카[kǎ]라는 발음은 이후에야 생긴 것으로 일반적으로는 외래어를 번역할 때 쓰인다. 트럭(가차卡车[kāchē], 카처), 카드(가편卡片[kǎpiàn], 카펜), 비시지(가개묘卡介苗[kǎjièmiáo], 카제먀오) 등이 그 예다.

五. 현대 화폐가 탄생시킨 신조어

현대사회에서 전기를 이용하든 몸을 튼튼하게 하든 사람이 열량을 섭취하고 에너지를 소모하는 것은 마치 소비행위를 발생시키는 듯하다. 또는 군자가 말할 가치가 없다고 했던 돈과도 관련 있다.

앞에서 이미 꽤 많은 지면을 할애해 고대에 화폐를 계량했던 단위와 금속화폐 발전의 역사에 대해 이야기를 나눠봤다. 그런데 혹시 화폐문제에 대해 큰 누락이 있지 않았을까? 혹은 현대사회에만 있는 어떤 개념이 존재하지는 않을까?

크게 봤을 때는 더 보충해야 할 새로운 개념은 없다. 하지만 일부 화폐 단위는 화폐의 발전에 따라 현대사회에 들어와서 비로소 발생한 새로운 화폐 개념일 수도 있다.

현재 중국에서 일상적으로 사용하는 인민폐人民幣(런민비)를 예로 들자면 '원元(위안), 각角(자오), 괴塊(콰이), 모毛(마오), 붕鏰(벙)'이 있는데 모두 지금부터 비교적 가까운 시기에 등장한 것들이다.

그렇다면 먼저 '붕鏰'부터 이야기를 시작해보겠다. '붕'은 액면 가격이 비교적 작은 동전을 뜻한다. 구어에서는 종종 중국 발음인 '얼

鏰
동전 붕

兒([ér], 아)' 소리가 같이 나오면서 중국어로 '벙얼鏰兒([bèngr], 붕아)'이라고 발음한다. 또한 '벙쯔鏰子([bèngzi], 붕자)' 혹은 '강벙얼鋼鏰兒([gāngbèngr], 강붕아)'이라고도 발음하고 이런 논리는 청나라 말기로부터 시작됐다. '붕'은 본래 구리를 주 재료로 했던 구멍 없는 비금속 경화를 뜻했다. 동전 10닢은 1동원銅元(퉁위안, 청나라 말기부터 항일전쟁 이전까지 통용되던 동으로 만든 보조화폐─옮긴이)과 같다. 류반눙劉半農의 『양편집揚鞭集』「빵과 소금面包與鹽」 편에는 '얼마 안 되는 양의 밀가루와 동전鏰子 한 닢어치의 소금에 아주 약간의 대파를 더하는 거지'라는 대목이 나온다.

현재 '붕'은 일반적으로 액면 가격이 낮은 금속화폐를 뜻한다. 시중에 유통되고 있는 동전은 현재 '1원(위안), 5각(자오), 1각(자오), 5분分(펀), 2분(펀), 1분(펀)' 등 여섯 가지가 있다.

이처럼 중국어로는 '벙'이라고 발음하는 '붕鏰'이라는 개념이 등장했던 시간상의 이유로 이 글자는 당시에 신조어였다. '쇠 금金' 자 변은 자체의 재질을 의미하고 '무너질 붕崩'은 독음을 의미한다.

금속화폐는 모든 화폐의 시초다. 금이나 은이든 철이나 구리든 모든 화폐의 최초의 형태는 크든 작든 금속 재료와 밀접하게 관련돼 있다. 중국의 동전은 수천 년의 역사를 갖고 있다. 다만 중국의 역사상 동전의 주류는 중간에 구멍이 뚫려 있고 그 구멍은 네모 모양을 띠고 있다. 그렇기 때문에 '공방형孔方兄(엽전을 익살스럽게 표현한 말─옮긴이)'이라는 말도 생긴 것이다.

반면 지폐는 등장 시기가 동전보다 훨씬 늦었다. 문헌기록에 따르면 중국에서 최초로 등장한 지폐는 당나라 때의 '비전飛錢'이었다.

환어음의 일종으로 돈과 바꿀 수 있는 증서였다. 그
런가 하면 최초로 지폐의 성질을 띤 태환권은 송나
라 때 등장했던 '회자會子', '교자交子', '관자關子'라고
불리는 지폐였다. 그 밖에도 같은 시기에 북방 여진
족 정권인 금金나라의 지폐 '교초交鈔'가 있다. 이런
화폐를 발행했던 핵심적인 목적은 좀더 손쉽게 휴
대하고 거래하기 위해서였다.

송나라 때의 지폐

시간이 흘러 원나라에 접어들면서 중국에 비로
소 첫 번째로 진정한 불환지폐不換紙幣가 등장했으
며 그것을 법정화폐legal tender로 정했다. 원나라 때의 화폐는 '중통
초中統鈔'와 '지원초至元鈔'와 '지비교초至飛交鈔' 등이 있었다. 이 화
폐들 중 '중통초'가 가장 핵심적이었다. 명나라 때의 화폐는 '대명보
초大明寶鈔'였다. 한편 청나라 때 지폐의 발전은 3단계로 나뉜다. 순
서대로 나열하자면 순치 연간의 '초관鈔貫'과 함풍鹹豐 연간의 '관표
官票'와 '보초寶鈔', 그리고 광서光緒 연간 이후의 '불환권不換券(정화와
바꿀 수 없는 지폐—옮긴이)'이다.

'붕(벙)'의 액면 가격과 마찬가지로 인민폐 지폐에도 역시 1원(위
안), 5각(자오), 1각(자오), 5분(펀), 2분(펀), 1분(펀)이라는 여섯 가지
액면 가격이 책정돼 있다. 다만 종이 '분폐分幣', 즉 중국 중앙은행이
발행한 분分을 단위로 한 종이화폐는 이제 유통 영역에서 이미 퇴
출되고 말았다.

액면 가격으로 봤을 때 인민폐의 가장 기본적인 단위에는 원(위
안), 각(자오), 분(펀)의 세 종류가 있다. 그렇다면 이 세 종류의 단위

는 어떻게 생긴 것일까?

元
으뜸 원

　먼저 '원元(위안)'의 갑골문자 형태는 🕴 이렇다. 처음에는 사람의 머리 부위를 의미했다가 나중에는 '발단, 시작' 등의 의미를 지니게 됐다. 원과 화폐의 관계는 당나라로 거슬러 올라간다. 당나라의 고조高祖는 화폐제도를 정비하기 위해 '수전銖錢'의 폐지를 명령하고 '개원통보'를 만들었다. 그러다가 청나라 말기에 이르러 은화를 주조함과 동시에 광둥廣東 지역에서 기계를 이용해 대량으로 동원을 찍어내기 시작했다. 동원의 양식이 참신하고 정교하고 깔끔해 이전의 어떤 동전과도 비교가 어려울 정도였다. 그 결과 엄청나게 성행하게 되었다. 이는 '원(위안)'이 화폐 단위로 자리매김하는 데 큰 역할을 해주었다.

　다시 시간이 흘러 경제가 발전하고 거래가 확대되면서 사회적으로 좀더 사용이 간편한 화폐가 동전을 대체해야 한다는 절박한 요구가 대두됐다. 그래서 은행은 은화와 동원의 태환권을 인쇄 제작했다. 태환권에 붙여진 명칭의 가치는 실제 은화나 동원과 마찬가지였다. 그래서 점차 태환권은 지폐가 되어갔다. 원래의 금속화폐 단위였던 '원(위안)'도 계속 쓰이다가 고정적인 화폐 단위가 되었다.

　물론 '원(위안)'의 유래와 관련해 현재 다른 의견도 존재한다. '원(위안)'이 명나라 때 등장했다는 의견이 그것이다. 명나라 만력 연간에 구미의 막대한 금속화폐인 은원銀圓(은화−옮긴이)이 중국으로 유입되었는데 그중 가장 많이 유통되었던 것이 바로 멕시코에서 온 은원이었다. 이 금속화폐의 '원圓'은 화폐의 명칭이자 단위의 명칭이기도 했다. 그러면서 중국의 화폐에도 '원圓'이라는 단위를 받아들이게 됐다. 또한 '원圓'을 더 간단한 '원元(위안)'으로 바꿔 적게 된 것이다.

원(위안)의 보조화폐 단위인 '각角(자오)'과 '분分(펀)'은 또 저마다의 유래가 있다.

'각(자오)'은 원래 '짐승의 뿔'을 의미했다. 그러다 화폐 단위를 의미하게 된 데에는 대체로 '원圓'과 관련이 있다. 원을 부분으로 나누면 당연히 호와 각도로 나뉜다는 점에 착안해 '각'은 '원'보다 작은 보조화폐 단위가 된 것이다. 그런가 하면 '분(펀)'은 본래 '나누다, 헤어지다' 등의 의미를 지녔으나 이후에 자연적으로 '나눈 뒤의 부분'이라는 함축적 의미를 지니게 됐다. 게다가 '분(펀)' 자체가 고대에는 지리와 면적과 중량 등의 계량 단위였다. 그래서 자연적으로 화폐의 계량 단위도 될 수 있었던 것이다.

角
뿔 각

그 밖에도 실제 사용과정에서 특히 구어체로 현재 '위안(원)'과 '자오(각)'를 '콰이塊(괴)'와 '마오毛(모)'로 종종 표현한다. 이것은 또 무슨 이유 때문일까?

원래 은원 등 동전이 유통 영역을 점유할 때 '콰이'는 동전 개수를 의미했다가 점차 가치 단위를 의미하게 됐다. '위안'의 의미와는 완전히 다르다. 청나라 포세신包世臣의 시 「이묘세조송강즉사己卯歲朝松江即事」에 따르면 '석미괴팔가재시石米塊八價在市, 관조석절륙괴사官漕石折六塊四'라고 나와 있다. 이렇듯 위의 논리 역시 지금까지 이어오는 것이다. '쌀 1섬 가격이 8콰이로 시장에 나왔는데 정부에서 배로 실어 나르면서 1섬에 6콰이 4마오로 가격을 낮췄다'는 뜻이다.

'모(마오)'는 처음에 '깃털'을 의미했다. '호毫'의 의미와 비슷하다. 한편 '호'는 고대에 적용 범위가 매우 넓은 계량 단위였다. 길이와 크

毛
털 모

기와 중량을 계량하는 데 모두 적용할 수 있었다. 자연히 화폐 단위가 될 수 있는 기반을 구비한 셈이었다. 그렇게 화폐 단위로 쓰였을 때 '호'는 '각角(자오)'의 의미를 지녔다. 지금까지도 홍콩 등지에서는 아직도 '호'를 '각(자오)'과 동등한 가격으로 쓰고 있다. '모(마오)'와 '호'의 본래 의미와 독음이 매우 비슷하다 보니 혹자는 사용과정에서 글자가 더 간단한 '모'로 상대적으로 복잡한 '호'를 대체해 쓰기도 했다. 이런 용법이 점차 고정되면서 일부 문헌 중에는 작은 은원을 '모은毛銀'이라고 지칭하기도 했다.

현재 인민폐의 실제 화폐 단위에서는 '분(편)'이 가장 작은 단위다. 하지만 화폐 단위 체계로 봤을 때 '분'보다 더 작은 단위가 있다. 이를테면 황금 거래 가격이 256.829라면 소수점 뒤의 첫 번째 자리는 '분'의 10분의 1을 표시하게 된다. 물론 이런 훨씬 작은 화폐 단위의 주요 역할은 유통이 아닌 매매나 결산을 위해 존재한다. 그렇기 때문에 상응한 가치의 실물 화폐가 있을 수는 없었다.

六. 새로운 계량 단위

'전電', 즉 전기와 관련된 단위는 전의 응용 가치가 발전하고 현실에 적용되기까지 시간적 문제가 존재했기 때문에 고대에는 특징적인 견해가 없었다. 반면 일부 계량 단위들은 예로부터 지금까지 꾸준히 존재해왔다. 체적과 용적과 시간 단위 등이 그렇다. 하지만 표면적으로 봤을 때 고대와 현재에 같은 글자로 표기된 계량 단위들이 내포하고 있는 의미도 같을까?

　일단 체적과 용적을 예로 들어보자. 용적 단위인 '통桶(배럴)'은 고대에 이미 사용된 바 있었다. 문헌기록에 따르면 통은 당시 '6승升(리터)'을 의미했다. 그런가 하면 지금은 표준 용량의 단위로서 주로 원유를 계량하는 단위로 쓰인다. 즉 1통(배럴)이 바로 159공승公升(리터)인 것이다. 게다가 통을 원유의 중량을 계량하는 단위로 인식하는 추세가 등장했다. 이런 관점에서 봤을 때 구체적으로 원유 1톤噸은 7.33통(배럴)과 같다. 다시 말해 1통(배럴)은 중량으로 따지자면 약 136공근公斤(킬로그램)과 같다. 따라서 만일 국제 원유가격이 배럴당 104.92달러라는 정보를 접한다면 대략 원유 159공승(리터)에 해당하는 가격일 것이라고 생각할 수 있다. 또한 대략 원유 136공근(킬로그램)에 해당하는 가격이라고 유추해볼 수도 있다.

　이어서 요즘 자주 사용하는 체적 단위인 '방方'을 살펴보겠다. '방'은 목재나 모래 등 물질을 계량하는 가장 기본적인 단위다. '방'의 갑골문자 형태는 이렇다. 원래는 '두 척의 배가 함께 나란히 있다'는 뜻이었다. 동시에 '병렬, 병행' 등의 의미도 지니고 있었다. 『장자』「산목山木」 편에 따르면 '방주이제어하方舟而濟於河'라고 나와 있다. '배를 나란히 하고 황하를 건너다'라는 뜻이다. 시간이 흘러 이 글자는 점차 '사각형, 장소' 등의 의미를 지니게 됐다. 게다가 수학의 계산에서 '제곱이나 제곱근 또는 세제곱근을 계산하여 답을 구하는 데' 쓰이기도 했다. 『야수폭언野叟曝言』에 '인장필산가감승제평방입방지식각사일지因將筆算加減乘除平方立方之式各寫一紙, 영선고학습령선고학습令璿姑學習'이라는 표현이 있다. '더하고 빼고 곱하고 나누고 제곱하고

桶
통 통

方
네모 방

세제곱하는 식을 종이 한 장에 써서 셈을 하는 방법으로 선고가 공부하도록 했다'는 뜻이다.

실제로 수학에서 '방'의 용법은 처음의 천원지방天圓地方의 개념에서 확장된 면적문제에 해당했다. 중국 서한 연간에 책으로 만들어진 『주비산경周髀算經』에는 '수지법數之法, 출어원방出於圓方. 원출어방圓出於方, 방출어구方出於矩. 구출어구구팔십일矩出於九九八十一'이라는 문구가 있다. '수의 법은 원圓과 방方에서 나온다. 원은 방에서 나오고 방은 구矩에서 나오며 구는 구구단에서 나온다'라는 뜻이다. 이것은 전형적인 정방형(정사각형)의 면적문제다. 이로부터 조금 뒤에 등장한 『구장산술』은 훨씬 전문적인 구절로 여러 가지 면적문제와 체적문제를 해결하는 계산법을 기록해놓았다. 더불어 피타고라스 정리를 이용해 측량과 관련된 수많은 문제를 풀어나갔다.

옛사람들은 수학 분야에 대한 탐색을 멈추지 않았다. 그 노력은 현재 수학과 과학의 발전에 든든한 기초가 되었다. 더불어 현대의 면적과 체적 단위에 대해서도 기초를 닦아주었다. 현재 가구를 만들 때 목재 몇 '방方'이 필요하다든가 지반을 닦기 위해 땅 몇 '방方'을 판다는 등의 말을 하곤 한다. 여기에서 사용된 '방'은 '세제곱미터'를 의미한다. '방'은 '세제곱미터'의 약칭이기도 하면서 동시에 고대 수학 개념에 대한 계승과 발전의 산물이기도 하다.

가구를 제작하거나 모래흙을 파내는 작업은 공히 일정한 시간이 소요된다. 그래서 시간의 계량이 필요한 것이다. 예로부터 지금까지 시간의 계량은 인간이 우주 세계를 탐색하기 위한 영원한 주제였다. 게다가 '주宙'라는 글자 자체는 '과거와 현재와 미래를 아우르는 무한한 시간'을 의미한다.

시간에 대한 계량은 매우 광범위한 영역에 걸쳐 있다. 기본적으로 관찰이 어려운 '찰나'나 '잠깐'에서부터 '시분초'까지, 다시 '일월년' 이나 계절, 인생, 인류와 자연계의 역사 등을 두루 포함한다. 이처럼 광범위한 주제는 이번 장에서 다루기가 그야말로 만분의 일로도 설명하기 어렵기 때문에 현재에도 꽤 자주 쓰이는 두 가지 개념만 선택해 고대에서부터 현재까지 발전 상황을 살펴보기로 하자.

그 첫 번째 글자는 '각刻'이다. 이 글자는 처음에 '도구를 이용해 나무에 조각하다'의 의미를 지니고 있었다. 그러다가 이후에는 조각의 흔적에서 점차 '눈금'의 의미로 발전해갔다. 한편 '눈금'이라는 의미 때문에 '각'은 다른 용도가 제외되고 아주 신속히 시간의 계량 영역에서 한껏 역할을 다했다. 중국 최초의 시간기록계인 '누호漏壺(물시계)'가 등장했던 정확한 연대는 아직 고증이 필요하지만 분명 서주시대보다 늦지는 않을 것이다. 『주례』「하관夏官」편에 이미 '누호'라는 기록이 있기 때문이다. '누호'의 또 다른 명칭은 '각루刻漏'다.

刻
새길 각

'각루'는 중국에서 제작 재료와 외관의 발전 변화 외에도 눈금 체계 역시 몇 차례의 변화가 있었다. 처음에는 하루를 100개의 눈금으로 표시했다. 그러다가 나중에는 12지지地支를 활용할 때와의 배수관계에 착안해 120개와 108개 두 종류의 눈금이 등장했다. 한편 남북조시대에는 유지 시간이 매우 짧은 96개의 눈금을 표시한 '각루'가 등장했다. 그러던 것이 지금과 가까운 시기인 청나라 때에 접어들면서 현대 계시 표준과의 관계 때문에 또다시 남북조 시기의 96개의 눈금 표준을 쓰기 시작했다. 이렇게 하루 24시간을 96개의

고대의 모래시계   현대의 자명종

눈금과 대응시켜 시간마다 4등분으로 구분했다. 이것이 바로 현재 15분을 '각'으로 표시하게 된 유래다.

'각' 이외에도 요즘 괘종시계의 눈금판은 일반적으로 열두 개의 큰 눈금으로 '시간'을 표시하고 있으며 '5분'을 표시하기도 한다. 이렇게 5분마다 한 개의 숫자 눈금과 대응하게 된다. 이런 이유로 현재 홍콩이나 기타 일부 지역에서는 시간을 언급할 때 '5분'을 아예 '눈금 한 개'라고 직접적으로 표기하기도 한다.

字
글자 자

이제 마지막으로 '자字'에 대해 살펴보자. 사실 여기에서 '자字'는 각도 등의 의미를 지닌다. '자'는 본래 '집안에서 양육하다'의 의미를 지녔다. '자'의 금문자 형태는 🖾 이렇다. 윗부분의 갓머리 부인 '宀'은 원래 하나의 글자였다. 주택의 모양으로 독음은 '집 면'이다. 아랫부분에 있는 '자子'의 옛날 문자는 머리가 큰 갓난아기의 형태로 갓난아기나 유아를 의미했다.

그러므로 '문자文字'의 '자字'는 '번식'이나 '출산' 등의 의미를 내포하게 된다. 이런 점에 대해 허신의 『설문해자서說文解字序』에서 딱 알맞은 근거를 찾아볼 수 있다. 허신의 서序에 '창힐지초작서야倉頡之初作書也, 개의류상형蓋依类象形, 고위지문故谓之文. 기후형성상익其后形声相益, 즉위지자即谓之字. 문자文者, 물상지본物象之本. 자자字者, 언자유이침다야言孳乳而浸多也'라는 구절이 있다. '창힐이 처음 글자를 만들 때 대체로 유형에 의거해 형태를 본떴으니 이를 문文이라 한다. 그 뒤에 형태와 소리가 서로 결합하니 이를 곧 자字라 한다. 문은 사물의 본래 모습이고, 자는 말이 파생되어 점차 많아진 것이다'라는 뜻이다. '문'은 분명 사물의 무늬와 선을 의미한다. 이것이 바로 상형자의 기본이다. 한편 '형태와 소리'를 통해 문자가 만들어지는 법칙은 훨씬 많은 글자에 확산됐다. 이런 이유로 비로소 현재 한자의 체계 중에 형성자形聲字가 절대 다수를 차지하는 상황이 조성된 것이다. 이러한 침투와 번식은 오래되었으면서도 또 젊은 한자의 생명력의 근원이 아닐까 싶다.

|주요 참고문헌|

- 차오센줘曹先擢:『한자문화만필漢字文化漫筆』, 1판, 178쪽, 베이징北京, 어문출판사語文出版社, 1992

- 푸융허傅永和·리링푸李玲璞·샹광중向光忠:『한자연변문화원류漢字演變文化源流』, 1판, 1783쪽, 광둥廣東, 광둥교육출판사廣東教育出版社, 2012

- 한웨이韓偉:『한자자형문화논고漢字字形文化論稿』, 1판, 290쪽, 베이징, 세계도서출판공사世界圖書出版公司, 2010

- 루쭝다陸宗達:『훈고간론訓詁簡論』, 1판, 207쪽, 베이징, 베이징출판사北京出版社, 2002

- 추시구이裘錫圭:『문자학개요文字學概要』, 1판, 287쪽, 베이징, 상무인서관商務印書館, 1988

- 스정위施正宇:『원원본본설한자原原本本說漢字―한자소원육백례漢字溯源六百例』, 1판, 320쪽, 베이징, 베이징대학출판사北京大學出版社, 2009

- 왕리王力 편집:『왕리고한어자전王力古漢語字典』, 1판, 1817쪽, 베이징, 중화서국中華書局, 2000

- 왕리 편집:『중국고대문화상식中國古代文化常識』, 삽화수정 4판, 265쪽, 베이징, 세계도서출판공사, 2008

- 장더신張德鑫:『수리건곤數裏乾坤』, 1판, 396쪽, 베이징, 베이징대학출판사, 1999

- 쭤민안左民安:『세설한자細說漢字』, 1판, 574쪽, 베이징, 구주출판사九州出版社, 2005

부록

성어 모음

여문책

· 간담상조(肝膽相照)　간과 쓸개를 서로 보이다

　　　　　　　　　☞ 긴밀한 관계나 성실한 협력

· 감격체령(感激涕零)　감격하여 눈물을 흘리다

· 감단학보(邯鄲學步)　한단 사람의 걸음걸이를 흉내 내다

　　　　　　　　　☞ 무턱대고 남을 흉내 내어 이도저도 아닌 것이 되다

· 강거목장(綱擧目張)　그물의 벼리를 집어 올리면 모든 그물코가

　　　　　　　　　다 펼쳐지다

　　　　　　　　　☞ 어떤 일의 핵심을 정확히 알고 이해하다

· 거안제미(擧案齊眉)　밥상을 눈썹과 가지런히 되도록 공손히 들어

　　　　　　　　　남편 앞에 가지고 가다

　　　　　　　　　☞ 부부간에 서로 깍듯이 존경하다

· 견미지저(見微知著)　조그만 단서로 장차 일어날 큰일을 알다

　　　　　　　　　☞ 미세한 조짐을 보고 본질을 파악하다

· 견장괘두(牽腸掛肚)　마음에 걸려 안심하지 못하다

　　　　　　　　　☞ 늘 걱정을 하다

· 결사천승(結駟千乘)　말 네 필이 끄는 수레 천 대

· 계이불사(鍥而不舍)　어떤 물건에 조각을 할 때 포기하지 않고

　　　　　　　　　계속 새기다

· 계일정공(計日程功)　성공의 날까지 얼마 남지 않다

· 관자여도(觀者如堵)　구경꾼이 담처럼 에워싸다

· 교설여황(巧舌如簧)　듣기 좋게 꾸며진 말

= 교언여황(巧言如簧)　☞ 말솜씨가 좋다

· 구구귀일(九九歸一)　돌고 돌아서 원점으로 돌아가다

- 구구성성(口口聲聲)　　어떤 말을 늘 입에 달다
- 구밀복검(口蜜腹劍)　　사람이 교활하고 음흉하다
- 구사일생(九死一生)　　아홉 번의 죽을 고비를 넘기고 살아남다
　　　　　　　　　　☞ 엄청난 위험을 겪으면서 생존하다

- 구오지존(九五之尊)　　권세나 지위 등이 최고봉에 이른 제왕
= 구오지위(九五之位)

- 구우일모(九牛一毛)　　아홉 마리의 소 가운데 박힌 하나의 털
　　　　　　　　　　☞ 극대의 수량 중 극히 미미한 부분

- 구체이미(具體而微)　　내용은 갖춰져 있으나 규모가 작다
- 극기복례(克己複禮)　　자기 자신을 이기고 극복하여 예의범절을
　　　　　　　　　　지켜야 한다

- 금방제명(金榜題名)　　금방(옛날 과거에 급제한 사람의 이름을 써서
　　　　　　　　　　거리에 붙이던 방)에 이름이 오르다
　　　　　　　　　　☞ 시험에 합격하다

- 기취여란(其臭如蘭)　　난초와 같은 냄새가 나다, 절친한 친구 사이
- 난이계치(難以啟齒)　　입을 떼기 어렵다
- 낭심구폐(狼心狗肺)　　늑대와 들개 같은 마음씨
　　　　　　　　　　☞ 흉악하고 잔인하다, 또는 그런 사람

- 낭형영설(囊螢映雪)　　반짝이는 흰 눈에 반사된 빛을 이용하다
　　　　　　　　　　☞ 갖은 고생을 하며 학문을 닦다

- 대복편편(大腹便便)　　올챙이처럼 배가 불룩하게 나오다
- 도광양회(韜光養晦)　　재능을 감추고 드러내지 않다

· 도리연화(桃李年華)　복사꽃과 오얏꽃 같은 나이

　　　　　　　　　　　☞ 여자 나이 스무 살

· 도조차장(道阻且長)　길이 험하고도 멀다

· 두구연화(豆蔲年華)　두구(형태가 기이하면서도 고운 꽃) 같은

　　　　　　　　　　　열서너 살 소녀의 꽃다운 나이

· 만겁불복(萬劫不複)　영원히 회복되지 않다

· 만고장청(萬古長青)　영원토록 변하지 않다

· 만뢰구적(萬籟俱寂)　주위가 매우 조용하다

· 만마분등(萬馬奔騰)　기세가 드높고 웅장하다

· 만무일실(萬無一失)　한 치의 착오도 없다

· 만수천산(萬水千山)　노정이 멀고 험난하다

· 만승지국(万乘之国)　만 승(네 필의 말이 이끄는 수레)의 병거를

　　　　　　　　　　　보유한 대국

· 만억급자(萬億及秭)　헤아릴 수 없이 많이 쌓여 있다

· 만중일심(萬眾一心)　만민이 한마음으로 일치단결하다

· 면색여토(面色如土)　안색이 잿빛이 되다

· 면유득색(面有得色)　자신만만한 기색을 내비치다

· 명도다천(命途多舛)　운명이 기구하다

· 목공일절(目空一切)　눈에 보이는 게 없다

· 목불전정(目不轉睛)　눈 한번 깜빡이지 않다

　　　　　　　　　　　☞ 응시하다

· 미개안소(眉開眼笑)　웃음이 얼굴에 가득 차다

　　　　　　　　　　　☞ 몹시 좋아하다

· 미리강보(未離繈褓)　　어려서 포대기를 벗어나지 못하다
· 미목전정(眉目傳情)　　눈썹과 눈을 움직여 의사를 전하다
　　　　　　　　　　　☞ 눈짓으로 감정을 표현하다

· 미언대의(微言大義)　　함축된 말 속에 담긴 심오한 뜻
· 미호기미(微乎其微)　　미미하고 보잘것없다
　　　　　　　　　　　☞ 매우 적다

· 반박귀진(返璞歸眞)　　본연의 참되고 순박한 마음으로 돌아가다
· 백구과극(白駒過隙)　　흰 말이 문틈으로 지나가다
= 약사지과(若駒之過)　　☞ 시간이 나는 듯 빨리 흐르다

· 백년대계(百年大計)　　백년 후까지 미리 내다보고 세우는
　　　　　　　　　　　크고 중요한 계획

· 백련성강(百煉成鋼)　　오랜 단련으로 매우 강해지다
· 백무일시(百無一是)　　하나도 옳은 것이 없다
· 백옥년화(碧玉年華)　　흰 옥과 꽃 같은 나이
　　　　　　　　　　　☞ 여자 나이 열여섯 살

· 백전불태(百戰不殆)　　백 번 싸워도 위태롭지 않다
· 백절불뇨(百折不撓)　　수많은 좌절에도 꺾이지 않다
· 백폐대흥(百廢待興)　　방치되거나 지체된 일들이
　　　　　　　　　　　모두 시행되기를 기다리다

· 백화제방(百花齊放)　　예술작품이 자연스럽게 발전하다
· 벽두개검(劈頭蓋臉)　　정면을 향하다
　　　　　　　　　　　☞ 위풍이 대단하다

· 봉관하피(鳳冠霞帔)　　봉황 장식을 한 관에 아름다운 수를 놓은 옷

· 부귀수고(富貴壽考)   부귀와 장수

· 부형청죄(負荊請罪)   매를 짊어지고 가서 처분을 바라다

· 사마난추(駟馬難追)   한번 뱉어낸 말은 다시 거두기 어렵고

= 일언기출(一言既出)   기정 사실은 만회하기 어렵다

· 사무기탄(肆無忌憚)   제멋대로 굴다

· 사연설석(肆筵設席)   술자리를 차려놓다

· 사통팔달(四通八達)   사방으로 통하다

· 사평팔온(四平八穩)   매사에 믿음직하다

· 사해승평(四海升平)   천하가 태평하다

· 삭족적리(削足適履)   발을 깎아서 신발에 맞추다

· 삼고구배(三叩九拜)   세 번 머리를 땅에 부딪치고 아홉 번 절하다

· 삼고육파(三姑六婆)   여러 가지 천한 직업에 종사하는 여자

· 삼교구류(三教九流)   온갖 직업

· 삼번오차(三番五次)   여러 번

· 삼삼오오(三三五五)   서너 사람 또는 대여섯 사람이
                      떼를 지어 다니거나 무슨 일을 하다

· 삼십육계(三十六計)   서른여섯 가지의 꾀

· 삼십육행(三十六行)   여러 가지 업종

· 삼언량어(三言兩語)   몇 마디 말

· 삼장양단(三長兩短)   재난이나 사고 등 불길한 일을 당하다

· 소축안개(笑逐顏開)   얼굴에 웃음꽃이 활짝 피다

· 수미고검(愁眉苦臉)   걱정과 고뇌에 쌓인 표정

· 수비남산(壽比南山)   수명이 남산처럼 매우 길고 오래되다

- 수수인두(數數人頭) 머릿수를 세다
- 수여쾌오(羞與噲伍) 용렬한 사람과 어울리는 것을
 수치로 생각하다
- 수장괄두(搜腸刮肚) 있는 궁리를 다 짜내다
- 순망치한(脣亡齒寒) 입술이 없어지면 이가 시리다
- 숭용백치(崇墉百雉) 높고 웅장한 성벽
- 시심열폐(撕心裂肺) 몹시 마음이 아프거나 고통스럽다
- 식식상관(息息相關) 서로 호흡이 이어지다
 ☞ 관계가 매우 밀접하다

- 심부중망(深孚重望) 두터운 명성을 얻다
- 심억칙악(心億則樂) 마음이 편안하면 즐겁다
- 십나구온(十拿九穩) 따놓은 당상이다
- 십실구공(十室九空) 열 집 중 아홉 집이 비다
 ☞ 재난 때문에 집들이 텅 비다

- 십전십미(十全十美) 완전무결해 나무랄 데가 없다
- 안면소지(顔面掃地) 체면이 땅에 떨어지다
- 안보당거(安步當車) 차를 탄 셈치고 천천히 걷다
- 앙인비식(仰人鼻息) 다른 사람의 호흡에 의지해 생활하다
= 앙승비식(仰承鼻息)

- 액수칭경(額手稱慶) 손을 이마에 얹고 경축하다
- 앵진경계(櫻唇輕啟) 앵두 같은 입술을 살포시 열다
- 양참여무(兩驂如舞) 양편의 참마(세 필의 말이 끄는 마차의 양 끝에
 자리한 말)가 춤추듯 달리다

· 억기상하(億其上下)   마음이 온통 평안하다

· 억조일심(億兆一心)   전 국민의 한마음

· 엄엄일식(奄奄一息)   마지막 숨을 모으다

· 엄인이목(掩人耳目)   세상 사람들의 이목을 가리다

· 여상고비(如喪考妣)   마치 부모가 돌아가신 듯이 슬퍼하고
                          안타까워하다

· 역보역추(亦步亦趨)   남이 걸으면 걷고 남이 뛰면 뛰다

· 연근고희(年近古稀)   70세에 이를 정도로 나이가 많다

= 고희고령(古稀高齡)

· 오곡풍등(五穀豐登)   오곡이 풍성하다

· 오복임문(五福臨門)   오복이 찾아오다

· 오채빈분(五彩繽紛)   오색찬란하다

· 와신상담(臥薪嘗膽)   섶 위에 눕고 쓸개를 핥으며 원수를 잊지 않다
                          ☞ 온갖 어려움과 괴로움을 참고 견디다

· 유취미간(乳臭未幹)   젖비린내가 나다

· 유취활설(油嘴滑舌)   말만 번지르르하다

· 육륙대순(六六大順)   모든 일이 순조롭게 잘되다

· 이지기사(頤指氣使)   아래턱의 움직임과 얼굴색으로
                          다른 사람을 부리다
                          ☞ 권세 있는 사람의 대단히 거만하고 독단적인 모습

· 인면도화(人面桃花)   복숭아꽃처럼 어여쁜 얼굴
                          ☞ 사모하는 사람을 다시 볼 수 없어 실의에 빠지다

· 인미언경(人微言輕)   사람이 지위가 낮으면 말발이 서지 않다

- 일리만기(日理萬機)   정무에 몹시 바쁘다
- 일문불명(一文不名)   한 푼도 없다
= 일전불명(一錢不名)   ☞ 부귀할 때 교만하지 말고 말과 행동을 조심하라
= 불명일전(不名一錢)
- 일발천균(一髮千鈞)   한 가닥의 가느다란 머리카락으로
  120근 무게를 들어 올리다
  ☞ 매우 위험하다
- 일언구정(一言九鼎)   한마디의 말이 구정(천자가 중요한 예식에 쓰던
  청동기)만큼 무게가 있고 값지다
- 장등시분(掌燈時分)   등불을 켤 무렵
- 장상명주(掌上明珠)   손바닥 위의 보배, 매우 아끼는 물건
- 장중명주(掌中明珠)   손바닥 안의 보배
- 적자지심(赤子之心)   갓 태어난 아기처럼 순수한 마음
- 전기새마(田忌賽馬)   상대의 약점을 자신의 강점으로 맞서게 하다
- 정례막배(頂禮膜拜)   남의 발아래 머리를 조아리며 설설 기다
- 정문입설(程門立雪)   스승의 가르침을 공손하게 받들다
- 제호관정(醍醐灌頂)   사람에게 지혜를 불어넣어
  철저히 깨닫게 하다
- 조삼모사(朝三暮四)   아침에 세 개, 저녁에 네 개
  ☞ 변덕이 심해 믿을 수 없다
- 조충칭상(曹沖稱象)   조조의 아들인 조충이 코끼리를 배에 태워
  코끼리의 무게를 재다
- 주행천하(周行天下)   천하를 두루 돌아다니다
  ☞ 자기 뜻대로 거리낌 없이 행동하다

- 중목규규(衆目睽睽)   많은 사람이 주시하다
- 직언불휘(直言不諱)   기탄없이 말하다
- 진창설검(唇槍舌劍)   날카롭게 언쟁을 벌이다
- 질수축액(疾首蹙額)   몹시 언짢아 이맛살을 찌푸리다
- 착벽투광(鑿壁偸光)   벽에 구멍을 뚫어
  옆집의 새어나오는 빛을 빌리다
  ☞ 갖은 고생을 하며 학문을 닦다

- 천군만마(千軍萬馬)   천 명의 군사와 만 마리의 말
  ☞ 대규모 병력

- 천균일발(千鈞一發)   무거운 물건이 머리카락 한 올에 매달려 있다
= 위기일발(危機一髮)   ☞ 매우 위태롭다
- 천두만서(千頭萬緒)   천 개의 사건에 만 가지의 실마리
  ☞ 심하게 뒤얽혀 있다

- 천방백계(千方百計)   천 가지 방법과 백 가지 계략
  ☞ 갖은 방법을 다 써보다

- 천변만화(千變萬化)   끊임없이 변화하다
  ☞ 변화무쌍하다

- 천부소지(千夫所指)   많은 사람의 손가락질을 받다
- 천승지국(千乘之國)   천 승의 병거를 소유한 제후국
- 천언만어(千言萬語)   헤아릴 수 없이 많은 말
  ☞ 할 말이 매우 많다

- 천원지방(天圓地方)   하늘은 둥글고 땅은 모나다
- 천자백태(千姿百態)   모양이 제각각이고 서로 다르다

- 천장지구(天長地久) 영원히 변치 않다
- 천재난봉(千載難逢) 좀처럼 만나기 어려운 기회
- 천창백공(千瘡百孔) 온통 구멍과 상처투성이
  - ☞ 만신창이

- 천추백련(千錘百煉) 망치로 천 번 두드리고 백 번 정련하다
  - ☞ 수많은 단련과 시험을 거치다

- 천편일률(千篇一律) 천 편이나 되는 글이 오로지 한 가지
  운율로만 되어 있다
  - ☞ 여러 가지가 개성 없이 엇비슷하다, 조금도 변화가 없다

- 체사횡류(涕泗橫流) 얼굴이 흠뻑 젖도록 눈물과 콧물을 줄줄 흘리다
  - ☞ 매우 상심이 크다

- 초두난액(焦頭爛額) 머리를 그슬리고 이마를 데어가며 불을 끄다
  - ☞ 곤경에 빠지다

- 추심읍혈(椎心泣血) 가슴을 치며 피눈물을 흘리다
- 추심치복(推心置腹) 진심으로 사람을 대하고 흉금을 털어놓다
- 치여쾌오(恥與噲伍) 비루하고 범속한 사람과 동료가
  되기를 원치 않다

- 취기훈천(臭氣熏天) 악취가 하늘을 뒤덮다
- 취미상투(臭味相投) 악인끼리 취미가 같아 의기투합하다
  - ☞ 주로 나쁜 일에서 의기투합하다

- 칠십이변(七十二變) 능력이 몹시 뛰어나 수없이 변신할 수 있다
- 칠취팔설(七嘴八舌) 일곱 개의 입에 여덟 개의 혀
  - ☞ 말이 많다

· 타면자건(唾面自乾)　　남이 내 얼굴에 침을 뱉으면
　　　　　　　　　　　　저절로 마를 때까지 기다리다
　　　　　　　　　　　☞ 매사에 요령 있게 처신해 몸을 보전하다

· 탕기회장(蕩氣回腸)　　바람을 타고 뱃속으로 들어오다
　　　　　　　　　　　☞ 심금을 울리다

· 토기여란(吐氣如蘭)　　숨결이 난초처럼 향기롭다

· 파시백곡(播時百穀)　　때에 맞춰 백곡(수많은 곡물)을 파종하다

· 파심방관(把心放寬)　　마음을 느긋하게 가지다

· 피간력담(披肝瀝膽)　　배를 갈라 담즙을 똑똑 떨어뜨리다
　　　　　　　　　　　☞ 진심으로 대하고 충성을 다하다

· 학부오거(學富五車)　　배움이 풍부해 다섯 수레의 책을 읽다
　　　　　　　　　　　☞ 책을 많이 읽어 학식이 풍부하다

· 해납백천(海納百川)　　백 개의 하천이 모여 바다를 이루다
　　　　　　　　　　　☞ 마음이 넓다

· 해제지동(孩提之童)　　웃을 줄 알고 안아줄 만한 아이
　　　　　　　　　　　☞ 2~3세의 어린아이

· 혈기방강(血氣方剛)　　혈기가 넘치다
= 혈기방장(血氣方壯)

· 협상첨호(頰上添毫)　　사람에게 초상화를 그려줄 때 얼굴에
　　　　　　　　　　　　수염 몇 가닥을 더하다
　　　　　　　　　　　☞ 화룡점정의 기교가 있다

· 화룡점정(畫龍點睛)　　용의 눈에 점을 찍다
　　　　　　　　　　　☞ 가장 중요한 부분을 마쳐 일을 완벽하게 마무리하다

· 화사첨족(畫蛇添足)　뱀을 그리는 데 다리를 그려 넣다
　　　☞ 쓸데없는 행위로 도리어 일을 그르치다

· 화안금정(火眼金睛)　손오공이 팔괘로八卦爐 안에서 터득했다는
　　　　　요괴·악마 등의 식별법
　　　☞ 예리한 안목

· 화안열색(和顏悅色)　안색을 부드럽게 하고 즐거운 얼굴빛을 하다
　　　☞ 상냥하고 친절하다

· 황구소아(黃口小兒)　새 새끼의 주둥이가 노랗다
　　　☞ 아이처럼 어리고 무지한 사람

· 황발수초(黃發垂髫)　누렇게 변해가는 노인의 머리카락과
　　　　　아이의 더벅머리
　　　☞ 노인과 어린이

· 회장구전(回腸九轉)　마음속의 고통이나 고민이 속을 태우다
　　　☞ 매우 초조하고 애가 끓다

· 횡생지절(橫生枝節)　뜻밖에 자질구레한 일이 생기다
　　　☞ 뜻밖의 장애에 부닥치다

· 효복종공(捋腹從公)　배를 곯아가며 공무를 처리하다
· 후안무치(厚顏無恥)　얼굴이 두껍고 부끄러움이 없다
　　　☞ 뻔뻔스럽다

**한자들 사이의 혈연관계로 밝혀낸
한자 가족 네트워크의 재미난 세계!**

책을 만드는 가장 기본적인 목적은 많은 사람에게 그 내용을 전달하는 데 있다. 많은 사람이 그 책을 읽도록 하기 위해서는 우선 재미가 있어야 하고, 나아가 읽는 사람들이 무언가를 얻을 수 있는 알찬 내용으로 꾸며져 있어야 한다. 그런 면에서 본다면 이 책은 기본을 제대로 갖추고 있다고 할 수 있다.

한자는 얼핏 보기에는 매우 어렵고 접근하기 쉽지 않은 것으로 보인다. 그러나 한 겹만 벗기고 들어가면 그 안에는 무궁무진한 재미가 들어 있다. 이 책은 그 재밋거리를 건져내 독자들에게 제공한 것이다. 즉 같은 주제의 한자들을 모아 하나의 가족으로 묶고, 그 가족의 구성원이 갖는 공통점과 차이점을 여러 각도에서 보여주고 있다. 특히 우리가 은근히 알고 있었던 것 같지만 사실은 전혀 알지 못하고 있고, 그래서 알고자 하면 더욱 궁금증이 생기는 것들을 모아 한자를 활용하여 흥미롭게 풀어내고 있다. 풀어내는 방식도 재미있고, 내용에 있어서는 가벼우면서도 깊이가 있어 조금이라도 한자에 관심 있는 사람이라면 단박에 읽어나가기 좋은 책이다. 많은 사람이 읽었으면 좋겠다.

— 이규갑 연세대학교 중어중문학과 교수, 세계한자학회 한국회장